Nous, les oubliés de l'Altiplano

Témoignage de Pedro Condoni, paysan des Andes boliviennes

*Collection **Recherches et Documents** -Amériques latines*
dirigée par Joëlle Chassin, Pierre Ragon et Denis Rolland

Dernières parutions:

BLANC F.-L., *Médecins et chamans des Andes*, 1995.
BLANCPAIN J.-P., *Les Araucans dans l'histoire du Chili*, 1995.
BLEEKER P., *Exils et résistance. Eléments d'histoire du Salvador*, 1995.
CLICHE P., *Anthropologie des communautés indiennes équatoriennes, Diable et patron*, 1995.
DAVILA L. R., *L'imaginaire politique vénézuélien*, 1994.
DESHAYES P., KEIFENHEIM B., *Penser l'autre chez les Indiens Huni Kuin de l'Amazonie*, 1994.
EBELOT A., *La guerre dans la Pampa. Souvenirs et récits de la frontière argentine, 1876-1879*, 1995.
GRUNBERG B., *La conquête du Mexique*, 1995.
GUICHARNAUD-TOLLIS M., *Regards sur Cuba au 19ème siècle*, 1996.
GUIONNEAU- SINCLAIR F., *Messianisme et luttes sociales chez les Guaymi du Panama*, 1994.
LOPEZ A., *La conscience malheureuse dans le roman hispano-américain. Littérature, philosophie et psychanalyse*, 1994.
MERIENNE-SIERRA M., *Violence et tendresse. Les enfants des rues à Bogota*, 1995.
POTELET J., *Le Brésil vu par les voyageurs et les marins français, 1816-1840*, 1994.
ROUX J.-C., *L'Amazonie péruvienne. Un Eldorado dévoré par la forêt, 1821-1910*, 1994.
SARGET M.-N., *Système politique et parti socialiste au Chili*, 1994.
SIGAL S., *Le rôle politique des intellectuels en Amérique latine*, 1995
SILVA-CACERES R., *L'arbre aux figures, Etude des motifs fantastiques dans l'oeuvre de Julio Cortazar*, 1996.
TARDIEU J.-P., *L'inquisition de Lima et les hérétiques étrangers, XVIe-XVIIe siècles*, 1995.
TATARD B., *Juan Rulfo photographe*, 1994.
TEITELBOIM V., *Neruda, une biographie*, 1995.
TERRAMORSI B., *Le fantastique dans les nouvelles de Julio Cortazar*, 1995.
VASCONCELLOS E., *La femme dans le langage du peuple au Brésil*, 1994.
YEPEZ DEL CASTILLO I., *Les syndicats à l'heure de la précarisation de l'emploi. Une approche comparative Europe-Amérique latine*, 1994.

© L'Harmattan, 1996
ISBN : 2-7384-3748-6

Propos recueillis par
Françoise Estival

Nous, les oubliés de l'Altiplano

*Témoignage de Pedro Condoni, paysan
des Andes boliviennes*

Éditions L'Harmattan
5-7, rue de l'École-polytechnique
75005 Paris

Préface

Les communautés andines de l'Altiplano sont vouées à la mort : une affaire de quelques années, s'accorde-t-on à dire. Les images clichés des Indiens des Hauts-Plateaux d'Amérique du Sud s'enfouiront dans la nostalgie du passé.
Les Indiens n'ont plus de terre ; l'érosion galopante due à la désertification élimine des centaines d'hectares de terrain chaque année. La division des terres après le décès du propriétaire ne permet plus à ses enfants de pouvoir survivre. Sans parler du manque d'eau... Quel rendement peut-on obtenir d'un terrain en pente abrupte, sans irrigation, à 4 000 mètres d'altitude, sans cesse en proie aux intempéries ?
L'Altiplano perd la vie. Peu à peu ses habitants ferment la porte brinquebalante de leur *choza* — la chaumière — avec un gros cadenas rutilant rapporté de la ville. Ils quittent leurs terres, leurs coutumes, leur culture. Ils descendent à la ville, en quête de travail. Ils savent bien que ce sera difficile, les citadins eux-mêmes n'ont pas d'emploi, mais ils fuient la faim. Peut-être auront-ils « la chance » de trouver un toit dans un bidonville. Ils s'en remettent à la Pachamama [1] en *ch'allant* [2] une dernière fois la terre de leurs souffrances.
Dans les communautés plus proches de la ville, on a « choisi » le travail temporaire. Après les semailles ou la récolte, les hommes quittent la communauté et se consacrent aux petits boulots qu'ils peuvent trouver en ville, les plus humiliants, ceux que les citadins continuent à refuser, même en période de crise grave de l'emploi.

---

1. Pachamama : divinité des quetchuas, mère féconde, productrice de la vie.
2. Ch'allar : verser quelques gouttes d'alcool à la terre en reconnaissance à la Pachamama.

En Bolivie, dans la région de Potosí, ils deviennent mineurs ou plutôt *peones* [1] main d'œuvre exploitée du mineur déjà exploité. Ils viennent y cracher leurs poumons, y perdre la santé et y gagner si peu.

Pedro Condori, ce paysan de la communauté de Pisaquiri, à 60 kms de Potosí, a suivi ce même chemin. Longtemps il a courbé l'échine dans les galeries étroites et obscures du *Cerro Rico*, la « Montagne Riche » de Potosí. Lorsque les sacs de minerai lui martyrisaient le dos, il repensait à son école primaire, lui qui avait eu cette chance extraordinaire de pouvoir y aller. Il se souvenait de Don Carlos Flores, son maître, qui refusait la passivité et s'insurgeait contre les injustices. Dans sa communauté, il s'enrichissait des enseignements des Anciens et il tentait de comprendre...

Tout cela, il a bien voulu me le raconter. Sa communauté, ses coutumes, sa vie, les désespoirs et l'espérance de son peuple... Je me suis faite plume, lui voix. Mais avant tout, il a voulu m'aider à comprendre. Alors, j'ai suivi ses pas...

---

1. Peon : manœuvre ; ouvrier non qualifié.

Avant-propos

Les rencontres extraordinaires sont toujours les plus inattendues. Le plus difficile reste notre capacité d'émerveillement. Nos pensées et nos cœurs demeurent trop souvent encombrés pour y accueillir spontanément les choses simples. C'est sans doute le plus bel enseignement que j'ai reçu de mes amis boliviens. Lorsqu'avec mon époux, j'ai atterri en Bolivie en septembre 91, avec comme objectif de *convivir*, c'est-à-dire littéralement de « vivre avec » ce peuple de l'Altiplano, ou encore « de faire un bout de chemin ensemble », je ne savais pas que ce petit vendeur de glaces me donnerait les clés de tant de secrets sur la culture et le mode de vie des Indiens...

C'était le premier jour de notre arrivée dans la ville de Potosí. Nous étions assis sur une marche d'escalier en pleine rue, le temps de faire une pause pour s'acclimater à l'altitude et de recevoir en plein visage les rayons vifs du soleil. Ce petit homme au teint noir et à la peau burinée a déposé sa lourde glacière à nos côtés : il allait réparer la lanière de son *abarca* — sandale taillée dans un vieux pneu -. Tout naturellement, nous lui avons remis une pierre plate qui lui servirait de marteau pour enfoncer un petit clou. Et tout aussi naturellement, la réparation terminée, il nous a offert une glace que nous avons dégustée avec grande joie, oubliant tous nos préjugés sur les glaces à l'eau non bouillie, susceptibles de causer des dégâts à notre fragile appareil digestif d'européen.

C'était notre première rencontre. Un échange de banalités, mais un échange... suivi d'autres échanges, encore banals. Nous avions le temps de déambuler dans la rue, lui faisait sa tournée... Mais la multiplication d'échanges de banalités devient parfois quelque chose d'original... Ce petit homme avait un nom, une famille, un passé, une histoire, un lieu de vie. Et la multiplication des échanges originaux devient toujours richesse. Les paroles de Pedro Condori nous apportaient une foule d'informations, et lui-même apprenait beaucoup de nos conversations. Ce petit homme devint une personne... Et Pedro Condori devint un Personnage...

Il sait tout juste lire et écrire. Il n'a jamais voyagé plus loin que la capitale de son pays. Il n'a jamais pu s'acheter de « vraies » chaussures, c'est-à-dire autre chose que des *abarcas*. Son unique moyen de transport n'a jamais été que ses jambes, car les autres coûtent trop cher. Il n'a rien à lui, ni terres, ni maison, ni biens, ni argent. Il n'a même pas eu « la » chance...

Il n'a rien, mais il est exceptionnel...

Sans cesse, nous avons été époustouflés par la simplicité de cet Indien, capable de raconter les histoires les plus captivantes, qui n'étaient rien d'autre que les histoires de son peuple.

Un jour, par exemple, il nous contait la belle histoire de l'Inkawakana... Nous étions partis à travers le *campo*[1], à la recherche d'une *waka*, un lieu sacré depuis les Incas. Nous gravissions les pentes escarpées de la région, lorsqu'au moment le plus inattendu, nous nous sommes retrouvés face à un rocher gigantesque. Il présentait des contours très réguliers, comme façonnés par la main de l'homme. On aurait dit un palais incrusté dans la montagne. Au centre, un œil sculpté à demi ouvert, presque parfait... De là coulaient d'abondants filets d'eau qui glissaient sur le rocher bombé comme couleraient sur une joue des larmes éternelles... L'eau s'écoulait en pluie cristalline et rejoignait plus loin un étroit canal. Alors Pedro Condori se mit à nous raconter le mystère de cette apparition en pleine montagne. Il nous raconta pourquoi ce lieu n'avait jamais cessé d'être un objet de vénération et pourquoi, maintenant encore, personne ne s'y approchait sans une offrande. Les hommes y déposent *l'aculliku*, offrande de feuilles de coca, alors que les femmes y jettent quelques fleurs des champs.

---

1. Campo : littéralement, la campagne. Tout ce qui se trouve hors de la ville, le plus souvent désertique.

« Autrefois, nous dit-il, il n'y avait pas d'eau ici. Les gens devaient aller au Río pour s'approvisionner. Dans le creux de cette montagne passait un chemin par où l'Inka atteignait les confins de son empire. Or, on apprit un jour qu'une légion de démons avait envahi le pays. Il s'agissait de démons blonds et barbus dont on ignorait l'origine. Ils montaient des animaux semblables à des guanacos énormes et monstrueux. Ils crachaient du feu et étaient invulnérables à la massue et aux flèches. On apprit alors que l'Inka avait été fait prisonnier par les envahisseurs à Cajamarca. Passa alors un *Apu*, un haut dignitaire délégué de l'Inka. Il avait pour mission de ramasser tout l'or et tout l'argent qu'il y avait sur les lieux pour le rachat du souverain. Les démons barbus accordaient à ces métaux une valeur étrange, difficilement compréhensible. Et pour un morceau de métal, ils se battaient entre eux comme des pumas qui se disputent une *taruka*, ce cerf de la cordillère des Andes. Le délégué de l'Inka démantela palais et temples, nettoya les mines et les lavoirs à minerai. Chargements d'or et d'argent, tout fut envoyé par troupeaux de lamas et de guanacos en direction de la lointaine Cajamarca.

L'*Apu* conduisait lui aussi un troupeau, lorsqu'il apprit en chemin que les démons du feu avaient tué son Seigneur. Alors il tomba prostré, là où il se trouvait, implorant le soleil et réclamant vengeance. Ceux qui ont profané cette terre et ont répandu le sang de l'Inka doivent tous mourir sans rémission. Quand le malheureux voulut se redresser, ses pieds ne lui obéirent pas. Il ne se leva plus jamais et comprit que la seule chose qu'il pouvait faire, c'était pleurer. Il pleura tout le jour et toute la nuit. Il ne sentait ni la faim, ni la soif, ni le froid, ni le sommeil. Ses lèvres maudissaient les démons du feu et ses yeux continuaient à pleurer. Le manteau du Soleil n'était pas suffisant pour éponger tant de larmes et la Lune vint la nuit pour pleurer avec lui. Alors Pachamama, déesse de la Terre, solidaire avec le malheureux, lui dit :

« Réfugie-toi dans ce palais, mon fils, et pleure ton Seigneur jusqu'à ce que périssent les démons qui crachent le feu ».

L'Apu est toujours vivant. Il continue à pleurer même aujourd'hui, car ces démons-là ne sont pas encore partis de notre terre... »

Tout à fait perplexe, je lui fis part de mon incompréhension. Les démons de feu sont partis depuis longtemps. Pourquoi continuer à pleurer... Et Pedro me répondit :

« Eux oui, ils sont partis, mais il reste leurs héritiers. Si ce n'est pas vrai, comment expliquez-vous que nous soyons si pauvres sur notre propre terre, malgré tous nos efforts ?... Les héritiers des démons de feu continuent à nous infliger le traitement qu'ont subi nos ancêtres. »

Je restai sans voix. Comment ce petit homme si simple, dans un environnement si dénudé, qui avait eu seulement la chance de poursuivre ses études jusqu'à la fin de l'école primaire, pouvait-il avoir un telle conscience de la situation de son peuple ?... Lorsque je le questionnai bien plus tard à ce sujet, il me répondit modestement :

« Tout le monde sait cela. C'est une légende qui ne s'est pas éteinte et qui n'est pas prête de s'éteindre... »

Je compris alors que j'avais tout à apprendre de lui et de sa culture...

En une année, nous étions devenus amis. En deux années, nos différences étaient devenues richesse et nous travaillions ensemble. En trois années, naissait en lui le désir de témoigner et en moi celui de rapporter...

Nous commencions alors les enregistrements de manière plus formelles. Il se familiarisa rapidement avec le magnétophone et chez lui il s'en servit beaucoup pour enregistrer des pièces musicales créées avec ses amis.

Certes, il n'était pas mécontent que ce petit appareil soit une oreille qui transmette ensuite le message à des centaines d'oreilles. Il était même ravi ; mais il était en même temps inquiet. Il ne pouvait s'expliquer une chose. Je l'ai compris plus tard, au fur et à mesure de son discours. Quel intérêt pouvais-je avoir, outre celui de la pure curiosité, de m'intéresser à sa culture, alors qu'elle était si rejetée des citadins... Il savait bien qu'aujourd'hui tous les boliviens aspiraient à la culture européenne ou « états-unisienne ». Il savait bien que la population andine offrait l'image d'un passé démodé, de traditions méprisées, de tenues vestimentaires révolues ; qu'elle avait une langue qu'on se refusait de parler, parce qu'elle rappelait trop ses origines...

Mais au fond de lui, et malgré tout cela, il était fier de sa culture. Il a donc certainement mesuré l'enjeu de se livrer : c'était peut-être le moment d'abattre les murs des idées préconçues...

Ce jour-là, pour la première fois, il me proposa de le suivre et d'aller vivre quelques temps parmi les membres de sa communauté. Je suis donc partie à la découverte de ce peuple quetchua si méconnu, et auquel je voue aujourd'hui une immense reconnaissance.

J'allais enfin connaître Pisaquiri, la communauté de Pedro Condori. Seulement cinquante kilomètres la séparaient de la ville de Potosí – en Bolivie – et pourtant, nous étions en route depuis quatre heures du matin, d'abord en camion, en direction de Sucre, puis à pied par les chemins escarpés qui conduisent au canton de Tinguipaya, dans la province Tomas Frias. L'accès en est si difficile que personne, excepté les communautaires eux-mêmes, ne s'y hasardent. D'ailleurs, bien peu de Potosínois en connaissent seulement l'existence...

Dès mon premier voyage, j'ai compris l'intérêt de la marche à pied. Dans le *campo*, la marche à pied fait partie de la vie. Elle est une méthode d'enseignement incomparable. Elle laisse le temps d'observer, de réfléchir, de créer et de renforcer les liens. Sur notre chemin en direction de Pisaquiri, je ne cessais d'observer.

A plusieurs reprises, nous avions dépassé des paysans avec leur âne chargé de branches ou de sacs de farine. Ils revenaient du moulin de Talula où ils avaient moulu le grain pour faire la *chicha* [1]. *Todos Santos*, la fête de Toussaint approchait et les préparatifs de boisson et de nourriture s'imposaient.

La musique devenait plus forte, surgissant d'on ne sait où dans cet espace immense de garrigue montagneuse. Soudain, un groupe de musiciens nous encercla. Ils avaient bien bu. Après avoir passé de maison en maison,

---

1. Chicha : boisson locale alcoolisée, faite à partir de farine d'orge ou de maïs.

dans les hameaux dispersés de la région, pour donner un petit air de fête, ils s'en retournaient à Pisaquiri. L'altitude n'altérait en rien la cadence endiablée de leur danse, ni leur souffle de musiciens.

Nous franchissions le col dans l'allégresse ; nous avions maintenant la vue sur l'autre versant de la montagne. Un autre chapelet de collines se détachait à nouveau. Paysage sec d'arbustes à épines et de touffes d'herbes sèches qui luttaient sans cesse pour leur survie face aux intempéries, à la sécheresse, à l'altitude et à l'appétit des moutons...

Quelques plaques brunes de terre retournée se jouaient des versants abrupts. Folie ou nécessité impérieuse... Comment pouvait-on oser aller cultiver quoi que ce fût dans de pareils endroits...

« C'est Pisaquiri, on est arrivé, dit Pedro en montrant du doigt le fond de la vallée ».

A nouveau je plongeai mon regard dans cette vallée. Je dus m'y attarder longtemps avant de parvenir à distinguer quelques groupes de maisons. Maisons de terre et d'herbes sèches dans un paysage de terre et d'herbes sèches. Fusion de la construction humaine avec son environnement.

Notre cortège de musiciens attira l'attention des habitants de la communauté qui venaient à notre rencontre. Ponchos ocres et roux se mirent en marche sur le seul sentier qui les reliait à « l'extérieur ».

Buen dia, doña Francisca. Imaynalla ?[1]

– *Walejlla*, répondis-je. C'était presque le seul mot quetchua que j'avais réussi à apprendre jusqu'alors. Je me promis de faire de gros efforts lors de ce séjour.

Je reçus une accolade chaleureuse de chacun des accueillants. Je sentais déjà tendresse et humanité, dans ces grosses mains de paysans. J'étais heureuse et ce fut avec grand plaisir que je *ch'allais* à la Pachamama le verre d'*alcolito*[2] qui m'était offert. Je versai donc quelques gouttes de cet alcool à la mère féconde, afin qu'elle répondît à l'appel des paysans pour la prospérité de leur

---

1. Imaynalla : salutations en quetchua.
2. Alcolito : trad. petit alcool. Alcool de canne artisanal, alcoolisé à 96°

communauté. Je *ch'allais* aussi en moi-même à la richesse de ce séjour que j'allais passer parmi eux.

Nous atteignîmes le village, ou plutôt le hameau le plus grand de la communauté, là où se trouvait l'école et son patio pour se réunir.

Timides et distantes, les femmes étaient assises là, berçant leur bébé et feignant l'indifférence. Ravissantes dans leur *almilla* [1] traditionnelle et leur *aguayo* [2], elles continuaient à discuter ou à reficeler leur bébé avec la *faja*, cette large ceinture tissée qui sert aussi pour retenir les pantalons des hommes.

L'une d'elles, sans mot dire et le regard baissé, s'approcha de moi en me présentant une grosse écuelle de soupe. J'y reconnus des abats de poule, et je compris que les femmes avaient tué une volaille en mon honneur. Je tentai de leur exprimer ma gratitude et aussi la gêne d'avoir occasionné un tel sacrifice. Je vis alors arriver un deuxième plat rempli de viande de poulet et de pommes de terre. Il ne me restait plus qu'à savourer...

Je fis connaissance avec les autorités du village, le *curaka*, autorité majeure, le *corregidor*, l'*alcalde*. Nous *ch'allâmes* une nouvelle fois avec le plus grand respect la Pachamama.

Puis, comme il est de coutume, on m'accompagna dans la *choza* du curaka. une chaumière ni plus belle, ni plus grande que les autres, mais qui disposait d'un *cuarto* [3] pour déposer ses instruments d'honneur. Une porte minuscule était la seule ouverture de cette pièce basse et sombre. Sur le sol en terre battue, des peaux de moutons s'amoncelaient. Dans la pénombre, je parvenais à distinguer le *baston de curaka* [4], le fouet, la *chalina* [5]. Ils restaient accrochés là, lorsqu'il n'y avait pas de sortie solennelle.

J'étais intriguée par tous les symboles et les rites que je rencontrais et j'avais très peur de faire des erreurs dans mon comportement.

---

1. Almilla : robe noire tissée.
2. Aguayo : carré de tissage qui permet de porter l'enfant dans le dos ou de transporter des charges.
3. Cuarto : pièce.
4. Baston de curaka : canne sacrée.
5. Chalina : écharpe rituelle.

Je savais bien que tout cela me serait expliqué peu à peu par Pedro Condori. Il me parlerait de ses traditions, de l'organisation des communautés andines, du travail. Il me parlerait aussi des difficultés auxquelles se heurte sa communauté pour tenter de survivre, des attaques extérieures qu'elle reçoit sans cesse. Il raconterait comment lui et ses compagnons tentent d'y faire face. Il me convaincrait de la capacité des communautés andines à ne pas se laisser mourir. Il lancerait le cri d'espoir de son peuple outragé et laissé pour compte...

Le langage qu'il utilise est à l'image de sa personne et de sa communauté. Là-bas, on vit sans artifices, dans la plus grande simplicité. L'objectif premier étant de survivre et de reproduire la vie... D'autre part, pour faciliter la communication, Pedro s'est exprimé tout le temps en espagnol. Or, cette langue n'est pas sa langue maternelle. Il l'a apprise par bribes à l'école et durant son travail à la ville. Et le passage de la langue quetchua à l'espagnol n'est pas aisé. Pas seulement à cause de la difficulté de la langue, mais surtout parce que tout n'est pas traduisible. La langue quetchua est l'expression de toute une culture. Une culture qui diffère complètement de notre culture occidentale. Une culture qui nous échappe parfois. Un mode de pensée différent qui ne s'exprime qu'en quetchua. A plusieurs reprises, Pedro s'est heurté à cette barrière linguistique. Mais grâce à sa grande capacité d'adaptation, il a su surmonter la difficulté. Sa présence à la ville, ses conversations avec les citadins, lui ont permis de découvrir une autre façon de développer ses pensées.

J'ai tenté de regrouper par thèmes nos conversations, en suivant aussi la chronologie des événements. J'ai recueilli en même temps les témoignages d'autres personnes de l'entourage de Pedro, qui me semblaient compléter sa pensée ou répondre à ses interrogations. Au cours de cette réorganisation du récit, j'espère ne jamais m'être éloignée de sa parole.

Je me tais maintenant. Les mots de Pedro sont les outils les plus efficaces pour permettre au lecteur de pénétrer dans son univers...

I

L'assemblée communautaire, berceau des décisions

Voilà plus d'un mois que je ne suis pas retourné dans ma communauté. J'ai dû travailler durement à Potosí pour ramener un peu d'argent qui servira à payer les frais de *Todos Santos*. Une ruine, cette fête, chaque année... Mais on ne peut y échapper. Que diraient les voisins, que diraient nos divinités ?...
Je suis content. Retourner au pays me procure toujours un plaisir que je ne peux expliquer. La ville, c'est beau, on y voit des choses très belles, des choses qui font envie. Mais il y a tant de bruit. C'est tellement mouvementé qu'on est plus fatigué en fin de journée qu'après l'*aporco* [1] d'un champ tout entier... Et puis je connais si peu de monde. Le travail, et après le travail, chacun rentre chez soi. Alors je suis heureux aujourd'hui de pouvoir saluer les compagnons de ma communauté. Mais avant de les saluer, je dois aller me changer. Il faut respecter les coutumes. Avec mon habit de ville, je suis un étranger... Ici, ce n'est pas comme à la ville où l'on doit avoir une carte d'identité pour être quelqu'un. Cela ne servirait à rien. Ici, on n'existe pas en tant qu'individu. On est membre de la communauté. On est reconnu à partir des services que l'on rend aux autres, à travers notre travail au bénéfice de la communauté. Oui, j'ai une carte d'identité. J'ai été obligé de me la procurer, c'est-à-dire de l'acheter, à cause du travail en ville. Et aussi à cause des contrôles de police. Nous, les indiens, nous ne sommes rien, sinon des paysans crasseux qui font du commerce

---

1. Aporco : buttage des plantes.

illicite ou qui tentent de resquiller et de profiter des avantages de la ville. Sur ma carte, sont inscrits mon nom, Pedro Condori Isla et ma date de naissance : 23 juillet 1957. En fait, c'est la date de mon baptême, parce que ma naissance n'a jamais été enregistrée. Il y a aussi un numéro et le travail que j'exerçais en ville : mineur. Mon adresse : *Alojamiento San Benito. Calle Uyuni.* C'est là que nous sommes logés, les paysans de ma zone. C'est bien laid et froid, mais cela ne nous coûte que deux boliviens par jour, alors que partout ailleurs, c'est beaucoup plus cher. Voilà ! C'est comme cela qu'on existe à la ville : une carte d'identité et un numéro.

Chez nous, au *campo*, c'est notre vêtement qui nous identifie. Chaque communauté a un vêtement différent. Parfois, il diffère peu, mais il y a toujours un signe qui le distingue : la hauteur du pantalon, la ceinture, le chapeau…

Il est temps de regagner la maison pour enfiler mes habits. J'y retrouve Segundina, mon épouse, sa sœur Augustina et leur mère ; et aussi le petit Justinito. Elle est belle, ma Segundina. Toujours aussi douce et aussi patiente. A-t-elle eu l'intuition de mon retour ? Elle a préparé ce matin une grosse soupe de fèves. Elle a beaucoup de qualités, ma Segundina ; elle fait la cuisine mieux que la femme du *curaka*. Elle s'occupe bien des animaux, elle ne les fait jamais souffrir. Et puis, elle sait m'attendre et elle m'accueille toujours gentiment, même lorsque je suis saoul. Mais tout cela, je ne le lui ai jamais dit. Cela pourrait lui porter préjudice. Elle risquerait de faire la fière et puis la fainéante.

Je me régale. En ville, la soupe n'est pas aussi bonne. Juste quelques petites fèves sans goût qui baignent dans un peu d'eau chaude.

J'accroche mes vêtements de ville à la charpente. Je n'y toucherai plus jusqu'à ma prochaine sortie en ville… Alors j'enfile mon pantalon de *bayeta*[2] écru que je resserre d'une *faja*[3]. Je mets ensuite ma chemise, bien serrée, puis

---

2. Bayeta : toile de tissage fin et doux.
3. Faja : ceinture tissée très colorée. Sert aussi pour emmailloter les bébés.

par-dessus, un gilet sans manches, très étroit, tout rose brodé de bleu. Le poncho, je ne l'enfile pas, il fait trop chaud. Je le plie délicatement et l'envoie sur l'épaule. Reste le *chullo* [4] pour protéger les oreilles du vent et par-dessus le chapeau traditionnel de ma communauté : un chapeau écru, en forme de cloche et ceint d'un ruban noir. Hommes et femmes le portent pour se protéger du soleil vif.

Sur le patio de l'école, toute la communauté est déjà rassemblée. Aujourd'hui, c'est un jour particulier. La communauté est convoquée pour une assemblée extraordinaire. On doit reparler de l'affaire du jeune Justino, accidenté samedi dernier à la ville d'Oruro. C'est une sale affaire qui risque d'envenimer les relations au sein de la communauté.

Ce soir-là, les jeunes avaient fait la fête ; dehors, dans la nuit, le train est passé et a accroché Justino. Il est maintenant à l'hôpital d'Oruro, dans un état critique. On l'a amputé d'une jambe et d'une main.

Seulement voilà, Don Valeriano, le père de Justino, n'est pas content du tout. Il accuse l'hôpital de se servir de son fils qui n'a pas d'argent, pour en faire un cobaye utile aux malades plus riches. Il dit que les doigts sains de la main sectionnée ont été envoyés à La Paz, dans une clinique privée réservée aux riches. Et il dit que ces doigts serviront de greffe. Don Valeriano veut le sortir de l'hôpital d'Oruro. Mais pour cela, l'hôpital lui demande une somme de cent boliviens... Où les trouver ?...

Durant l'assemblée, les hommes demandent la *palabra* [5] au curaka et donnent leur point de vue. La discussion s'éternise ; quelle que soit la manière dont on tourne la question, on en revient toujours à cet argent qu'il est impossible de trouver...

Alors, Don Valeriano prend la parole. Il est malin. Il veut renvoyer la responsabilité sur les jeunes qui l'accompagnaient ce soir-là. Il dit qu'ils étaient saouls et qu'ils n'ont pas secouru son fils. Pire, ils l'ont laissé embarquer par les bouchers de l'hôpital sans s'y opposer

---

4. Chullo : bonnet de laine tissé étroit et pointu avec oreillettes.
5. La palabra : la parole.

le moins du monde. Par conséquent, c'est à eux que doit revenir la charge de chercher cet argent.

Tous les communautaires sont gênés, même s'ils ne le montrent pas. Et moi le premier. Tous, nous plongeons la main dans notre *chuspa* [6], pour mastiquer quelques feuilles de coca. Peut-être, cela nous aidera-t-il à mieux réfléchir...

Un long silence s'installe ; personne n'ose reprendre la parole. Les *wawas* [7] se mettent à pleurer. Les jeunes ne disent rien, et pourtant, ce que leur a dit Valeriano doit les toucher profondément, j'en suis sûr. Finalement, ce sont leurs pères qui parlent à leur place. Ils disent :

« Don Valeriano, nos fils sont offensés, non pas pour l'argent que tu leur réclames, mais par ta parole accusatrice. Bien sûr, nous ne sommes pas là pour prendre leur parti. Ce qu'ils ont fait est mal ; ils n'auraient pas dû boire. Mais tu les juges en disant qu'ils n'ont pas prêté assistance à ton fils. Tu leur jettes le discrédit devant la communauté, et c'est cela qui les afflige. Es-tu bien sûr de ton jugement ? »

Les jeunes se mettent alors à parler. Très calmement. Ils expliquent en détail comment s'est passé l'accident. Ils disent qu'ils n'ont jamais abandonné leur compagnon. Et que, s'ils l'ont laissé emmener à l'hôpital, c'est parce qu'ils pensaient que c'était mieux pour lui.

Je crois bien que les communautaires se sentent soulagés. Ils savaient bien au fond d'eux-mêmes que leurs jeunes ne pouvaient avoir laissé leur compagnon, même s'ils étaient saouls. Mais ils étaient heureux de se l'entendre confirmer. Alors chaque communautaire a pris la parole à son tour. Ils ont tous été consultés. Ça durait, ça durait... Le plus souvent, les « palabres » n'apportaient rien de plus à la discussion, mais cela ne fait rien. Il faut le faire quand même. Il faut s'assurer que chacun a dit ce qu'il pensait. C'est comme ça qu'on évite les conflits. Si quelqu'un n'avait pas pu s'exprimer, il aurait risqué d'avoir des ressentiments et de provoquer des malentendus et des haines. Alors c'est comme ça, chez

---

6. Chuspa : petite bourse de tissage suspendue autour du cou.
7. Wawa : bébé en quetchua.

nous. Ce sont les autorités qui donnent la parole, chacun à son tour. Les autorités aussi ont le droit de s'exprimer, mais pas plus que les autres.

Alors, quand cela a été mon tour, j'ai parlé. Comme je suis secrétaire syndical, j'ai résumé ma propre pensée, mais en même temps celle de tous. Je parlai en leur nom :

« Don Valeriano, nous sommes tous très affectés par l'injustice dont est victime ton fils ; nous comprenons ta volonté de le faire sortir de l'hôpital. Si nous étions riches, nous paierions sa sortie et l'enverrions dans une clinique où il serait bien soigné. Mais tu le sais bien, nous sommes nés sur cette terre pauvre, et Pachamama ne semble pas vouloir nous élever au rang des riches.

« Don Valeriano, tu demandes aux garçons qui accompagnaient ton fils de trouver cet argent. Ils nous disent qu'ils n'ont jamais abandonné ton fils et nous les croyons. L'accusation dont ils font l'objet nous peine tous ; cela signifie que nous avons des fils malhonnêtes, et que nous devons les juger en conséquence. Mais il serait mal de notre part de les châtier injustement. »

Ensuite, d'autres communautaires prennent la parole ; tout le monde approuve et redit ce que j'ai dit. Cela signifie que nous sommes tous d'accord face à Don Valeriano. C'est important pour éviter que la communauté ne se divise. Alors, c'est le moment pour le *curaka*, l'autorité suprême de la communauté, de prendre la parole et de dire son jugement.

« Don Valeriano, nous comprenons ta peine. Nous ne voulons pas disculper les jeunes, s'ils le méritent. C'est vrai. Ils doivent prendre leurs responsabilités. Mais ont-ils vraiment mal agi ? Nous ne sommes pas en mesure de le dire. Alors la communauté propose que vous vous mettiez d'accord et qu'ensuite vous discutiez entre vous d'une solution pour Justino. Mais cela ne doit pas se faire ici, ce serait trop dangereux pour l'entente dans la communauté. Vous devrez vous en isoler. Nous vous demandons de partir à Potosí dès que possible et de n'en revenir que lorsque vous aurez trouvé ensemble cette solution. Nous convoquerons alors à nouveau l'assemblée. »

Tout le monde hochait la tête en signe d'approbation. Car, en fait, ce que venait de dire le *curaka*, c'était le fruit d'une longue discussion avant la réunion. Et tout le monde avait été d'accord sur cette décision. Même les femmes avaient donné leur opinion à la maison. Bien sûr, elles ne se sont pas exprimées aujourd'hui : c'est leur époux qui est leur porte-parole en réunion publique. Mais elles participent beaucoup aux décisions, même de façon indirecte. Elles aident toujours les hommes à mieux réfléchir. Parce que les femmes ne voient pas les choses comme nous. Alors ce qu'elles disent, c'est important.

Pour nous l'assemblée communautaire est capitale. C'est le moment où les décisions sont prises en présence de tout le monde. C'est le foyer de notre organisation. Tout part de là. Toute décision à prendre, toute question matérielle ou morale est discutée entre tous. On ne vote jamais, on recherche toujours le consensus. C'est pour cela que c'est si long. Mais cela permet toujours de déboucher sur un commun accord. Si la décision avait été prise à la majorité du vote, une partie des communautaires continuerait à désapprouver et entretiendrait des rancœurs. Or, il faut absolument éviter tout désaccord à long terme.

Dans l'affaire du jeune Justino, on est tous un peu inquiets. C'est vrai que la décision qui a été prise comporte de gros risques. D'une part elle est nécessaire, car elle permettra à Don Valeriano de faire la paix avec les jeunes ; mais d'autre part, elle n'est pas satisfaisante car les communautaires auront le temps de mûrir des ressentiments. Et cela est dangereux pour la communauté. Cela peut amener à sa division. Nous ne pouvons pas survivre s'il y a des rivalités. Il faut absolument régler tous les conflits, sinon c'est toute la communauté qui est déchirée et il nous est impossible de continuer à vivre sur des bases communautaires.

Heureusement, en général on parvient toujours à un consensus. Mais ce sont des choses qui sont déjà arrivées dans d'autres communautés, et qui peuvent nous arriver à nous, si nous n'y prenons pas garde. Parfois, le conflit est si grave que l'équilibre de la communauté est rompu.

Alors il faut prendre tous les moyens pour tenter de le retrouver, quitte à agir durement...

Par exemple, cela est arrivé récemment à la communauté de Vila Collo. Un jeune communautaire avait violé, puis tué une fille. Il a été emmené en prison et il s'en est échappé. La communauté était furieuse, révoltée. Contre le jeune, mais surtout contre la police inefficace. En assemblée, les communautaires se sont promis de faire eux-mêmes justice. Le jeune est revenu quelques temps après ; il pensait que l'événement était oublié. Mais non. La communauté l'a jugé et l'a pendu.

Dans la communauté de Vila Collo et les communautés voisines, on a étouffé l'affaire. On a inventé une situation malheureuse survenue à la victime. Les communautaires craignaient que les autorités préfectorales en soient avisées, car cela leur aurait coûté cher. Je ne sais pas si elles l'ont su. Je pense que oui. Mais elles ont dû fermer les yeux. Personne n'a cherché davantage d'explications ; finalement, cela arrangeait tout le monde que justice soit faite. Et la communauté a retrouvé son calme.

Voilà pourquoi l'assemblée communautaire est importante. Elle canalise les tensions. On y aborde tous les sujets, des plus ordinaires aux plus difficiles à traiter. Parmi les sujets ordinaires, on parlera par exemple de la préparation d'une fête, ou bien de l'école, le début et la fin des cycles scolaires, les vacances hivernales, ou encore une rencontre de « futbolin »[8]. Puis il y a les problèmes conjoncturels, par exemple le règlement d'une querelle interne. Ce sont souvent les sujets les plus épineux : problèmes de limites de terrain le plus souvent, ou bien des animaux qui ont pénétré dans le champ du voisin. Il y a des sujets qui concernent toute la collectivité ; par exemple l'organisation des travaux communautaires. Ou encore la position que doit prendre la communauté face à un événement extérieur, par exemple lors de la venue d'un étranger. Mais on aborde aussi des sujets beaucoup plus personnels ; parfois, si la famille le désire, on peut traiter de ses problèmes personnels, pour l'aider à les résoudre : les rapports du couple, les rapports parents-enfants, les maladies... ou même des questions de

---

8. Futbolin : sorte de handball joué au pied.

moralité, la mauvaise conduite d'un communautaire. Tout est discuté en collectivité. Il n'est pas un sujet qui doive resté caché au sein d'un petit groupe. Ce serait le début de conflits et tout le monde en est conscient.

Généralement, tout le monde aime venir aux réunions, y compris les femmes. Le matin, avant l'assemblée, on se retrouve pour mastiquer la coca. Cela dure un bon moment, une heure, parfois deux. C'est pour nous l'occasion de se donner des nouvelles, de faire part de nos préoccupations. Normalement, les absences sont sanctionnées. C'est le *curaka* qui s'en charge, après nous avoir demandé notre avis. La punition est toujours un travail à faire qui soit utile à la communauté. Par exemple nettoyer un chemin, refaire un mur,... Mais à Pisaquiri, cela ne se produit jamais. Si un communautaire est malade, il envoie quelqu'un de sa famille, sa femme ou son fils ou un parent. Sinon, il fait tous les efforts possibles pour pouvoir participer, quitte à revenir exprès de la ville...

En général, on se réunit tous les mois pour les grandes assemblées. On le fait le dimanche et on termine la journée par un tournoi de futbolin ou bien une fête. S'il y a un chantier collectif, une *faena* [9], on en profite aussi pour le faire ce jour-là. Réparer le toit de l'école, arranger un chemin ou faire une construction. Mais il arrive souvent que l'on se réunisse en dehors de ces dates. Selon les événements. On se réunira exceptionnellement si une personnalité arrive, ou bien s'il y a un conflit quelconque, ou s'il y a la sécheresse, ou la grêle...

En fait, tout le monde a peur des conflits. Et pourquoi cela ? Parce que chacun connaît ses faiblesses. A tout moment, on peut quitter le bon chemin. A tout moment on peut entrer en conflit avec quelqu'un. Et cela s'envenime très vite. Quelquefois, ce n'est qu'un malentendu. Il faut vite éclaircir les affaires en assemblée et tout s'arrange.

L'année dernière, par exemple, il y a eu un malentendu entre les communautaires et moi-même. Comme je suis dirigeant syndical, je partais souvent à la ville pour

---

9. Faena : travail obligatoire que doivent fournir les communautaires au service de la communauté.

rencontrer les membres de l'association ATEC[10] et leur faire part de notre situation ici. Ensuite je rendais compte à la communauté de ce qu'ils m'avaient dit. Un communautaire a fait courir le bruit que j'étais payé par ATEC pour faire cela. Tous les compagnons sont devenus jaloux. Ils disaient qu'il n'y avait pas de raison que ce soit moi plutôt qu'un autre. Alors nous en avons parlé en assemblée. Je leur ai dit que non, je n'étais pas payé, que je faisais cela pour le bien de ma communauté, pas plus. Pour moi, tous les membres de ma communauté sont comme mes enfants. Alors c'est normal que je fasse tout mon possible pour qu'ils se portent bien et qu'ils ne meurent pas de faim. Maintenant, s'ils sont jaloux, je cède volontiers ma place à qui la voudra. Je démissionne aujourd'hui même, si quelqu'un veut me remplacer. Alors ils ont compris que ce que je disais était vrai. Ils ont demandé pardon de m'avoir accusé et m'ont dit qu'ils me faisaient confiance. Ils m'ont dit aussi que, comme j'étais le seul à savoir lire et écrire dans la communauté, ils souhaitaient que je reste leur dirigeant syndical. C'est la seule autorité qui n'est pas renouvelée chaque année ; il faut que quelqu'un d'autre se propose pour pouvoir quitter le poste. Je suis donc, aujourd'hui encore, le dirigeant syndical de ma communauté.

Ce qui est grave, c'est d'arriver à la division de la communauté. Dans ce cas, la communauté ne peut plus vivre. Comme tout est organisé sur les bases de la réciprocité dans le travail et dans les activités quotidiennes, tout s'écroule. Comment continuer à travailler s'il n'y a plus l'échange de main-d'œuvre, de nourriture... C'est impossible. Autant mourir. Même s'en aller, fuir la communauté n'est pas une solution. Nous ne saurions où aller... Hors de la communauté, nous ne sommes rien. Nous n'existons plus. Nous n'avons ni terres, ni biens, ni identité... Nous ne pouvons qu'être mendiants dans les rues de la ville. Alors, autant mourir...

---

10. ATEC : Apoyo Técnico y Educativo a la Comunidad. Trad : Aide Technique et Éducative à la Communauté. Petite organisation non gouvernementale bolivienne d'aide au développement.

Et puis, que diraient les divinités si nous nous retrouvions mendiants... Elles nous châtieraient. Il faut accomplir ses devoirs de communautaire. Au moins pour le respect des divinités. Car elles savent se venger. Et leur vengeance ne sera pas individuelle. Elle affectera toute la communauté sous n'importe quelle forme : une maladie terrible et contagieuse, une catastrophe naturelle, la mort des troupeaux,...

Alors, il faut faire très attention dans sa conduite ; une dispute, même petite, offense les divinités. C'est une question de survie. Oui, il faut accomplir ses devoirs de communautaire. Pour le bien de tous. Respecter la parole de l'autre, réaliser les travaux collectifs, participer aux assemblées, partager la nourriture, collaborer dans le travail...

Il faut aussi mener à bien les responsabilités qu'on nous demande. Par exemple, pour une fête, ceux qui sont chargés de son organisation, doivent bien le faire. Et à plus forte raison, les autorités choisies par la communauté, qu'elles soient rotatives ou non. Moi, j'ai été choisi comme responsable syndical et je dois mener à bien cette responsabilité. Même si cela me coûte... Parfois, je n'ai pas le temps de m'occuper de mes champs, alors j'ai des récoltes toutes petites, toutes maigres. Et ma famille me fait des reproches. Elle dit que je ne suis pas un bon communautaire, que je ne suis pas capable de donner à manger à ma famille... Moi, je fais tout mon possible, mais je donne toujours la priorité à ma responsabilité de syndicaliste, parce qu'elle bénéficie à tous les communautaires, et pas seulement à ma famille. Et je crois que les divinités en seront reconnaissantes.

Cela, je l'ai appris de mon maître d'école. C'est un grand personnage pour moi ; il m'a beaucoup guidé dans ma vie, et je remercie le Seigneur et toutes les divinités de m'avoir permis de le connaître. Car, contrairement à tous mes compagnons, moi j'ai eu la chance de pouvoir aller à l'école... Il n'y avait pas d'école à Pisaquiri, mais comme ma grand-mère habitait à Talula, mes parents m'y ont envoyé. Pour ma grand-mère, ce n'était pas sans intérêt, bien sûr. Elle me faisait travailler dur ; elle ne me laissait jamais le temps de faire mes devoirs ou de m'amuser. Le matin, je me levais à quatre heures et demie pour aller chercher le fourrage et la paille pour les bêtes. Je travaillais jusqu'à huit heures, l'heure d'aller à l'école. Et le soir, en sortant de l'école, je devais partir chercher les bêtes dans le *campo*. En plus de cela, je n'avais pas grand chose à manger et j'étais tout maigre. Mes parents ne pouvaient pas m'apporter de nourriture, parce qu'il y avait le Río Pilcomayu qui nous séparait, et c'était très dangereux de le traverser, surtout en saison des pluies. Moi, quand je venais de Pisaquiri après les vacances, je le traversais, mais j'ai failli plusieurs fois être emporté. Alors, j'arrivais tout mouillé pour dormir à Talula, parce que je n'avais pas d'autres habits.

Avec mes compagnons de classe, on se disputait la nourriture ou bien un crayon ou une craie, parce que certains ne voulaient rien prêter, et nous avions faim.

Un jour, le maître qui était en colère, m'a puni parce que mes devoirs n'étaient pas fait. Il m'a battu, puis m'a mis au cachot. Ensuite, il m'a fait appeler et il m'a demandé pourquoi je ne faisais pas mes devoirs. Je lui ai expliqué que j'étais de Pisaquiri, que je vivais chez ma grand-mère et que je n'avais pas le temps de faire mes devoirs, parce que je travaillais.

Alors, le maître a fait appeler mon père ; il a envoyé un message à Pisaquiri par l'intermédiaire du représentant des affaires scolaires. Mon père et ma mère sont venus, et il leur a expliqué ce qui se passait :

« A cause du travail que lui demande sa grand-mère, ce garçon n'a pas le temps de faire penser sa tête, a-t-il dit. Si cela continue, il va faire « s'envoler » sa tête, alors qu'il a beaucoup de possibilités et de volonté. Ce garçon doit venir à l'école et je le logerai. »

Ma mère l'a remercié, mais lui a avoué que cela serait bien difficile, parce qu'elle ne pouvait pas me donner à manger. Alors, le maître lui a dit :

« Ne vous en faites pas, donnez-lui quelques *papitas* [11] et quelques fèves lorsqu'il reviendra de vacances et puis je m'arrangerai. »

Ma mère lui a dit mille fois merci et lui a demandé la faveur d'être mon parrain.

---

11. Papitas : petites pommes de terre.

Alors, je suis devenu très heureux avec lui. Le matin, je me levais à sept heures, et avant d'entrer à l'école, mon maître me faisait jouer au ballon pour faire travailler mon corps. A midi, après le repas, nous allions nous laver au Río. Tous les dimanches, nous allions chasser la viscache ; nous ramenions de la viande pour la semaine et nous étions contents de courir dans la nature. En un an, j'ai passé deux cours. J'ai tout de suite été nommé comme secrétaire de lecture ; alors je regardais tous les livres et j'essayais de comprendre l'espagnol, parce mon maître ne parlait qu'en quechua. Souvent, le dimanche, quand on avait bien couru, on s'asseyait sur une butte et mon maître me parlait :

« Jusqu'à quand notre pays va-t-il rester sous-développé ? disait-il. Tous ceux qui n'envoient pas leurs enfants à l'école contribuent à ce que Bolivia reste sous-développée. Leurs enfants deviendront des adultes analphabètes. Et dans ce cas-là, nous ne pourrons jamais rien changer, parce que ceux qui savent lire et écrire ne nous le permettront pas.

»Les riches aident personne, ils exploitent les autres. Ils installent un commerce et font payer très cher, parce qu'ils sont fiers et qu'ils se sentent forts. Ce sont des *chupe-sangre* [12]. Pedro, toi tu es intelligent et tu as grand cœur. Ce que tu apprends aujourd'hui à l'école, tu ne t'en serviras pas pour sucer le sang de tes compagnons, tu le mettras au service de ta communauté. Tu verras, ça te coûtera de la peine, des larmes et des sacrifices, parce que tu ne gagneras pas d'argent, peut-être même que tu en perdras... Mais d'une certaine manière, tu seras récompensé... »

Un jour, mon maître a changé d'école. Il a quitté Talula et je ne l'ai plus revu. Mais je pense toujours à lui, quand ma Segundina me dit en baissant la tête, parce qu'elle ne veut pas que je la vois pleurer :

« Pourquoi ne travailles-tu pas dans les champs comme les autres ? Tu n'apportes pas d'argent à la maison. De quoi allons-nous vivre ? Les autres ne se préoccupent pas de toi. Toi, tu restes avec la faim au ventre pour vouloir développer ta communauté. »

---

12. Chupe-sangre : ceux qui sucent le sang. Sangsues.

Alors, je me tais.

J'ai reçu l'honneur de la part des communautaires d'être choisi comme autorité. Je ne veux les décevoir ni eux, ni les divinités.

II

Faire honneur à l'honneur

Le dimanche de Pâques à Pisaquiri, on décide des nouvelles autorités. A vrai dire, c'est à cette occasion que l'on met à jour ce que tout le monde pensait tout bas. Car chacun sait déjà qui sera cette année le *curaka*, l'*alcalde*, le *corregidor*. Comment le sait-on ? Tout naturellement... Par le bouche à oreille. Par des regards. Je ne sais pas exactement. En fait, chacun y pense plus ou moins toute l'année. Chacun a le souci de déterminer qui en sera le plus capable.

Le plus important, c'est le *curaka*. C'est l'autorité majeure de la communauté. La charge la plus honorable. En général, celui qui devient *curaka* a déjà eu des responsabilités. Il se peut qu'il ait déjà été *alfarez*, c'est-à-dire responsable de l'organisation d'une fête, peut-être a-t-il déjà été *alcalde* ou *corregidor*. Il faut avoir de l'expérience pour être *curaka*. Parce qu'il doit être un peu notre modèle. Il doit avoir beaucoup de qualités. Dans son travail, mais aussi dans sa vie familiale, dans ses relations avec ses voisins, avec tous les communautaires. C'est pour cela qu'on lui doit un grand respect.

Alors durant toute l'année, on s'observe. On regarde qui a le plus beau champ, qui a su le mieux tirer parti du peu d'eau que nous donne Pachamama. On regarde qui a les plus belles bêtes, qui n'a pas eu peur de les emmener loin pour qu'elles aient plus à manger. On regarde qui a eu le plus d'entrain pour les travaux collectifs, qui a le mieux servi la communauté. Et puis on arrive toujours à savoir le comportement de tel communautaire vis à vis de sa famille. On sait si c'est quelqu'un de fidèle, s'il traite bien ses enfants, s'il boit beaucoup en dehors des fêtes.

On remarque s'il entretient de bonnes relations avec ses voisins. Enfin, tout se sait. On se souvient de son comportement lorsqu'il a eu des responsabilités dans son passé, s'il a été courageux, s'il a bien répondu à ce qui lui était demandé. On se souvient de tout...
Et peu à peu, l'idée fait son chemin... Sans véritable concertation. Des bribes de conversation, des regards, des approbations, rien de plus. Mais on ne se trompe pas. Et le dimanche de Pâques, la communauté se réunit, mais elle ne vote pas. Ça ne servirait à rien. Tout le monde est d'accord.
Alors cette année tout le monde a parlé de Don Benito Santos et son épouse Doña Maria. Un couple sans histoires, ayant quatre enfants, tous travailleurs. Signe qu'on les a bien élevés. Bien sûr, Don Benito n'est pas parfait. Il boit pas mal. Mais malheureusement, ceux qui ne boivent presque pas deviennent de plus en plus rares aujourd'hui. C'est notre seul loisir. Et il y a toujours de bons prétextes pour boire...
On choisit toujours un couple avec des enfants. Donc pas très jeune. C'est un peu l'exemple de la famille. C'est aussi pour encourager les jeunes couples à avoir des enfants. Le choix de l'épouse est très important. *Mama T'alla* a un rôle capital.
On lui doit un grand respect. Elle devra témoigner de qualités de bonne cuisinière. Elle devra être patiente, accueillante, sensible... C'est elle qui a le devoir de cuisiner pour les étrangers qui viennent à la communauté. Et l'étranger ne doit jamais être déçu. Il doit être servi en quantité. S'il ne repart pas repu, c'est un outrage à sa personne et aux divinités. La communauté doit toujours faire mine d'abondance. *Mama T'alla* doit aussi être capable de donner des conseils aux femmes. A propos de la cuisine, de la maison, des enfants, des maladies. Mais avant de donner des conseils, elle doit être capable de donner l'exemple.
Doña Maria est une brave femme. Bien sûr, elle a des défauts comme tout le monde. Ce n'est pas facile de choisir un nouveau couple chaque année. Car chaque couple ne peut devenir *curaka* qu'une seule fois dans sa vie. Donc le choix se rétrécit. Et puis il faut laisser sa

chance à chacun. Tous les communautaires, un jour ou l'autre, devront exercer un poste à responsabilités. S'il s'agit d'une personne qui a peu de possibilités, quelqu'un de paresseux ou de mauvaise volonté, on lui proposera un poste moins important que celui de *curaka*, mais on lui donnera sa chance de devenir une personne responsable, dévouée aux autres. L'année dernière, on a mis le *sonso*, — le fou —, comme *alcalde* — le maire —. Le *curaka* a insisté, car il ne le trouvait pas si sot que cela. Et il avait raison. Il s'est bien débrouillé.

En même temps que Don Benito Santos, son frère Don Martin exercera aussi le rôle de *curaka*. Car, en fait, on ne choisit pas un individu pour être *curaka*, on choisit un *originario*, c'est-à-dire une unité familiale. Par conséquent, tous les hommes de cette famille participeront à la responsabilité. Cela permet d'être plusieurs pour supporter les frais de la fonction. Certaines années, il peut y avoir jusqu'à quatre ou cinq *curakas*, mais celui qui a été choisi, a, bien sûr, un titre plus honorifique.

Il est vrai que c'est une responsabilité coûteuse, même ruineuse... Mais les futures autorités ont neuf mois pour se préparer à leur devoir. Neuf mois, afin d'être prêt pour l'intronisation, le premier janvier. Alors elles commencent à s'approvisionner peu à peu, jusqu'à obtenir de grandes quantités de boisson, de coca, de farine de maïs, de moutons et de lamas, pour offrir aux communautaires, durant toutes les festivités et les événements de l'année. Des quantités considérables qui, souvent, suffisent à peine. Cinquante kilos de coca, cinq cents livres de maïs pour la chicha, du bois pour faire bouillir l'eau à chaque fête, deux cents litres d'alcool, cinq moutons à chaque événement, autant de chevreaux, souvent un lama... Une fortune... L'*originario* élu s'endette forcément. Les hommes redoublent d'ardeur pour aller travailler à la ville. Les femmes ne tissent plus de vêtements pour elles, il faut économiser au maximum. On vend souvent une partie de ses bêtes. On vide bien sûr le petit *aguayo* ficelé qui contient les dernières économies. Mais cela ne suffit pas. On demande le soutien de la famille, des *compadres* [13], de son parrain. Et il faut encore demander l'aide des

---

13. Compadres : parents du filleul ou de la filleule.

voisins, à qui l'on remboursera plus tard sous forme d'argent ou de travail.

Alors, bien sûr, Don Benito est réticent. Ces perspectives lui donnent du souci, c'est normal. Il en fait part à la communauté. Il dit :

« Je suis très touché de l'honneur que vous me faites cette année. Vous m'avez choisi pour être votre nouveau *curaka*. J'en suis très reconnaissant envers la communauté et envers nos divinités et nos Saints. Je voudrais cependant vous faire part de mon inquiétude. Je ne suis pas sûr de pouvoir répondre à cet appel. Je ne suis pas sûr de correspondre à ce que vous attendez. Je ne me sens pas digne de l'honneur qui m'est fait. Et puis, la malédiction semble s'être abattue sur notre famille : nous avons eu de grosses pertes dans notre troupeau. Nous avons enterré dans l'année un de nos fils et mon père. Alors nous nous remettons mal des frais de *Todos Santos*... Et avec ça ma femme va « donner la lumière »[14]. Vraiment, je ne me sens pas prêt à assumer cette charge. Pas encore. Que diraient nos divinités si je n'accomplissais pas complètement mon devoir ? Que diraient les communautaires si je ne pouvais les servir comme cette responsabilité me le demande ? Je serais moi-même châtié, c'est normal, mais surtout les divinités châtieraient toute la communauté comme elles savent si bien le faire. Je ne veux pas revoir mourir nos enfants. Je ne veux pas d'une nouvelle sécheresse, d'une grêle qui dévaste tout. Non, je ne le veux pas, vous me comprendrez. »

En fait, personne ne se formalise de cette réponse. En général, cela se passe toujours ainsi. Ces réticences font partie de la tradition. C'est une preuve de modestie. Alors les communautaires argumentent. Il ne doit pas s'inquiéter autant, ils seront là, eux, pour le soutenir. Il a été choisi, parce qu'il a toutes les qualités requises pour réussir. Ce serait une offense aux divinités de refuser l'honneur qui lui a été fait. Alors, après maintes palabres – ça dure parfois plus de deux jours –, il finit toujours par accepter.

A Pisaquiri, nous n'avons jamais connu de refus total. Dans d'autres communautés, il arrive que des

---

14. Donner la lumière : expression qui signifie accoucher.

communautaires disparaissent pour échapper à cette charge. Ils se sauvent à la ville pour travailler. En fait, ils ne comprennent pas la confiance que leur accorde la communauté. C'est pourtant un grand honneur d'être un *curaka*. Il est l'autorité maximale de la communauté. Et donc on lui doit un respect maximal.

Bien sûr, c'est un grand sacrifice qui est demandé. Mais il ne faut pas décevoir la communauté. Encore moins les divinités. Car elles trouveraient l'opportunité de châtier. On doit faire honneur à l'honneur qui est accordé. Et ne pas être chiche sur les quantités. On doit faire face. D'ailleurs, on sait que celui qui a été choisi a les moyens de faire face. Peut-être que sans cela il serait devenu riche... Et cela aurait été mal, très mal. Pour lui et pour les autres. La richesse détruit. La responsabilité de *curaka* nivelle les niveaux de vie. En même temps, les plus pauvres bénéficieront de la nourriture qu'il offrira. Bien sûr, il se sera appauvri, mais les divinités sauront le récompenser.

Donc, neuf mois après, tout est prêt. On se prépare pour l'intronisation. C'est un acte officiel, alors il faut se déplacer à Tinguipaya, le chef-lieu du canton. C'est à dix heures de marche sans traîner. Une grosse journée. Beaucoup de monde s'y déplace : les autorités anciennes et nouvelles, leurs familles, les *compadres*, les parrains, les voisins, en somme une grande partie de la communauté. Moi, en tant qu'autorité, je les accompagne toujours, avec ma Segundina. Comme ça, nous les aidons à porter tout le chargement. Parce qu'il faut tout emporter. Tout ce qui a été préparé. Les préparatifs durent plus d'une semaine.

D'abord il faut prévoir la nourriture et la boisson. Cela, c'est, en grande partie, à la charge des anciennes autorités. Ce sera leur manière de bien accueillir les futures autorités, à qui sera passé le relais. C'est là qu'elles achèvent leur devoir.

Donc, juste avant Noël, Don Victor, l'ancien *curaka*, et son épouse Alicia sont allés au moulin de Talula. Ils ont fait moudre une grande quantité de farine de maïs qui servira à fabriquer la *chicha*. Pour cette occasion, cela n'arrive qu'une fois dans l'année, on fabrique la *chicha* rica [15], la *chicha* royale. Celle qui s'obtient par la mastication. Elle est bien plus alcoolisée et agréable que l'autre, la traditionnelle... C'est beaucoup de travail, mais c'est cette *chicha* qui sera offerte aux autorités et au sous-préfet. Il faut les honorer. Leur offrir le meilleur de ce que l'on peut faire.

Voilà... Donc, Doña Alicia et d'autres femmes ont passé des heures à mastiquer la farine de maïs. Elles ont salivé jusqu'à ce qu'elle devienne pâte – on l'appelle le *muku* –. Puis elles l'ont laissée sécher au soleil. Au bout d'une semaine, elles ont récupéré cette pâte sèche et elles l'ont ramolli dans de l'eau chaude. Alors, elles sont allées chercher une grande quantité de bois et elles ont fait un grand feu pour cuire la pâte, durant deux jours et deux nuits. Elles ont veillé tout le temps pour alimenter le feu. Sans dormir. C'est important, car il faut une chaleur à peu près constante. Faire la *chicha* n'est pas si difficile, le plus délicat c'est d'avoir une attention continue. Quelquefois, les femmes qui la préparent la négligent. Si le feu s'éteint, elles ont alors beaucoup de mal pour la reprendre. C'est là qu'on reconnaît les qualités de bonne cuisinière des femmes. Mais Doña Alicia est très consciencieuse. Elle fait bien son travail. Quand la pâte est cuite, on obtient le *hupi*. C'est doux et très bon. Elles en garderont une partie pour offrir aux autorités, qui apprécieront les premiers le bon travail et la patience des femmes. Ensuite, une fois le mélange reposé, au fond, va rester l'épais, qu'on appelle l'*arope*. Elles retirent ce dépôt, qu'elles remettent à bouillir, jusqu'à obtenir une pâte douce et sombre. Alors elles diluent cette pâte et laissent fermenter tout cela pendant deux semaines encore. Petit à petit, la *chicha* deviendra plus claire, presque jaune. C'est sa belle couleur et c'est le moment de la boire, juste lorsqu'arrive le premier janvier. Tout le long du voyage vers Tinguipaya, les femmes nous serviront de cette boisson délicieuse. C'est vrai qu'elle nous fait un peu tourner la tête, mais c'est notre manière de nous divertir et de faire la fête. Et puis la *chicha* est une boisson très nourrissante et bonne pour la santé. Les femmes en donnent souvent à leur bébé quand elles ont fini de les allaiter. Bien sûr

---

15. La chicha rica : la bonne chicha.

quand elle n'est pas trop alcoolisée. On peut faire de la *chicha* avec le blé, avec l'avoine, avec l'orge, mais la meilleure, c'est celle de maïs.

Tous les rites de la fête peuvent alors commencer. Il y en a beaucoup ; c'est très long. Mais il ne faut surtout pas les escamoter.

Le 31 décembre est le jour du grand départ. Au petit matin. La lumière des étoiles guide les premiers kilomètres. Les *aguayos* dans le dos sont pleins à craquer. Nourriture, vêtements de cérémonie, enfants... A la main, nous portons les chaudrons de *chicha* et d'alcool. Le voyage sera pénible, on le sait. Il faudra gravir et dévaler plusieurs montagnes. Il faudra supporter le froid, le vent, le soleil, peut-être la pluie. Enfin, cette année, ce serait plutôt une grande joie s'il pleuvait. La terre est tellement sèche...

En outre, il faut garder des forces pour une semaine de bringue et le voyage de retour... C'est pourquoi, les personnes âgées ou fatiguées ne viennent pas. On y voit surtout des jeunes. Plutôt des hommes, mais aussi des femmes. Heureusement, on sait qu'on pourra compter sur la bonne humeur collective pour se donner du courage. Et surtout sur les flots d'alcool...

Il fait frisquet au petit matin. Nous marchons vite. Certains parlent. D'ailleurs, ce sont toujours les mêmes bavards qui animent la marche. On entend rire aussi. De temps en temps, on s'arrête. Pour mastiquer la coca et pour que les femmes puissent nourrir leur *wawa*.

Les futures autorités marchent devant. Elles sont presque une dizaine. Parce qu'à part les *curakas* d'un *originario*, d'autres autorités vont recevoir le *nombramiento*, c'est-à-dire la nomination par le sous-préfet. Il y aura le *corregidor titular*, le *corregidor auxiliar*, l'*alcalde*. En moyenne, cinq à six personnes chaque année. Mais les autorités principales, celles qui prêteront serment, sont toujours la *terna* [16] : le curaka principal, le corregidor titulaire, l'alcalde. Seules les autres autorités, les *alfareces*, qui sont responsables de l'organisation de la fête, ou bien le secrétaire syndical, comme moi, ne sont pas intronisées. Les *alfareces* ne le sont pas, parce que c'est une

---

16. Terna : trio.

responsabilité ponctuelle dans l'année. Le secrétaire syndical ne l'est pas, parce qu'il est responsable indéfiniment. Nous ne faisons pas partie de la *terna*. Et puis nous ne recevons pas la même considération. Ceux qui font partie de la *terna* bénéficient d'un grand respect, presque religieux. Mais plus éphémère. Moi, je suis respecté comme une autorité plus durable et plus pratique. Je suis l'autorité qui a les connaissances et qui fait le lien avec les institutions en ville. Les communautaires me disent toujours : « Toi, au moins, tu n'es pas analphabète comme nous. Tu as été à l'école un peu plus longtemps, et ça te sert. Et ça sert à toute notre communauté. Comment ferait-on, nous, pour parler aux « Señores » de la ville ?...»

En théorie, chaque autorité a un rôle particulier. En pratique, nous sommes très souvent ensemble et nous agissons en fonction de ce qui a été décidé en assemblée communautaire. En réalité, nous ne prenons jamais d'initiatives. Ce sont les communautaires qui les prennent. Nous, nous les faisons appliquer ; nous organisons, nous expliquons, nous réprimons.

Notre équipe d'autorités doit être porte-parole des communautaires. Et pas seulement dans la communauté, mais aussi auprès du gouvernement. Mais cela, c'est en théorie. En réalité, le gouvernement ne s'occupe pas beaucoup de nous... Tout comme le syndicat des paysans, dont je suis le représentant. Cela n'apporte pas grand chose à la communauté. Le syndicat des paysans est une grosse organisation, bien loin de nos problèmes... Le mieux, c'est de nous débrouiller par nous-mêmes... Nous y sommes habitués...

En fait, le *curaka* est une autorité traditionnelle qui existait bien avant l'arrivée des Espagnols. Alors que le *corregidor* et l'*alcalde* sont des autorités de l'État. Ces autorités-là, on nous les a imposées à la colonisation. Pour nous les communautaires, le *curaka* a le pouvoir suprême. Mais le gouvernement ne le reconnaît pas. Le sous-préfet lui donne son *nombramiento*, juste pour empocher des sous et se faire offrir à boire... Pourtant le *curaka* et son épouse ont le plus grand rôle moral. Ils interviennent dans les affaires de moralité, par exemple quand un homme part avec une autre femme. Ou bien une affaire de famille. C'est pour cela qu'ils doivent eux-mêmes bien se conduire. Ils doivent être admirables. C'est-à-dire à la hauteur de leur responsabilité et humbles à la fois. En plus, ils sont responsables des fêtes. Ils doivent guider les *alfareces*, chargés de les organiser. Ils doivent veiller à ce que tout se passe bien, avant, pendant et après. D'ailleurs, ce sont eux qui offrent une grosse partie de ce qui est nécessaire.

Le *corregidor* et l'*alcalde*, eux, sont des autorités reconnues par l'État. Ils doivent veiller aux intérêts de la communauté et à ceux de l'État. Par exemple, avant, le *corregidor* faisait appliquer la prestation viale. C'était soit un impôt, soit l'obligation de nettoyer les chemins. Maintenant, ceci n'existe plus. Mais il doit continuer à faire appliquer ce que demande le gouvernement.

Le *corregidor* serait plutôt un garde. Il est chargé de faire respecter les limites, de veiller à ce que les animaux d'un communautaire n'entrent pas dans les terrains d'un voisin. Il intervient dans les litiges. Par exemple, si un communautaire prête du matériel et qu'on ne le lui rend pas ou qu'on le lui rend abîmé, il peut donner une amende ou une punition. Alors que l'*alcalde* correspond plutôt au maire des villes.

Enfin bref... Tout ce qu'a imposé l'État ne nous touche guère, parce qu'il n'a jamais mis les pieds ici pour contrôler quoi que ce soit. Alors, nous, nous continuons comme avant. Bien sûr, en respectant certaines obligations, comme par exemple la nomination des *corregidores* et de l'*alcalde*. Mais à notre manière, en y ajoutant nos coutumes.

Après une journée entière de marche, nous arrivons enfin à Tinguipaya. C'est très tard. Il fait nuit depuis longtemps et beaucoup de monde est déjà arrivé. Certains sont même bien saouls. Ils jouent de la musique, ils dansent et ils boivent.

Les autorités et leurs familles entrent dans une maison. Chaque autorité a une maison qui lui est réservée et y loge tous ses proches. Tout le monde s'entasse le plus souvent dans les patios... De toute façon, on sait bien que l'on ne dormira pas beaucoup. Il suffit d'un endroit pour déposer ses affaires. On passera presque tout son temps à la fête.

Donc, le premier soir, c'est l'inauguration. La *entrada*. Les groupes qui sont arrivés les premiers se sont habillés de leurs beaux vêtements de danse et ils défilent en dansant sur la musique. Les musiciens prennent la tête du défilé, entourés de danseuses très belles. Puis viennent les autorités, si possible par couples, entourées de leur famille et de leurs amis proches. Et tous les autres arrivent derrière, les bras chargés de jarres de *chicha*.

Avant d'entrer sur la place principale, le cortège fait une petite halte à la chapelle, en retrait du village. C'est un moment important. On va se souvenir des morts. On va leur dire qu'on ne les oublie pas durant cette fête, qu'ils en font aussi partie. On *ch'alle* en leur honneur. On boit en communion avec eux.

Chaque groupe entre à tour de rôle sur la place. Il se dirige d'abord vers l'église. Là, les musiciens s'arrêtent de jouer. Tout le monde s'agenouille silencieusement pendant un petit moment. Ça y est. On se relève et on forme un cercle avec les autorités au centre.

Nous, nous sommes pratiquement toujours les derniers à faire notre entrée. C'est en pleine nuit. Tout le monde est dans un état d'euphorie total. L'alcool et la danse nous envoûtent. La fatigue du voyage ne se fait même pas sentir. Toute la nuit, on va danser, en oubliant tout. Jusqu'au lendemain, c'est comme une parenthèse dans notre quotidien. Moi, bien souvent, je ne me rappelle plus de rien.

Et le lendemain, ça recommence. Dès le matin, les groupes musicaux se remettent à jouer. Ce sera le jour de l'intronisation. Le grand jour. Avant d'aller à la sous-préfecture, l'ancien *curaka* et sa famille vont rendre visite au nouveau couple de *curaka*. Ils leur apportent trois plats de nourriture et une jarre de *chicha*. Et tout le monde *ch'alle* quelques verres d'alcool, en l'honneur du *Tata Curaka* et de *Mama T'alla*.

Alors, le moment est venu de passer dans le patio du sous-préfet. La cérémonie a lieu dans la matinée, en espérant que les participants ne soient pas encore trop saouls. Mais c'est peine perdue. Toutes les autorités qui vont être nommées ont déjà été tellement sollicitées pour *ch'aller* l'événement, qu'elles ne sont déjà plus très claires. Cela ressemble plus à une foire qu'à un acte solennel...

On reconnaît facilement les autorités sortantes. Elles ont glissé dans le ruban de leur chapeau une fleur en papier coloré. Alors que les nouvelles autorités ont des pompons de laine jaune et orangée.

Toutes les autorités, entrantes comme sortantes, sont obligées d'offrir au sous-préfet trois cruches de seize litres d'alcool. Il peut en faire ce qu'il veut... En outre, les nouvelles autorités doivent lui donner vingt boliviens chacun. Moi, j'appelle cela de l'escroquerie. Parce qu'il peut aussi demander ce qu'il veut. Et tout est pour sa poche. Il sait qu'on est obligé de venir. Alors il est fier.

Les autorités anciennes ont déposé leur *Baston de Mando* [17] sur une table, à côté du crucifix. Je ne sais pas pourquoi il y a un crucifix, mais c'est toujours ainsi. C'est peut-être comme pour les morts, pour dire au bon Dieu qu'on ne l'oublie pas et qu'on ne l'oubliera pas durant tout le temps du mandat...

Alors le sous-préfet se met à parler dans un mélange d'espagnol et de quetchua. L'espagnol domine d'ailleurs, et beaucoup de participants déjà bien saouls ne comprennent pas grand chose... Il donne des conseils aux autorités. Il leur propose de boire moins, car c'est mauvais pour la santé. Tout le monde opine du chapeau. Ensuite il les invite à faire le signe de la croix. Et il se met à lire le serment en espagnol. A chaque fin de phrase, il demande de dire « oui ». Les gens s'exécutent. Puis il les fait signer avec leurs empreintes sur un coin du papier. Tout le monde trempe son doigt dans l'encre. Les anciennes autorités signent d'un côté, les nouvelles de l'autre. La page se remplit d'empreintes digitales. C'est fini. Le *curaka* sortant reprend le *Baston de Mando*. Il ne le donnera au nouveau *curaka* qu'à la cérémonie de passation des pouvoirs devant la communauté. Le sous-préfet tend le texte du serment, le *nombramiento* à chacune des nouvelles

---

17. Baston de Mando : bâton d'envoi. Instrument d'honneur du curaka principal

autorités. C'est une preuve que l'acte a été fait. C'est obligatoire. Sinon n'importe qui pourrait se déclarer autorité. C'est important pour les communautaires qui sont restés ; ils auront une preuve de l'acte.

Tout le monde sort et va poursuivre la fête. Commencent alors les visites qui occuperont tous les jours de la semaine. Les groupes passent de maison en maison. Les musiciens jouent leur *waynu*, une pièce musicale en l'honneur des nouvelles autorités. Une grosse jarre de *chicha* est placée au centre de chaque patio. La maisonnée qui reçoit offre immédiatement à boire et à manger. La jarre reste au centre du patio et tout le monde y boit à volonté.

Le troisième jour, c'est le *Runa Enteray*, ce qui signifie Don des gens. Don Victor, le *curaka* sortant, avec sa famille et les musiciens, se rend chez le nouveau *curaka*. Ils sont accueillis, ils dansent un moment, puis Don Victor étale un *aguayo* au sol. Il y dépose un sachet en tissage. Tout le monde se rapproche et attend qu'il ouvre le sachet. On sait bien ce que c'est, mais on joue la curiosité. Don Victor en sort des grains de maïs. En fait, chaque grain correspond à une maisonnée de la communauté de Pisaquiri. Autant de grains, autant de familles. Avec minutie, sous le regard de tous, il compte les grains. On se souvient du nombre de grains qui avaient été comptés l'année dernière et on remarque que ce nombre n'a pas changé. On est content. C'est signe que Don Victor a bien pris soin de sa communauté. Et qu'il peut partir avec la conscience tranquille. Il rassemble à nouveau les grains et les donne à Don Benito. Celui-ci referme le sachet et le suspend à son cou. Ce geste est très symbolique. Cela veut dire qu'il accepte le poids de la communauté.

Le quatrième jour est celui des adieux. Une journée complète de danse. Mais de danse infernale. Chaque troupe refait le même parcours que pour *l'entrada*, puis arrive sur la place. Mais, cette fois, on n'attend plus qu'une troupe soit sortie pour la remplacer. Cinq, six, sept troupes se trouvent en même temps sur la place. Elles disputent une sorte de concours. A celle qui joue le plus fort et qui fait perdre le rythme aux autres. Parfois, les plus saouls finissent par s'insulter et même se battre. Les épouses les séparent et l'affaire s'arrête là.

Ce jour-là est le plus favorable aux rencontres amoureuses. Beaucoup de jeunes se connaissent de cette manière. C'est d'ailleurs à cette même occasion que j'ai connu ma Segundina. Je l'avais déjà remarquée les jours précédents. Je l'ai tout de suite trouvée jolie, et comme elle portait une fleur à son chapeau, je me suis dit que je pouvais tenter ma chance, car cela voulait dire qu'elle n'avait pas d'amoureux. Alors j'ai attendu le quatrième jour. Je savais que c'était le moment le plus facile.

Tout le monde est tellement entassé sur la place que personne ne peut rien remarquer. J'ai tâché d'aller me mettre près d'elle tout en dansant. Et puis, comme le veut la tradition, je lui ai enlevé son chapeau. Parfois, on enlève un bijou ou un foulard, mais le chapeau, c'était plus facile. Je lui ai lancé un coup d'œil avant de disparaître. Vu son regard, elle ne paraissait pas être trop en colère. Ouf ! J'avais donc toutes les chances qu'elle vienne me chercher pour réclamer son chapeau. Je me suis donc faufilé dans la foule, mais toujours en lui jetant un coup d'œil de temps en temps, de manière à ce qu'elle ne me perde pas de vue. J'ai remarqué qu'elle commençait à me suivre. Alors j'ai cherché un endroit tranquille pour pouvoir lui parler. Ça n'a pas été facile. Il y avait des gens partout, et surtout des *borrachos* [18] qui urinaient et qui chantaient à tue-tête. Alors je suis sorti du village et je suis allé en direction d'un petit monticule de terre. Elle me suivait toujours. Je me suis assis le dos contre ce monticule et je l'ai attendue.

Quand elle est arrivée, elle m'a dit : « Rends-moi mon chapeau. » Elle l'a dit d'une voix sévère, mais je ne me suis pas inquiété. Cela aussi c'est la tradition. Il serait incorrect de répondre trop facilement aux premières avances. Alors, j'ai fait un marché : son chapeau contre son cœur. Elle m'a tourné le dos. Elle ne parlait pas. Elle faisait semblant d'être vraiment fâchée. Alors c'est moi qui me suis mis à parler. Mais j'étais gêné. Je ne savais pas quoi dire, parce je ne suis pas habitué à parler aux filles. Je

---

18. Borrachos : personnes ivres.

lui ai dit que je la trouvais jolie, que je savais qu'elle était de la communauté d'Itinoka, que j'étais en âge de me marier, et que je voulais que ce soit elle ma femme. Pendant encore un moment, elle s'est tue. Puis elle s'est retournée et m'a dit : « Je voudrais qu'on se revoit avant que tu me fasses du mal. » Alors, j'ai accepté. Nous nous sommes donnés rendez-vous à une *verbena* [19], une fête de jeunes, à Talula. Elle était très étonnée que je la laisse partir ainsi, sans rien lui avoir fait. En général, les garçons abusent des filles la première fois. Je crois que j'ai bien fait d'agir ainsi, cela montrait que je la respectais. Bien sûr, il y avait le risque qu'elle ne soit pas là au rendez-vous. Mais comme cela, j'aurai la preuve que si elle venait, c'est parce qu'elle en avait envie, et pas par force. Alors j'étais content. J'ai gardé mon secret, jusqu'à la *verbena* de Talula. J'étais très nerveux. J'avais hâte qu'arrive ce jour, mais en même temps, j'avais tellement peur qu'elle ne vienne pas, ou que je la surprenne avec un autre amoureux... Lorsque le jour est arrivé, j'y suis allé très tôt. Il faisait à peine jour. Je suis arrivé parmi les premiers et je me suis mis à l'attendre. Elle est arrivée bien plus tard. Le soleil était presque au milieu du ciel et il faisait très chaud. J'étais heureux comme un oiseau, lorsque je l'ai vu apparaître. Mais je ne devais pas le montrer. J'ai fait comme si je ne l'attendais pas spécialement. Alors, de nouveau, je suis parti dans un endroit secret, là où on ne pourrait nous voir. J'ai trouvé un bel endroit dans un renforcement du Río Pilcomayu, sur le sable chaud, et bien protégé par des dunes et des arbustes. Elle m'a suivi. Cette fois, elle ne m'a pas tourné le dos. Elle m'a dit quelques mots, mais elle est restée très discrète. Ce qui ne me déplaisait pas finalement. Il y a tant de filles qui parlent beaucoup, mais qui ne savent rien faire d'autre. Elle avait dû se renseigner sur moi et devait être satisfaite. C'est pour cela qu'elle ne m'a pas tourné le dos. Alors j'ai posé ma main sur sa jambe. Elle n'a rien dit. Elle a laissé faire. Cela voulait dire qu'elle était d'accord. Moi, je me suis senti très bizarre, tout d'un coup. Je ne sais pas, le contact du tissu noir de son *almilla* m'a procuré une drôle

---

19. Verbena : trad. verveine. Par extension lieu où l'on se retrouve pour boire des infusions alcoolisées.

de sensation. J'ai senti un grand frisson, et en même temps, j'avais chaud, je transpirais. Alors j'ai passé ma main sous ses jupons. J'ai caressé son sexe. Elle a fait un geste vers moi. Elle s'est rapproché et nous avons fait l'amour. Je lui ai fait sûrement du mal, mais je crois aussi que je lui ai fait du bien. Mais elle ne me l'a jamais dit. Au contraire. Quand on se dispute aujourd'hui, elle me dit toujours ce que toutes les femmes disent à leur homme : « C'est de ta faute. Tu as abusé de moi ce jour-là. Moi, je ne voulais pas. Tu m'as fait tienne contre ma volonté. » Mais tout cela, je crois que ce n'est pas vrai...

A partir de ce jour, on s'est donné rendez-vous à d'autres *verbenas* et on ne se cachait plus. Je la faisais danser et je lui donnais de la *chicha*, qu'elle buvait en renversant la tête. Jusqu'au jour de la *verbena* d'Itinoka, où nous sommes revenus ensemble à sa maison. Nous avons dit à ses parents que nous voulions nous marier et que nous aimerions qu'ils viennent à ma maison pour en discuter avec mes parents. Maintenant, ce n'était plus la peine de se donner rendez-vous à une *verbena*, nous pouvions nous voir librement...

Voilà. C'est pour cela aussi que nous ne manquons jamais la fête de l'intronisation, ma Segundina et moi. Parce que ça nous rappelle de bons souvenirs...

Bien. Je reviens à mon sujet... Donc ce quatrième jour, c'est l'euphorie. La parenthèse de la fête prend fin et tout le monde redouble d'énergie pour danser. On appelle ce jour la *Jatun Kacharpaya*, les grands adieux. Plus que jamais l'alcool circule et fait des ravages. Mais plus que jamais l'enthousiasme déborde. La fête continuera encore toute la nuit, parce que personne n'a envie de s'en aller.

Le lendemain on récupère avant le retour. On en profite pour régler quelques détails matériels : rendre les ustensiles prêtés, nettoyer la maison... La fête est finie. Il va falloir reprendre son travail et se préoccuper à nouveau de la sécheresse. La fatigue tombe. Et le voyage de retour sera plus lent qu'à l'aller. Il reste tout de même un rite très important ; celui de la passation des pouvoirs dans la communauté.

Le lendemain du retour de Tinguipaya, tout le monde se réunit dans le patio du *curaka* sortant et se rend chez le nouveau *curaka*. Là aussi, on danse. Les musiciens précèdent et accompagnent les danseurs. Ils ont des *zampoñas* [20], des *bombos* [21], des *queñas* [22]. En arrivant, les musiciens entourent le couple d'anciens *curakas*. Ceux-ci portent avec eux leurs instruments d'honneur : la *chicote*, c'est-à-dire le fouet, la *chalina* qui est l'écharpe royale et qui enveloppe le *Baston de Mando*. Don Benito et Doña Maria, les nouveaux *curakas* nous accueillent par un plat de nourriture et de la *chicha*.

Alors on procède à un acte très solennel. Don Victor, l'ancien *curaka* remet à son successeur un verre en argent finement ciselé rempli d'alcool et une jarre de *chicha*. Il lui passe autour du cou la *chalina* en tissage de vigogne et lui remet le *Baston de Mando*. Il lui remet aussi le serment et le livre des actes. Sur ce livre est inscrit la liste de tout le matériel qui a été acheté dans l'année pour la communauté. Par exemple une brouette, du matériel scolaire, des tôles pour le toit de l'école, des pioches... Enfin, tout, quoi. Je lis cette liste et nous vérifions si tout y est. Normalement, c'est le maître d'école qui doit le lire, mais comme il n'est pas là à cause des vacances, je le remplace.

Voilà, l'acte est fait au niveau de la communauté. Alors les couples de *curakas* anciens et nouveaux entament la traditionnelle danse de la passation des pouvoirs.

Le couple de *curakas* sortants guide le nouveau couple à l'aide de la *chalina*. C'est un symbole de solidarité, de soutien.

Pour nous, la passation du pouvoir dans la communauté est encore plus importante que celle qui est faite à la sous-préfecture. Là-bas, c'est un acte de l'État. Ici, c'est la reconnaissance des nouvelles autorités par la communauté. Et par les dieux surtout.

Oui, la passation du *Baston de Mando* est l'Acte Suprême.

---

20. Zampoñas : flûtes de pan.
21. Bombos : tambours.
22. Queñas : flûtes en bambou.

Le *Baston de Mando* fait le lien avec nos divinités. Il est objet divin. Il représente lui-même une divinité. Il faut donc le traiter avec un respect suprême. Il a un nom. Parce que chaque *Baston de Mando* représente une divinité différente. Celui de notre communauté s'appelle *Wayna P'aquchu*, c'est-à-dire Jeune Blond. Pourquoi ce nom ? Je ne sais pas exactement... Certainement parce qu'il représente un dieu blond. Il y a beaucoup de dieux blancs, paraît-il, dans les *cerros* [23]. Les condors les protègent. Ce sont leurs messagers. C'est pour cela qu'il faut protéger les condors, leur offrir à manger. Les condors qui mangent de la viande crue ne meurent pas et continuent à protéger les dieux.

Chaque année on doit faire un sacrifice au *Baston de Mando*. On tue un mouton et on lui offre son sang ; on le verse sur le bâton. Ensuite, on retire le cœur du mouton et on y plante le *Baston de Mando*. Tout le monde doit boire du sang, qu'il soit cru ou en soupe de sang. Tout le monde doit aussi manger un morceau de cœur, comme ça, cru. Il faut le faire. Il ne faut jamais oublier le sacrifice, sinon le *Baston de Mando* nous le rappelle par des châtiments.

On doit aussi lui faire écouter une messe chaque année. Le faire bénir par le curé. C'est un devoir. Et puis toute l'année, il faut lui faire des offrandes, normalement les mardis et samedis. Le *Baston de Mando* reste suspendu au mur, enveloppé de la *chalina* de vigogne. On lui verse de l'alcool, on lui jette des feuilles de coca. On lui fait respirer de l'encens et on fait une prière. On lui dit :

« Doux condor, mon Saint *Baston de Mando*, ne te mets pas en colère contre moi. Je te donnerai ce que tu demanderas. »

On l'appelle toujours Saint. Sûrement à cause des pouvoirs qu'il a. Il peut nous aider si on prie bien pour lui. Comme les autres Saints. Mais si l'on fait une erreur, il se met en colère. Et il punit. Le propriétaire ou son troupeau. Sous forme de maladie, même parfois d'épidémie qui affecte toute la communauté. Il faut vite lui demander pardon, lui faire des offrandes et brûler de l'encens. En général, avant de punir, il avertit. Il apparaît

---

23. Cerro : montagne de la cordillère.

en rêve à son propriétaire. Sous forme d'un homme blanc, très grand. Le propriétaire doit savoir interpréter ce rêve.

On m'a raconté qu'un jour une autorité dans une communauté avait perdu la *chalina* du *Baston de Mando*. Quand il a passé son pouvoir, il en avait fait tisser une autre, moins belle. Mais voilà... un jour, il est devenu aveugle. C'est sûrement pour cette raison. Tout le monde disait que s'il retrouvait la vraie *chalina*, il recouvrerait la vue.

Une fois aussi, à Tinguipaya, le *curaka* avait connu des évangélistes. Ceux-ci lui avaient dit que nos pratiques étaient mauvaises. Alors le *curaka* s'était converti à cette religion. Il avait brisé son *Baston de Mando* et l'avait jeté au Río. Tout d'un coup est arrivée une averse de grêle, quelque chose d'étonnant, comme on voit peu souvent. Des grêlons énormes, qui ont tout ravagé. Et pas seulement ses terrains, mais ceux de toute la communauté. Alors il a été obligé d'abandonner cette religion.

Le *Baston de Mando*, c'est un capricieux ; il est capable de faire le meilleur comme le pire. Si on le traite avec respect, si on accomplit les rites comme on le lui doit, il peut bien répondre, apporter de bonnes choses à la communauté. C'est pour cela que la responsabilité du *curaka* est grande. Il faut qu'il accomplisse les rites pour le bien de toute sa communauté.

En fait, cette semaine-là nous permet aussi de renouveler notre appartenance à la communauté. En participant à la fête, ce ne sont pas seulement les autorités qui ont prêté serment, mais d'une manière symbolique c'est nous tous, toute la communauté. Et c'est le *Baston de Mando* qui réunit tout le monde. Il rallie tous les communautaires. C'est très important, parce que nous avons tous des maisons dispersées dans la communauté, alors ça permet de bien redire notre unité. En même temps, nous nous sommes tous réengagés à accomplir nos devoirs de communautaires.

III

Le Pont de l'Union

Chacun doit respecter les règles de la communauté. Nous n'avons pas le choix. Ces règles, nous les apprenons à nos enfants, dès leurs premiers pas. Nous, les adultes, nous les avons apprises de nos anciens. Mais on a l'impression de les avoir toujours connues. Comme si elles étaient en nous depuis toujours. Ancré dans les entrailles de la Pachamama... Par exemple il ne nous viendrait jamais à l'esprit de choisir d'aller travailler notre champ, même si c'est urgent, plutôt que de participer à une *faena* [24] ; ni d'économiser l'argent que l'on doit utiliser pour les fêtes. Ou bien de se faire aider pour un travail sans le rendre. Ou encore de refuser d'être parrains ou *compadres*. Cela ne se fait pas. Et heureusement. Sinon notre vie serait impossible...

Il faut toujours privilégier les nécessités communautaires aux nécessités familiales, voire individuelles. Je n'ai jamais entendu dire que dans ma communauté, quelqu'un ait agi différemment. Même si cela est parfois tentant. Et il y a toujours l'assemblée communautaire qui rappelle à l'ordre celui qui aurait eu tendance à s'égarer...

C'est grâce à cela que notre communauté arrive à réaliser de grands travaux, comme par exemple celui du pont piétonnier au-dessus du Pilcomayu. Oh, il nous en a coûté des sacrifices, ce pont. Nous en avons passé des journées et des lunes pour lui. Et les autorités de cette année-là se sont ruinées à force d'alimenter les communautaires en coca et en alcool. Nous avons tout fait

---

24. Faena : travail collectif au service de la communauté.

par nous-mêmes. L'équipe d'ATEC en avait tracé les plans : un pont suspendu par câbles de cent quarante mètres de long. Nous, les plans, cela ne nous disait rien. Nous préférions écouter les consignes de l'ingénieur Don Juan-Vladi. Il nous disait ce qu'il fallait faire et nous nous organisions. Nous avons constitué des équipes par communautés et faisions un roulement. Il y avait toujours une équipe qui travaillait. De jour comme de nuit. Il fallait se dépêcher, parce qu'on devait finir avant l'arrivée des pluies. Nous avons donc commencé en mai 90 et fini pour Noël. En février, on l'inaugurait sous des trombes d'eau...

D'abord, il avait fallu construire un chemin carrossable jusqu'à Talula pour permettre au camion de transporter du matériel de la ville. Avant, il n'y avait même pas de chemin jusqu'à Talula. Et pourtant Talula possède un groupe scolaire. C'est une communauté importante et centrale. Ce chemin, nous l'avons construit tout à la pelle et à la pioche... Tout le monde y travaillait, les femmes et les enfants aussi. Il fallait tellement faire vite...

Ensuite nous avons creusé dans le rocher de chaque côté du Río pour y encastrer les deux gigantesques tours qui serviraient d'appuis au pont suspendu. Cela a été le travail des hommes seulement. C'était très éprouvant. On dynamitait, mais le rocher était si dur qu'à peine dégringolaient quelques rocailles. La mission nous a paru impossible. Et pourtant, nous avions tous envie de relever le défi. Je m'étais tellement battu pour que cela puisse se faire. L'équipe d'ATEC avait réussi à trouver un financement auprès d'une petite ONG française. Nous savions que là-bas, ils vendaient des gâteaux, des « brioches », comme ils disent, pour récupérer de l'argent pour nous. Nous nous étions battu aussi pour que l'État participe. Maintenant, c'était à nous d'agir. Alors nous avons sué, mais nous nous sommes donnés du courage. Nous buvions beaucoup d'alcool. Cela nous aidait bien, et il faisait si chaud dans la journée.

Cela fait, il a fallu tailler les pierres pour les tours. Avec marteaux et burins. Les uns récupéraient les rochers, les autres taillaient, les derniers affinaient la taille. Trois maçons de Potosí qui avaient été embauchés pour ce chantier, ont monté les tours avec les pierres et du ciment. C'était impressionnant ces monstres de quinze mètres de hauteur qui s'élevaient dans cet endroit désertique, si oublié du monde...

Puis, nous avons amené les câbles. Une drôle d'affaire. C'était un câble énorme de quatre cents mètres de longueur. Quand il a fallu le transporter de Potosí, il était beaucoup trop lourd pour le camion et... pour le chemin. Nous avons réussi à le faire transporter jusqu'à une grande *cancha* [25] de Potosí, et là, nous l'avons déroulé, nous l'avons coupé en deux, et enroulé à nouveau sur deux rouleaux. Mais il avait tout de même fallu utiliser un gros camion. Et celui-ci n'a pas pu franchir les derniers kilomètres. Il ne restait plus qu'à descendre le câble du camion, à le dérouler à nouveau et à le transporter... à dos. Nous avons réalisé une énorme chaîne d'hommes et nous avons pris le câble sur l'épaule. Nous avons continué le chemin sans trop de difficultés, mais ensuite, il fallait longer la *quebrada* [26] de Talula. Là, le terrain était abominablement sablonneux, puis d'un coup rocailleux, d'énormes galets encombrant le passage. Les hommes trébuchaient, tombaient et rompaient la chaîne. Il fallait reprendre le câble par terre. Un vrai calvaire. Le pire, c'est que nous avons dû renouveler l'opération pour le deuxième câble !...

Puis, il a fallu les installer. Leur faire traverser le Río, qui, heureusement n'était pas très haut. Monter les extrémités en haut des tours et enfin les tirer. Tous les hommes s'étaient mobilisés pour faire ce travail. Là on voit bien que l'union fait la force. Bien mieux que les machines. On nous avait fourni un treuil qui devait servir à tirer le câble. Il n'a pas fonctionné. Il était trop faible pour le travail demandé. Alors, il s'est cassé. Il nous a juste servi d'auto – bloquant, c'est-à-dire que nous tirions nous-mêmes et le treuil empêchait au câble de se détendre à nouveau. Il fallait une sacrée coordination entre nous, pour mener à bien ce travail. En général, l'ingénieur nous informait, nous les autorités, du travail à réaliser. Puis

---

25. Cancha : terrain de sport.
26. Quebrada : vallée encaissée.

nous nous réunissions entre communautaires pour *pichar coca* [27] et pour nous organiser.

Nous étions déjà très fiers de regarder ces câbles qui traversaient majestueusement les cent quarante mètres du lit du fleuve, accrochés tout en haut des deux tours. Moi, je n'avais jamais vu cela de ma vie, bien que j'aie voyagé un peu plus que mes compagnons. Je suis allé à Sucre et même à La Paz pour participer à des réunions du syndicat. Mais non, je n'ai jamais rien vu de semblable !

Nous sommes alors tous descendus dans le lit du fleuve pour voir notre pont d'en bas. Je discutai avec l'ingénieur, lorsque nous avons entendu un bruit énorme. Nous n'avons pas eu le temps de réagir. Une chose gigantesque descendait du ciel, déboulait avec violence entre lui et moi pour aller s'enfoncer dans le sol. Nous en avions le souffle coupé. Un des câbles s'était décroché. Des tonnes de ferraille qui auraient pu nous anéantir. Il devait y avoir vingt centimètres qui me séparaient de l'ingénieur. Le câble est passé à cet endroit. À qui faut-il attribuer cette chance ?... En tous cas, moi, j'ai remercié la Pachamama et le Dieu du ciel et aussi tous les Saints de nous avoir sauvé la vie.

Il a donc fallu tirer à nouveau le câble et assurer mieux l'amarrage. Nous avons aussi renforcé les attaches de l'autre. Car si l'un était tombé, l'autre pouvait en faire autant...

Puis nous avons fait descendre des câbles plus petits à partir des deux gros. Tout le long. Nous les avons coupés et les avons reliés avec ceux qui leur faisaient face par des bastaings de bois bien dur. C'était la carcasse de la passerelle. Il ne restait plus qu'à fixer d'autres bastaings dans le sens de la longueur et y faire reposer les planches transversales. Comme ce travail était un peu moins dur que les précédents et que le temps pressait, les femmes et les enfants ont demandé à y participer. Je crois qu'il n'y a pas un seul communautaire valide qui n'ait mis la main à ce grand chantier. Oui, c'était vraiment une œuvre

---

27. Pichar coca : mastiquer la coca et faire une grosse boule dans le coin de la bouche.

collective. Une *faena* énorme que nous avons tous réalisée avec enthousiasme, malgré toutes les difficultés.

Moi, je n'étais pas peu fier de ce qui avait été fait. Dans un sens, je sentais que j'y étais pour beaucoup et mes compagnons l'ont bien reconnu. Bien sûr, j'y ai laissé des plumes. Les récoltes en ont subi les conséquences cette année. Je m'étais aussi complètement démuni des affaires que j'avais pu acheter quelques années avant, quand on pouvait encore gagner un peu d'argent en travaillant à la mine : ma brouette, mes barres à mine, mes pioches et ma pelle. Mais je l'ai fait de bon cœur. De toute ma volonté, je voulais aider ma communauté. Je me disais que peut-être les dieux en seraient reconnaissants.

Ce qui a été le plus merveilleux, c'était l'inauguration. Personne ne l'oubliera. Ça, jamais. Tout le monde était descendu de sa communauté à la première heure avec ses instruments de musique et ses costumes de danse de toutes les couleurs. Avec le Padre Pedro[28], le parrain du pont, celui qui m'a écouté la première fois quand je lui ai parlé de fabriquer un pont et qui a tout mis en œuvre pour que ça aboutisse, nous avons dit la messe. Nous avons remercié le Dieu du ciel et aussi nos divinités et nous avons baptisé ce pont : le Pont de l'Union. Pourquoi ? Pour de multiples raisons que m'a fait remarquer le Padre Pedro. Il unit les communautés qui étaient isolées entre elles pendant la saison des pluies. Il unit la ville au *campo*, lui aussi isolé à cause des pluies. Il nous unit à l'équipe d'ATEC, au Padre Pedro et aussi à ceux qui nous ont aidés, là-bas, en France. Il nous unit avec tous ceux qui pourront désormais venir nous visiter dans nos communautés. Il nous unit même un peu avec l'État qui, pour la première fois a daigné participer à un projet dans notre zone. Moi, je trouve cela fantastique...

Pour l'inauguration, tout le monde était là et tout le monde est monté en même temps sur le pont. Et nous nous sommes mis à danser, à sauter, au rythme de la musique. Nous étions serrés comme un troupeau de moutons et il tombait des trombes d'eau. Mais nous étions heureux. La fête a duré toute la journée et une

---

28. Padre Pedro : Pierre Marmilloud, prêtre savoyard engagé au service du peuple bolivien.

partie de la nuit. Moi j'avais un peu peur que le pont casse ; mais Don Juan-Vladi m'a avoué qu'il avait fait tous ses calculs de résistance des matériaux pour le jour de l'inauguration. Il avait prévu, lui, heureusement. Et c'est vrai que le pont a tenu. Il balançait d'un côté, puis de l'autre. Il paraît que ça fait le même effet quand on est en bateau...

Depuis ce jour, le pont n'a pas arrêté de faire traverser des gens et des troupeaux. Il y a toujours du monde qui l'emprunte. Bien sûr, pas autant que le jour de l'inauguration, mais tout de même il est drôlement fréquenté. Quand on arrive de l'autre côté du pont, il y a un petit coin abrité où les gens qui ont traversé s'arrêtent pour se reposer avant de commencer la grande montée pour la communauté de Pisaquiri. Les femmes donnent la tétée à leur *wawa*. On boit un coup. On *piche coca* et on discute. En général, il y a toujours d'autres personnes qui arrivent et on s'attend pour monter ensemble. Quand on arrive en haut de la côte, on s'arrête de nouveau et on regarde le pont vu d'en haut. Il est peut-être encore plus beau...

Il nous a fallu du temps pour nous remettre de ce grand chantier. Les réserves étaient épuisées. Comme nous avons eu pas mal de visites à cette occasion, nous avons distribué beaucoup de nourriture. Il y a même eu des accidents. La femme du *curaka*, par exemple, a transporté beaucoup de jarres d'eau, pour mélanger à l'alcool. Et c'était très loin. Notre communauté est à deux heures de marche du pont. Elle était enceinte et quand elle a mis son enfant au monde, elle a beaucoup souffert. Comme elle était mal alimentée, elle n'avait pas assez de forces. Ensuite, elle est restée malade pendant deux semaines et elle souffrait toujours. Je crois que son ventre était tout infecté. Et un jour, elle est morte. Voilà, c'est comme ça...

Et puis, il y a eu des conflits dans les familles, ça oui. Les femmes, en voyant leurs enfants si mal nourris, en voyant qu'elles n'avaient elles-mêmes plus de lait pour nourrir leur *wawa* se sont fâchées contre leurs hommes. Elles leur ont dit qu'ils « s'oubliaient » de leur famille, de leurs enfants, qu'ils ne pensaient plus qu'à ce pont. Et ce pont n'allait pas remplir leur chaudron de nourriture. A quoi sert d'avoir un pont, si c'est pour mourir de faim avant ?... Cela, c'était pendant les moments les plus difficiles, quand elles voyaient leurs provisions s'amenuiser. Mais elles étaient tout de même contentes de voir ce pont prendre forme, sous les doigts et à la sueur de leurs maris. D'ailleurs, elles y ont bien participé elles aussi. Mais leur réaction se comprend...

Le pont nous a coûté beaucoup de sacrifices, certes, mais lorsqu'on a parlé cette année de construire le chemin à partir du pont jusqu'à la communauté de Pisaquiri, tout le monde a été d'accord. Et pourtant, on savait bien que ce serait très dur. Douze kilomètres de chemin à flanc de montagne, dans de la pure rocaille, cela ne se ferait pas d'un coup de baguette magique...

Mais tout le monde en a vu les avantages : ce serait un chemin carrossable qui permettrait aux voitures de la ville de venir jusque chez nous en période sèche. Les femmes l'ont tout de suite compris ; s'il y a un chemin, on pourra faire venir des gens de la ville pour nous aider, par exemple un infirmier. On pourra construire un poste sanitaire et éviter de laisser mourir nos enfants d'un simple refroidissement. On pourra demander un maître de plus à notre école. Il y a tellement d'enfants qui ne peuvent y aller, parce qu'il n'y a pas de place pour eux. Nos enfants ne seront pas des analphabètes comme nous. Ils pourront se défendre. Peut-être un jour sortiront-ils professionnels. Ce serait quand même bien, s'ils ne souffraient pas autant que nous...

L'équipe d'ATEC a été tout de suite partie prenante. Pour éviter des frais, ils ont donné tout leur travail bénévolement. Ils ont demandé encore une fois de l'aide en France, pour nous fournir des pelles, des pioches, quelques brouettes et de la dynamite. Car, il ne faut pas attendre de l'aide de l'État. Nous sommes bien trop pauvres pour qu'il s'intéresse à nous... Bien sûr, ce qui a été fourni ne suffisait pas pour que chacun ait un outil. Il y avait cinquante pelles et cinquante pioches et nous, nous étions mille cinq cent communautaires à participer, soient onze communautés.

Alors, nous nous sommes organisés. Chaque communauté venait travailler quarante-huit heures d'affilée, puis repartait. Quarante huit heures, c'est long ; mais comme les communautés sont parfois très éloignées, il faut éviter les déplacements.

Quand tout a été prêt pour commencer, nous avons fait une grande fête collective, sur le passage du futur chemin. Les autorités ont tué des moutons et les communautaires ont apporté les fèves et les pommes de terre. Les femmes ont préparé un grand feu et ont installé un immense chaudron pour faire cuire tout ça.

Cette fête, c'était surtout pour informer nos divinités de notre futur chantier. Nous devions aussi obtenir la permission de la Pachamama de blesser sa terre. Alors, nous avons célébré une cérémonie où nous avons déposé nos offrandes et formulé notre demande. C'est le *yatiri* [29] qui a servi d'intermédiaire avec nos divinités. Et puis, nous avons *ch'allé* en leur honneur. Nous avons bu beaucoup d'alcool ; cela nous a donné de l'enthousiasme et des forces pour commencer la grande œuvre... C'était aussi l'occasion de fortifier notre unité. Nous nous sommes engagés à mener à bien cette nouvelle mission communautaire. Il faut toujours commencer par un engagement collectif, un serment, sinon les communautaires se fatigueraient plus vite et retourneraient à leur champ.

Nous voilà donc en ce moment en plein chantier. Nous, les autorités, nous passons beaucoup de temps à l'organisation du travail et à distribuer la coca et l'alcool. En général, nous ne travaillons pas à la pioche. Les communautaires ne veulent pas. Ils disent que ce serait déshonorer les autorités que de leur mettre une pioche entre les mains. Alors, nous le faisons seulement en cas d'urgence, lorsque le temps presse.

Moi, je suis chargé de distribuer le travail aux onze communautés. Les ingénieurs d'ATEC m'ont expliqué comment mesurer le tracé qu'ils ont réalisé auparavant. J'ai mesuré et j'ai donné la longueur de tronçon que chaque communauté doit effectuer en fonction du nombre de personnes qu'elle comprend. C'est normal

---

29. Yatiri : médecin-sorcier.

qu'une petite communauté n'ait pas le même travail qu'une grande, non ? Ensuite, nous nous sommes réunis en une grande assemblée pour décider quelle communauté choisit tel tronçon et à quel moment elle veut travailler. Moi, je note tout cela sur mon petit carnet que j'ai acheté en ville, exprès pour ça.

Et le travail a maintenant bien commencé. Chaque communauté, lorsqu'elle connaît la tâche qui lui incombe, peut s'organiser comme elle veut. Travailler par section sur un tronçon donné, travailler tous ensemble, travailler par famille... Nous, les autorités, pour surveiller le travail, donner des conseils et servir à boire, nous sommes obligés d'être là tout le temps.

En ce moment, c'est la section de Sallalli – une partie de la communauté de Pisaquiri – qui est à pied d'œuvre. Les compagnons travaillent depuis hier matin et y ont passé toute la nuit. Heureusement qu'il y avait beaucoup, beaucoup d'étoiles dans le ciel pour les éclairer. Ils ont pu bien avancer. Et puis la nuit, il fait moins chaud, alors on a plus de courage. En plus, avec l'alcool et l'obscurité, on établit des liens d'amitié plus forts. On se fait même des confidences qu'on ne ferait jamais de jour. D'ailleurs en l'absence des femmes, le dialogue est plus facile. En général, les communautaires aiment bien travailler la nuit.

Bien sûr, le lendemain est plus dur. Avec le soleil, on a moins de courage. On ressent dans la carcasse la fatigue accumulée. Alors, on fait plus de pauses et on boit davantage. Nous, nous servons la *chicha* et nous faisons circuler deux bouteilles d'*alcolito* que nous remplissons au fur et à mesure qu'elles se vident. On boit toujours dans deux bouteilles, même si le contenu est le même. Deux fois parce que c'est la coutume. Deux fois, parce qu'on a deux yeux. Deux fois, parce qu'une fois pour la Pachamama, et une fois pour soi. Deux fois parce que dans la vie, c'est toujours comme ça, il faut toujours être deux pour se compléter.

Cela, je l'ai appris d'un Señor de la ville qui étudie beaucoup sur le *campo*. Il appelait cela « la dualité ». Et je l'ai remarqué, c'est vrai tout le temps. A tout moment dans la vie, les opposés se complètent. On le rencontre par exemple entre l'homme et la femme. La femme s'oppose à l'homme. Elle est habillée différemment, elle pense différemment, elle a un rôle différent. Et finalement on en a besoin pour se compléter. Que ferait un homme sans femme ? Rien. Il lui faut une femme. Cela fait partie de son équilibre. Quand on marche, on marche rarement seul. On marche à deux. On est plus en sécurité. On voit certaines choses que l'autre ne voit pas et vice-versa. On se protège mutuellement. On se complète. Quand on emmène le troupeau, on est toujours deux, l'un à la tête, l'autre à la queue. Et le troupeau avance. Il ne s'écarte pas. On se complète. Dans nos divinités, c'est la même chose, nous avons celles d'en bas et celles d'en haut. Souvent, ce sont les Diables et les Saints. Cela ne veut pas dire que celles d'en bas sont seulement mauvaises et celles d'en haut seulement bonnes. Non, elles se complètent. Elles s'enrichissent mutuellement. Les unes ne vont pas sans les autres. On peut même dire que les unes appellent les autres.

Souvent, cela ne va pas de soi. Il faut du temps, de la patience. Par exemple, pour un couple. Au début, la vie ensemble est difficile. On a du mal à supporter que l'autre soit différent. Et puis on apprend à s'enrichir de ces différences. Et les enfants sont heureux, parce qu'ils trouvent chez leur père ce qu'ils ne trouvent pas chez leur mère, et inversement. On le retrouve aussi avec les familles des mariés. Au début, elles doivent apprendre à se connaître. Et c'est toujours difficile. Il y a des tiraillements, des jalousies. Chacun dit que c'est un mauvais parti pour son enfant. Et puis peu à peu, ils se reçoivent, ils préparent le mariage ensemble. Et ils finissent par s'entendre. Cela ne veut pas dire que tout s'arrange. Mais ils se trouvent des points communs et ils s'accommodent.

C'est sûrement pour cette raison que nous sommes organisés en *ayllu* [30]. Parce qu'on a besoin de contraires. Les *ayllus* s'étendent sur un grand espace. Avec des vallées et des montagnes. Avec des endroits plus chauds que d'autres. Avec des endroits plus humides que d'autres. Et autrefois, cela nous permettait de nous

---

30. Ayllu : unité territoriale pré-inca.

procurer de tout. Les habitants des montagnes venaient chercher des produits de la vallée, et vice-versa. On échangeait du maïs contre des *chuños*,[31] des fruits contre des lamas. On se complétait. C'est bien dommage que cela ne se fasse plus beaucoup.

J'en reviens au chantier... La communauté de Sallalli a fini son temps de travail. Elle s'en retourne fourbue. Il lui faudra marcher encore deux bonnes heures. Elle y mettra le temps, tout le temps qu'elle souhaite. Le tronçon à faire est loin d'être terminé, mais tout le monde est bien content de son travail. On peut continuer à boire sur le chemin du retour.

C'est la communauté de Sicuani qui prend la relève. Sur un nouveau tronçon. Un énorme passage rocheux. Les communautaires ont beau unir leurs efforts, donner des coups de pioche tant et plus, la bête résiste. Moi, je l'appelle la bête, car cela me fait penser aux renards qui tuent les poules de notre *corral* [32]. On a beau leur faire la chasse, ils reviennent à charge... Il faut vraiment y mettre un piège méchant pour s'en débarrasser. Le rocher, c'est pareil. Le piège pour s'en débarrasser, c'est la dynamite.

Alors on prépare l'explosion. Il faut d'abord trouver l'endroit stratégique pour que ce soit plus efficace. Comme souvent les hommes travaillent à la mine, ils en ont l'habitude. Ils envoient toujours un gamin comme messager pour la sécurité des personnes qui seraient dans les parages. Ensuite, ils fabriquent le *taladro*, petite cavité dans le rocher. Ils fixent la mèche à la dynamite et ils l'enfoncent dans le rocher. Ils allument et déguerpissent le plus vite possible. Ils s'abritent dans un coin et attendent en se bouchant les oreilles. Quand l'explosion a eu lieu, ils reviennent constater...

Cette fois, la bête en a pris un coup ; son dos est brisé à plusieurs endroits et elle continue à se décomposer, à cracher des parties d'elle-même. Il n'empêche qu'elle est toujours là et bien encombrante... Il faudra bien de l'énergie aux hommes pour la faire disparaître du lieu. Ils la transporteront par morceaux à un autre endroit ; elle se

---

31. Chuños : pommes de terre déshydratées.
32. Corral : enclos des animaux.

transformera en mur de soutènement un peu plus loin. Là oui, elle sera plus utile. Elle ne sera plus une gêne, mais un support du chemin en construction.

Même les enfants participent au châtiment de la bête. Ils transportent de lourdes pierres. Avec la chaleur, ils ont du mal à respirer. Ils s'arrêtent souvent. Mais ils ne se plaignent pas. Ils sont bien fiers de participer à l'œuvre collective. Alors, les hommes les appellent. On va manger. Ils sont contents. Ils rient...

On choisit un petit arbre tout près, pour se mettre à l'abri du soleil. Chacun ouvre son *aguayo* et met en commun toute la nourriture qu'il contient. Ce matin, les femmes sont venues de la communauté pour apporter le repas. Elles ont marché quatre heures. Dans l'*aguayo*, la nourriture est toujours la même : des pommes de terre, du maïs, des fèves. Les hommes mangent tous en commun. Et ils discutent. Ils se mettent à raconter des blagues ou bien des anecdotes dans le travail. Et tout le monde rit. On se sent bien.

Un jour, Don Thierry m'a demandé pourquoi nous mettions toujours notre nourriture en commun puisque c'est la même chose. A vrai dire, je ne m'étais jamais posé cette question. Alors j'ai fait fonctionner ma tête. D'abord j'ai pensé à la coutume. Franchement, ça viendrait à l'idée de personne de ne pas faire de cette manière. Par exemple, manger quelque chose pour soi tout seul. Ensuite, je me suis demandé pourquoi on procédait toujours ainsi. Là, j'ai pensé que c'était bien de partager. Dans notre système communautaire, on est tellement habitué à partager, qu'on ne se demande jamais si c'est bien ou pas. C'est dans notre mentalité. On sait qu'on n'est propriétaire de rien. Alors nous n'avons pas le droit de nous approprier quelque chose. Même la nourriture ne nous appartient pas. Elle appartient aux dieux. La nourriture est le produit de notre terre, donc de la Pachamama. Nous, nous ne faisons que la transformer. Nous ne sommes que de passage sur cette terre ; les dieux nous prêtent leurs biens si nous savons en faire bon usage. Nous n'avons pas le droit de nous accaparer les biens des dieux. C'est aussi pour cela que nous devons bien accueillir l'étranger. Parce qu'il est envoyé des dieux et qu'il faut partager avec lui ce que les dieux mettent à notre disposition. Alors, il faut les servir plus abondamment que les autres, dans la plus belle écuelle. On ne devra jamais hésiter à tuer un poulet. On lui offrira nos œufs, c'est l'aliment noble pour l'étranger.

Voilà, c'est sûrement pour cette raison que nous ne sommes pas tellement attachés aux biens individuels. Parce qu'il n'y a rien de vraiment individuel. Rien ne nous appartient entièrement. Ni même nos enfants. Et lorsque l'un d'eux meurt, on est triste, à cause de la séparation ; mais nous savons bien que nos dieux en avaient décidé ainsi. Son passage parmi nous aura été très bref, mais c'est ainsi.

Pour la terre, c'est la même chose. Elle ne nous appartient pas. Nous n'en sommes que les locataires et nous en faisons fructifier les produits qu'elle nous offre par notre travail. Beaucoup de gens ne savent pas tout cela, c'est bien dommage. Les Espagnols, par exemple ; ils sont arrivés de très loin et ils ont dit : « Ces terres nous appartiennent : nous sommes libres de les exploiter comme nous voulons. » Et ils se sont mis à y faire travailler les pauvres gens, sans même leur donner une contrepartie. Ils les ont traités comme des esclaves. Moi, je me demande de quel droit on peut faire cela. Comme leurs coutumes sont différentes des nôtres pour arriver à faire cela ! Non, vraiment, je ne comprends pas...

Bien sûr, nous avons tous la tentation à certains moments de posséder quelque chose. Dans le but de s'enrichir. Car, c'est le but premier de ceux qui s'approprient. S'enrichir. Avoir plus que les autres. Mais chez nous, on ne laisse jamais quelqu'un s'enrichir plus que les autres, c'est mauvais. Il y a sans cesse des garde-fous pour éviter cela : une responsabilité coûteuse, une malédiction... Et de toute façon, la communauté a toujours le dernier mot. C'est toujours elle qui exerce son droit ; elle est au-dessus des individus.

Car, en réalité, même si chaque famille travaille ses propres terrains, la terre est en fin de compte communautaire. Le paysan en a l'usufruit, pas plus. Bien sûr, on ne s'en rend pas toujours compte, parce qu'on a l'impression de cultiver nos champs pour nous, pour notre famille, avec nos propres outils, et aussi parce que la terre s'hérite de père en fils. On sait depuis toujours à quelle famille elle revient. Mais la communauté se réserve le droit de décider. Elle peut la confisquer au paysan qui se comporte mal. Ou bien elle peut décider de reprendre le terrain pour y construire un bâtiment d'intérêt collectif, une école, un stade... Le communautaire ne peut rien dire. Et en général, il ne dit rien, parce qu'il trouve cela juste.

Les intérêts de la communauté passent toujours avant ceux des individus. C'est normal, parce que cela concerne plus de bénéficiaires.

Un exemple. En traçant le chemin, l'équipe d'ATEC voulait faire une dérivation supplémentaire, pour éviter d'écraser une maison. Nous nous sommes réunis pour en discuter. Tout le monde a dit que non, que nous devions privilégier le tracé du chemin, même si cela devait gêner quelques communautaires ; qu'on s'arrangerait pour les aider à reconstruire une autre maison. Avant le début des travaux, chacun s'était engagé à accepter toutes les conditions pour que le chemin soit réalisé au mieux. Alors, si la maison doit être détruite, qu'elle le soit...

Finalement, l'équipe d'ATEC s'est arrangée pour modifier le tracé et la maison n'a pas été enlevée.

Il ne faut pas croire non plus qu'on se sacrifie pour la communauté. Non, on a toujours dans la tête d'avoir une maison un peu plus grande et sans gouttière. On veut que nos enfants aillent à l'école. On voudrait pouvoir leur acheter un crayon et un cahier, pour qu'ils puissent être inscrits. On voudrait qu'ils aient de la nourriture un peu meilleure à manger. Et on fait tout pour cela. On voudrait parfois avoir des produits bien commodes qu'on trouve à la ville : la radio pour avoir des nouvelles, des bougies, des allumettes, des chaussures. En fait, on voudrait toujours avoir un peu plus. Je crois que c'est humain. Et c'est bien d'un côté, parce que ça nous pousse à nous battre pour l'obtenir ; parce que nous vivons si pauvrement qu'on n'a pas le droit d'arrêter un instant de se battre... Mais d'un autre côté, cela engendre des problèmes. Les voisins deviennent jaloux. Ils parlent mal, inventent des histoires, pour faire dire qu'on est malhonnêtes. Et voilà comment commencent les conflits...

Nous ne sommes jamais à l'abri des conflits, qu'ils soient individuels ou collectifs. Il faut être très vigilant. Même dans le travail du chemin qui est communautaire, il faut y veiller.

Il existe par exemple une concurrence qui se joue entre les communautés. Elles aiment s'affronter, se faire valoir les unes par rapport aux autres. C'est un honneur d'avoir fini les premiers la tâche demandée. Signe d'une équipe travailleuse, digne de la récompense des dieux. On est fier, on va s'asseoir et on boit. Mais on n'ira jamais prêter main forte à une communauté qui a pris du retard. Même si cela porte préjudice à tous. On fera pression sur l'équipe responsable, jusqu'à ce qu'elle accomplisse son engagement. Parfois, c'est source de conflits. La communauté en retard dans son travail en explique les raisons. Ces raisons sont quelquefois justifiées, pas toujours. Alors les autres communautaires commencent à parler fort, à dire que cette communauté est fainéante, qu'elle n'accomplit pas ses devoirs, que les dieux la châtieront...

Nous ne sommes pas des héros, loin de là. Et lorsqu'on fait quelque chose pour les autres, ce n'est jamais gratuit. Jamais. C'est toujours parce qu'on sait que l'autre va rendre la pareille. Sinon, on ne le ferait pas. C'est la certitude de la réciprocité qui nous anime, rien de plus. C'est elle qui nous permet de maintenir de bonnes relations entre nous. Mais, en réalité, nous sommes tous égoïstes.

Par exemple, si la communauté de Sicuani vient travailler au chemin alors que celui-ci ne passera pas chez elle, ce n'est pas par pur sacrifice. Non, ils savent bien que les communautés bénéficiaires devront rendre le service un jour ou l'autre. Et ce sera un gros service, parce qu'ils ont donné beaucoup. Et puis, l'ouverture du chemin finira bien par avoir des répercussions sur leur communauté. Elle permettra la venue de personnalités intéressantes. Ce sera peut-être le moment de demander un *item*, un poste pour leur école.

En vérité, ce qui évite que s'aggravent les conflits, c'est la fête. Heureusement que nous avons beaucoup de fêtes. C'est la soupape de sécurité. On s'engueule, on boit ensemble, on se soûle et le lendemain c'est fini. Il faut toujours un moyen pour canaliser la colère. On ne peut pas la garder en nous. Il faut la faire sortir.

Dans notre région, le Nord-Potosi, nous avons une fête pour cela. C'est le *tinku*. Les communautés s'affrontent entre elles ; et cela se termine souvent dans le sang. La bataille est violente, très violente. Mais tout le monde aime y participer, parce que c'est une bataille rituelle. C'est un sacrifice offert à la Pachamama. Avec le sang versé, elle fertilisera les terres. Quand la bataille est terminée, que tout le monde a pu évacuer sa colère, la paix et la tranquillité reviennent dans les communautés. Nous sommes pacifiques, mais nous avons besoin de temps en temps de la violence pour survivre, pour faire éclater ce qui s'entasse dans nos cœurs. Nous sommes égoïstes, mais nous nous entraidons. Nous sommes différents, mais nous nous recherchons... Et par la rencontre des opposés, se forme le ciment de notre unité.

IV

La réciprocité

J'aime bien faire fonctionner ma tête. C'est mon maître d'école, Don Carlos Flores, qui me l'a enseigné. Il me disait toujours que pour faire fonctionner ses bras et ses jambes utilement, il fallait savoir faire travailler sa tête. Alors je me suis habitué à faire penser ma tête.

Je me demandais bien pourquoi nous étions si différents des gens de la ville. Pourquoi en ville, à Potosí par exemple, il y a des gens très riches qui ne travaillent pas beaucoup et d'autres qui travaillent beaucoup et qui sont très pauvres.

Cela, je ne pouvais pas me l'expliquer. Je me souviens que mon maître d'école me parlait des riches de la ville. Il disait : « Les riches sont riches seulement parce qu'ils viennent d'une famille riche et ils profitent de cet avantage pour exploiter les autres. Alors ils accumulent les richesses et deviennent encore plus riches. Ils ont un pouvoir sur les pauvres et leur demandent toujours plus. En échange, ils ne donnent rien. En fait, ce sont les pauvres qui aident les riches, alors que cela devrait être le contraire. »

Alors, j'ai compris que dans notre société andine, il existe quelque chose de capital : c'est la réciprocité. C'est sûrement cela qui nous permet de survivre. C'est la base de tout.

Chez nous, la réciprocité existe dans toutes nos activités, dans nos croyances, dans nos relations avec les autres, dans les fêtes, les événements. A tout moment. Dans tous les domaines de la vie... Tu me donnes, je te donne et je te donne, tu me donnes... c'est toute notre vie qui se résume en ces mots. Et c'est peut-être cela qui fait la différence avec la ville. Chez nous, personne ne peut être riche, puisqu'il doit rendre ce qu'on lui a donné. Mais en même temps, personne n'est vraiment misérable, sans pouvoir manger.

La réciprocité, par exemple, nous permet de réaliser beaucoup de choses que nous ne pourrions jamais entreprendre seuls. Alors, on se fait aider... Mais bien sûr, cette aide, il faut la rendre un peu plus tard. Cela, c'est obligatoire ; on ne peut pas recevoir sans rendre. Ou bien on ne peut pas donner sans recevoir après. C'est un va-et-vient perpétuel.

Construire sa maison, par exemple, est un gros travail, qu'il est difficile de réussir seul. Souvent, le temps presse. Alors, on demande de l'aide à son entourage.

Batista et Rufino se sont mariés il y a à peine un mois. Nous les connaissons bien, parce que leurs parents sont les parrains de notre mariage. Donc, nous avons avec eux des liens de *parentesco*. Ils appartiennent un peu à notre famille. Ils ont décidé de construire leur maison. Ils ne sont pas tout jeunes, puisqu'ils ont déjà trois enfants. Mais, chez nous, la coutume est ainsi : on se marie lorsqu'on sait que son couple ne peut plus échouer et que l'on a réuni un peu d'argent pour construire sa maison. Donc à un certain âge.

Jusqu'à maintenant, toute la famille habitait dans la maison des parents de Batista. Cette maison devient bien étroite, d'autant plus qu'un quatrième va bientôt arriver...

En fait, ils ne vont pas vraiment construire « leur » maison. Ils vont agrandir la maison familiale. Chez nous, nous n'avons pas l'habitude de vivre par couple et enfants, mais par famille élargie, avec les frères, les sœurs, beaux-frères, belles-sœurs, parents...

Ils n'assumeront pas non plus seuls les frais de la construction. Comme le veut la tradition, ils feront une *yanapa*. C'est une forme de réciprocité qui consiste à aider les jeunes familles. Les parents et les parrains aident à financer une partie de la maison. Ils le font, même s'ils savent que le couple ne pourra rendre immédiatement ce qu'il a reçu. C'est leur devoir, comme ce sera le devoir de

Rufino et Batista d'agir de même avec leurs enfants ou leurs filleuls.

Donc, cette nouvelle construction s'ajoutera à celle déjà existante et fermera le patio familial. Toutes les femmes vont continuer à cuisiner sur le feu familial. On ajoutera simplement deux pièces : un *cuarto* pour dormir et une pièce pour stocker les provisions.
    Batista parle depuis longtemps de cette construction. C'est pour elle le signe que sa famille existe vraiment, qu'elle n'est plus dépendante des parents. Elle est maintenant solidaire de la communauté et peut lui apporter son service. En plus, le fait d'avoir sa maison lui assure le bénéfice des forces protectrices.
    Durant toute la semaine avant que ne commence le chantier, Rufino et Batista sont partis à la recherche d'aide. Ils ont préparé une bonne quantité de *chicha* et d'alcool qu'ils ont apportée aux familles visitées. Chaque fois, ils ont présenté leur sollicitation et, quand ils ont reçu l'accord, ils ont servi à boire. Bien sûr, en fin de tournée, ils n'étaient pas clairs du tout !
    Contrairement à l'habitude, cette fois-là, Batista accompagne son mari. On le comprend : la maison, ils la construisent un peu pour elle. L'entretien de la maison, c'est bien une affaire de femmes... Dans tout ce qui concerne les problèmes de la maison, c'est leur honneur à elles qui est mis en jeu.
    Quand la main d'œuvre est trouvée, il faut préparer la *comida*, la nourriture pour tout le monde. Ma Segundina va aider les femmes. Cela demande beaucoup de travail et beaucoup de temps pour faire cuire. Alors il est préférable d'y être plusieurs. Pour Segundina et moi, ce service sera le retour que nous leur devons du parrainage.
    Ma Segundina a épluché une quantité impressionnante de fèves, de pommes de terre et de petits pois. Les autres femmes sont allées ramasser du bois et ont mis l'eau du chaudron à bouillir. Moi, ce matin au petit jour, j'ai aidé Rufino à tuer et à découper deux moutons. Segundina les a jetés par quartiers dans l'eau bouillante, puis les a faits dorer sur la flamme.

Ce sera la nourriture d'un jour. Demain, il faudra recommencer... Parce qu'il faut que les hommes soient bien servis. Il ne faut pas montrer l'avarice. Les hommes vont évaluer la nouvelle famille à la qualité de la nourriture. On sert une grosse écuelle de légumes accompagnés de viande à chacun, puis un *caldo* ou bouillon de viande. Et cela jusqu'à vider les chaudrons. En fait, nous ne mangeons pas tout. Nous remplissons de nourriture notre *aguayo* pour la ramener à la maison. C'est une manière de bien nourrir notre famille ce jour-là. Et pour Rufino et Batista, c'est leur manière de rendre le service donné.

Mais cela ne suffit pas, bien sûr, pour rembourser le travail effectué. Le remboursement s'effectuera plus tard, sous forme d'un travail du même type. C'est ce que nous appelons l'*ayni*. Un service rendu du même type. Un travail en échange d'un travail, des aliments en échange d'aliments. Des vêtements en échange de vêtements...

Le père de Rufino possède un attelage de bœufs ; il est bien possible qu'il rembourse le service rendu en allant labourer les champs de ceux qui ont aidé. Cela, c'est un grand service, car très peu de communautaires à Pisaquiri disposent d'un attelage. Et les choses doivent toujours en être ainsi. Le service rendu doit être supérieur à celui donné. Malheureusement, tout le monde ne le fait pas, c'est dommage. Parfois, certains envoient leur fils pour rembourser le travail. Et ce n'est pas équitable, parce qu'un gamin ne peut pas fournir autant de travail qu'un adulte... Ce n'est pas bien, car les communautaires ne sont pas contents et ne veulent plus faire d'*ayni*.

En tous cas, le jour du chantier de Rufino, tout le monde était là. Comme de coutume, avant de commencer à travailler, nous avons passé un long moment à mastiquer la coca. C'est Rufino qui nous l'a servie. C'était le moment aussi d'organiser le chantier. Don Panfilo, un voisin, nous a donné quelques conseils ; il s'y connaît, puisqu'il travaille temporairement à Potosí comme maçon.

Depuis un mois déjà, il a préparé les *adobes* avec Rufino. Les *adobes*, ce sont les briques de terre qui serviront à monter les murs. On les fabrique avec nos matériaux : de la terre, de la paille, de l'eau. Il faut pétrir cette boue, longtemps, très longtemps avec les pieds, pour qu'elle soit bien mélangée et homogène. Ensuite, on en fait des « pâtés » en remplissant des moules rectangulaires en planches. On les démoule, puis on les fait sécher au soleil durant une bonne semaine et on obtient de belles briques bien solides.

Donc, le jour du chantier, tout est prêt : il s'agit en premier lieu de creuser des tranchées pour les fondations. Les hommes ont apporté leur outil, une pioche, parfois une pelle. Ils vont remplir la tranchée avec des pierres tenues par de la boue. Cela fait, on peut monter les murs. Sans fenêtres : cela coûterait trop cher et laisserait pénétrer le froid.

Le chantier avance vite ; en deux jours probablement, les murs seront montés et l'on s'apprêtera à poser la charpente. Rufino a acheté une poutre de bois qui sera la base de la charpente. Il a dû marcher beaucoup pour trouver une communauté qui ait des arbres et qui puisse lui vendre cette poutre. Il s'est aussi procuré des cannes de bambou, que nous allons disposer parallèlement à la poutre. Nous colmaterons avec la même boue mêlée de paille et nous recouvrirons le toit de paille pure.

La pose du toit est sacrée. Elle symbolise beaucoup de choses pour nous. En premier lieu, la protection. Sous ce toit la famille se réunira, se tiendra chaud, se protégera de la pluie glacée. Sous ce toit, défileront tous les événements de la vie de la famille, les joies et les peines. Tout le monde souhaite que les souffrances soient minimes, et les joies nombreuses. Mais chacun connaît bien la réalité et ne se fait pas trop d'illusions... Alors, pour appeler les esprits positifs, pour recevoir la bénédiction de la Pachamama, il faut réaliser quelques rites sacrés avant d'occuper la maison.

Les futurs habitants décorent l'habitation de branchages et de fleurs. Ils tuent un petit mouton blanc et recueillent son sang dans un bol. Ils y ajoutent trois feuilles de coca, pour, dit-on, fixer le sang. Alors ils en arrosent les quatre coins de la maison. Symbole de fertilité. Offrande à la Pachamama pour qu'elle se nourrisse de ce sang et fertilise la terre. Il faut ensuite *ch'allar*. Chaque partie de la maison est arrosée d'alcool, chaque pierre, chaque clou... Les invités, en particulier ceux qui ont participé à la construction, peuvent alors manger le mouton cuit avec du maïs. Et surtout boire abondamment et danser toute la nuit...

Quand on y réfléchit, on se rend compte que la réciprocité s'est manifestée durant toute la construction de la maison, depuis la préparation jusqu'à la fête finale.

En échange de la demande d'aide, Rufino et Batista ont offert *chicha* et coca à toute la famille. En échange de ce même service, les ouvriers emporteront de la nourriture pour leur propre famille. Pour remercier les parents de Batista d'être nos parrains, ma Segundina et moi devons les aider à toute occasion. L'*ayni* se réalise aussi avec la Pachamama : en échange de sa bénédiction, on la nourrit de sang et d'alcool.

C'est ainsi, chez nous ; il faut tout faire sous forme d'échanges, sinon ça ne marcherait pas. Autrefois, il existait bien d'autres formes de réciprocité, mais elles se sont perdues. La colonisation a certainement fait beaucoup de mal, y compris en prenant nos traditions et en les déformant. Par exemple, il y avait la *mita*. C'était un service que l'on demandait aux communautaires durant un certain temps : une responsabilité, une charge d'autorité ou bien un travail. C'était à tour de rôle. Au bénéfice de toute la communauté. Mais ensuite, les Espagnols s'en sont servis pour instituer les travaux forcés dans les mines. Une année de travaux forcés tous les trois ans. Et dans quelles conditions. Beaucoup n'en sont pas revenus. Il y a eu huit millions de morts. Alors maintenant, ce mot nous fait peur. C'est pour cela qu'il n'y a plus de *mita* dans les communautés.

A Pisaquiri, l'*ayni* est la forme de réciprocité la plus courante. Cela permet de faire des gros travaux que l'on ne ferait jamais seuls. Et comme il n'y a pas de machines, c'est la seule solution possible. En plus, cela permet de s'arranger entre familles. Par exemple, on s'entend pour garder les bêtes ou on s'aide au travail des champs, lorsqu'un compagnon est parti à la ville. A une veuve qui prêtera ses bœufs, on labourera son champ.

En général, l'échange se fait toujours en nature, un service contre un service, des produits contre des produits. Mais il arrive parfois que ce soit contre de l'argent ou des produits agricoles, en particulier si la personne est dans le besoin. Ce système s'appelle la *mincka*.

De toute façon, on ne laisse personne dans la misère. A celui qui n'a rien, on ne donnera rien, mais on se débrouillera pour qu'il ait de quoi survivre. Par exemple, on lui cédera un bout de terrain à cultiver, en échange de son aide aux champs. Ça, c'est la *kusachaña*, une forme d'entraide, mais jamais gratuite. C'est une sécurité. C'est aussi ce qui aide à rétablir l'équilibre. Il ne faut pas que les uns aient tout pendant que d'autres n'ont rien.

De la même manière, la *Manq'ayaña* vaut pour les troupeaux. Une famille qui a peu de bêtes a, par exemple, un mouton qui se meurt. Elle le donne à une famille plus riche qui le mange. L'année suivante, la famille riche rend un autre mouton vivant. Ainsi, le troupeau le plus maigre ne s'est pas affaibli.

C'est mauvais d'être trop pauvre, comme c'est mauvais d'être trop riche. Il faut un équilibre. Nous avons donc des systèmes qui le permettent, sans nuire à personne. Il faut apprendre cela aux enfants dès qu'ils sont en âge de comprendre. Qu'ils sachent qu'on les aidera toujours s'ils sont courageux et reconnaissants. D'ailleurs, il existe un système pour les responsabiliser, c'est la *sataqa*. Quand l'enfant arrive à sa septième année, son père lui offre la récolte d'un rang du champ. Il peut en faire ce qu'il en veut, le vendre, le garder. Il faut seulement qu'il en garde une partie pour semer l'année prochaine. Donc, à partir de sept ans, il acquiert une responsabilité envers la Terre-Mère. Il devra lui témoigner sa gratitude.

Car le système de réciprocité fonctionne aussi avec les divinités. On reçoit une aide de leur part ; il faut la rendre ou la payer, c'est normal. On ne peut pas profiter des bontés de la Pachamama si l'on est inactif. On ne peut quand même pas manger ni boire le sol gratuitement. Il faut rendre, il faut *ch'allar*. C'est une forme de remboursement. C'est un espèce d'*ayni* : elle te donne, tu lui rends.

Bonnes récoltes, bonnes conditions climatiques, bonne santé, contre offrandes, ch'alla et promesses de bonne conduite. C'est ainsi que nous pratiquons la réciprocité avec les divinités. Dans les deux sens, pour demander et pour remercier. Car les divinités sont exigeantes et réclament aussi leur *ayni*. Elles demandent des offrandes, un respect des pratiques en échange de leur pouvoir bénéfique.

V

Fêter pour recréer l'harmonie

Nous aimons beaucoup faire la fête, c'est vrai. Les fêtes ont une valeur immense. Elles rythment l'année, rythment nos cultures, nos saisons. Rien ne peut y faire obstacle, même un événement très grave. Si nous ne faisions pas la fête, nos divinités nous le reprocheraient, nos récoltes seraient mauvaises, et puis notre communauté perdrait de son unité. C'est pourquoi toutes les occasions sont bonnes pour faire la fête. Fêtes chrétiennes, fêtes traditionnelles, nous n'en manquons pas une...

Le calendrier des fêtes coïncide avec celui de nos travaux agricoles. Par exemple *Todos Santos*, le premier novembre, marque en même temps l'année nouvelle du calendrier agricole. C'est la période des semailles. Pour nous, cette fête n'est pas triste, au contraire. C'est le printemps, l'hiver est derrière nous. Les pluies ne vont pas tarder à venir, tout va renaître. La nature, les hommes, tout revient à la vie. Pour nous, *Todos Santos* représente le passage de la mort à la vie. Les âmes des morts viennent visiter les vivants et leur apporter courage pour cette année qui commence. D'ailleurs, les enfants participent beaucoup à cette fête. Ils sont le symbole de la vie, de la rénovation. Comme la pluie redonne vie. Sur le toit des maisons par où entrera l'âme d'un défunt, on place toujours des fleurs et des branchages. Cela aussi est signe de vie et de joie. Et puis la fête que nous célébrons entre nous, après le départ des morts, est gaie, pleine de vie. En réalité, pour nous, *Todos Santos* est plus une fête de vie que de mort...

C'est un grand moment. Pour la seule fois dans l'année, les vivants reçoivent les âmes des morts. Il ne faudra pas les décevoir. Surtout les âmes nouvelles, celles qui sont mortes durant la dernière année. Leur visite est un grand honneur. Il faut donc réaliser les préparatifs en conséquence... Durant tout le mois d'octobre, la famille qui recevra son âme prépare la *chicha*, fait des achats, fabrique les *masas*, – les petits pains sucrés –, s'approvisionne...

A Pisaquiri, chaque fois, beaucoup de familles reçoivent leurs âmes. Il y a toujours beaucoup de morts dans l'année. Et encore plus nombreuses, les familles des *angelitos*, les bébés morts tout juste baptisés.

Pour le dernier *Todos Santos*, Don Benito m'a demandé coopération. Nous avons fait un *ayni*. Je l'ai aidé financièrement, ma Segundina a aidé aux préparatifs. Il remboursera l'*ayni* lorsqu'il le pourra.

Le plus gros travail est la préparation de la *chicha*. De la *chicha* d'orge, celle-ci. On réserve le maïs pour la délicieuse *chicha* du 1er janvier. Sachant qu'un quintal[33] de farine donne en moyenne vingt litres de *chicha*, il a fallu en moudre plus de quatre quintaux. Sa préparation est différente de la *chicha* de *muku*.

Le grain doit d'abord être humidifié puis exposé au soleil. Il germe et forme le *viñapu*. On fait cela pour faciliter la fermentation. Ensuite, une fois le grain moulu, on forme des petits pains aplatis et on les plonge dans de l'eau bouillante. On fait cuire pendant deux jours et deux nuits. Alors, comme pour la *chicha* de *muku*, on laisse décanter et on garde un peu de liquide pour offrir aux autorités. Le reste, on le dilue dans l'eau et on laisse fermenter pendant deux semaines.

La dernière semaine, Don Fernando, le *tolka*, qui s'était chargé d'organiser l'enterrement, a pris les choses en main. Les femmes l'ont aidé à fabriquer les *masas*. Elles ont fabriqué les *T'anta Wawas*, chez elles. Ce sont des poupées en pâte sucrée de toutes les tailles. Certaines atteignent un mètre cinquante de hauteur. Elles leur donnent la forme de personnages que le mort a connus sur cette terre. Elles modèlent aussi des objets qui avaient appartenu au mort : une charrue, une pioche, des instruments de musique...

---

33. Quintal bolivien = 50 kg

La veille de *Todos Santos*, Don Fernando fait le tour des maisons et charge le tout sur un lama. La famille y ajoute la coca, mais aussi l'orge, les pois, les fèves, les pommes de terre, qui serviront à préparer les plats. Sur le lama, on pose encore la charrue du défunt, sa pioche, ses instruments de musique… Quand il s'agit d'une femme, on y met son métier à tisser, son fuseau à filer, sa casserole, sa cuillère. Le *tolka* emmène le lama dans la maison où le défunt est décédé.

Alors il décharge tout et il dresse la « tombe ». C'est une sorte de sanctuaire fait de branchages, qu'il recouvre d'une toile noire. Il y dépose tout le matériel. Les femmes ont préparé des plats de nourriture. Ceux que le mort préférait. Elles les installent sur la tombe, en même temps que les *masas*, des petits verres d'alcool et de *chicha*. Elles enfilent une paille dans chaque verre, afin que l'âme puisse s'abreuver sans difficultés. Tout ce que le défunt aimait bien pendant son passage sur cette terre, on tente de le lui offrir. Quitte à l'acheter. Quitte à se sacrifier. Il faut qu'il sache qu'il n'est pas oublié. Que la maison qu'il a quittée continue à vivre en sa présence. On doit faire mine d'abondance. Il ne doit pas se rendre compte des difficultés qui accablent les vivants. Son âme serait toute triste. Il ne pourrait pas repartir en paix…

Pendant toute la nuit, la veille de *Todos Santos*, la famille attend l'âme. Elle veut lui montrer que tout est prêt pour son arrivée. Elle lui signifie qu'elle sera bienvenue, qu'elle ne manquera de rien, qu'il y a tout ce qu'il faut dans la maison : de la nourriture, de la boisson, de la coca, et même des jeux pour se distraire. Toute la nuit, la famille boit beaucoup d'alcool, mastique la coca et fait des jeux.

Le 1er novembre à midi, arrivent les âmes. Les familiers du défunt se regroupent autour de la tombe, pour lui souhaiter la bienvenue. On l'invite à profiter des plats qui lui sont offerts et à boire. On fait des prières pour que l'âme vive longtemps et n'oublie jamais les vivants. On partage la nourriture avec lui. C'est un grand moment d'intimité, de joie, de retrouvailles.

Pendant ce temps, les autres communautaires se préparent aux visites. Ils font des petits groupes autour des musiciens. En général, les musiciens jouent du *pinkillu*. C'est un instrument à vent au son clair, qui attire la pluie. En fait, les défunts ont un grand pouvoir sur la venue de la pluie. Alors on leur joue une complainte au *pinkillu*.

A chaque fois que l'on rencontre une maison signalée par un bouquet de branches ou de fleurs sur le toit, on s'arrête : il y a une tombe. Les enfants entrent les premiers et se mettent à genou devant la tombe. Ils chantent un cantique, puis les adultes enchaînent par une prière rapide, dont on ne comprend pas les paroles, parce que tout le monde est déjà bien saoul et a du mal à prononcer. Ensuite, on s'asseoit et on reçoit la nourriture et la boisson de la famille. Il y a toujours beaucoup, beaucoup à boire. On boit tout, mais on garde toujours les *masitas* dans l'*aguayo* pour manger durant la semaine.

Ce n'est pas seulement pour nous remercier des chants et des prières que la famille nous invite ; c'est surtout pour partager la nourriture avec les âmes. Parce que les âmes se nourrissent grâce à ce qui est offert aux invités. Plus les invités boivent et mangent, mieux les âmes seront rassasiées. »

Le soir, on tue le lama pour préparer la *k'anka*. On le servira avec du *mote*, du maïs bouilli. On fera un grand festin en compagnie de l'âme. On boira beaucoup, même les femmes. Il faut fêter *Todos Santos*, c'est la coutume... Cela dure toute la nuit, mais le plus souvent, on se rappelle de rien.

Au petit matin du deux novembre, tout le monde se réunit à nouveau autour de la tombe. On prie. Les âmes reçoivent leur déjeuner. Puis on défait la tombe pour l'emmener au cimetière. Les âmes vont déjà partir ; il faut leur réserver un moment d'intimité avec la famille avant qu'elles ne partent. La famille s'installe autour de la tombe. Elle a apporté l'autel avec toutes les offrandes de la maison et elle a tout reconstitué sur la tombe du cimetière. Alors, en attendant que les visiteurs arrivent, elle raconte des aventures du vieux, ses coquineries sentimentales. Tout le monde rit et regrette son départ parmi les âmes.

Petit à petit, les communautaires entrent dans le cimetière. On vient à nouveau prier les morts, les enfants chantent, le groupe de musiciens joue du *pinkillu*. Bien vite, le cimetière se remplit à craquer. On entend comme un bourdonnement de guêpes. Ce sont les gens qui disent leur prière. Ils vont vite, parce qu'ils doivent passer à toutes les tombes. Chaque fois, on leur ressert à boire et à manger. Les enfants jouent à celui qui récupère le plus de gâteaux dans son *aguayo*. Ils récitent leurs prières à toute vitesse, de manière à passer partout, voire deux ou trois fois. Ce n'est pas méchant, c'est la tradition, et personne ne leur fait de remontrances.

A midi, un souffle de vent vient chercher les âmes. Tout le monde s'unit pour réciter une grande prière d'adieu. On remercie les âmes d'être venues encourager les vivants durant quelques heures. Puis on s'embrasse tous les uns les autres. On se félicite et on se demande pardon en même temps. On fait cela pour purifier notre âme. Il faut que l'âme du défunt parte rassurée en sachant que nous sommes fidèles et purs.

Finalement, on défait la tombe. On choisit un parrain de l'âme du défunt et on lui offre la belle *T'anta Wawa* de couleur rose.

A partir de ce moment, c'est la fête des vivants qui commence, pendant cinq jours. On va danser, se défouler, boire, jusqu'à ce que tout le monde s'effondre...

Et voilà. Quand on sort de cette fête, on est comme neuf. On a reçu la force des âmes. On a vécu quelque chose de fort entre tous les communautaires. On se sent plus unis.

On dit que *Todos Santos* est une fête chrétienne. C'est vrai. Mais pour nous, c'est plus que ça. Nous avons des liens très étroits avec nos morts. Nous n'oublions jamais les morts. Ils sont présents tous les jours et dans tout ce que nous faisons. Le jour de la mort est seulement la rupture du corps, l'absence physique, mais pas de l'esprit. L'âme continue à donner son jugement sur tout ce qui se passe sur terre. Elle sait récompenser comme punir. Si elle a été bien reçue lors de son passage, elle saura remercier. C'est un *ayni*. Les communautaires lui adressent des prières, lui demandent la pluie. Ils jouent du *pinkillu* parce qu'ils savent qu'elle aime ça. Ils font tout leur possible pour lui faire plaisir. Ensuite, l'âme, si elle est satisfaite, réalise les prières.

Moi, j'aime beaucoup cette fête. C'est un peu la fête de la réconciliation. On se réconcilie avec les âmes, avec les divinités, avec les communautaires. Comme c'est le début des pluies, et que l'on a beaucoup souffert de la sécheresse, on se réconcilie aussi avec la nature. C'est comme si on retrouvait, comment dire, une harmonie ; c'est cela, une harmonie...

Voilà, à partir de *Todos Santos* et jusqu'à l'hiver, les fêtes s'enchaînent. La passation du pouvoir le premier Janvier, la fête de Carnaval, la Semaine Sainte, la fête d'*Espiritu*, qui est la fête de la Pachamama, le *tinku* et puis la fête de la Mamita Carmen, la patronne de notre communauté.

Certaines sont des fêtes chrétiennes, d'autres traditionnelles. Mais enfin, si l'on regarde bien, aucune n'est complètement chrétienne ou complètement traditionnelle.

Par exemple, la fête de la Sainte Mamita Carmen est une fête chrétienne. Ce sont les Espagnols qui l'ont instaurée. Avant, elle n'existait pas... On fête la Vierge Marie, mais aussi la Pachamama. Parce que notre Mamita Carmen est le symbole de la fertilité. Et qui nous donne la fertilité ? C'est bien la Pachamama...

Le *tinku*, par contre, est plus une fête traditionnelle. Elle se passe le vingt-trois juin, pour le solstice d'hiver. Le sang qui est versé profite à la Pachamama. Les gens disent que l'équipe qui gagne aura une bonne récolte. Que les pommes de terre seront belles. Mais que s'il y a un mort, ce sera au bénéfice des deux équipes, c'est-à-dire des deux communautés. Parce que c'est une offrande à la Pachamama. Il y aura du maïs, de l'orge et des pommes de terre pour tous cette année-là.

Mais en même temps, cela ne nous empêche pas de faire des prières au Dieu du ciel avant le combat et de demander une *misita* [34]. Cela, c'est l'aspect chrétien. Et tout est ainsi. Tout est un ensemble.

---

34. Misita : petite messe.

En général, toutes nos fêtes, chrétiennes ou traditionnelles, marquent un moment important du travail agricole. La fête de Carnaval, par exemple, est la fête d'avant la récolte. On va demander que la récolte soit bonne et on fera tout notre possible pour récompenser nos divinités. Carnaval, c'est aussi une grande fête d'une semaine. On s'arrête de travailler et on se rend visite. On présente nos produits encore immatures à nos divinités et les autorités entament un long voyage jusqu'aux limites de la communauté.

Les visites ont lieu surtout les deux premiers jours. On va visiter en priorité les autorités. On se déplace par groupes, avec de la musique, comme pour *Todos Santos*. Mais cette fois, on danse les *waynus*. Ce sont des pièces musicales que les groupes ont créées. Alors, ils vont aller danser devant les autorités et disputer une sorte de concours. Par tous les moyens, ils s'efforcent de devenir les favoris des autorités. Les filles saluent dans de grandes révérences avec leur chapeau. Les garçons font claquer les semelles de leurs *abarcas*. C'est très drôle et ils sont très beaux, parce qu'ils ont mis leurs beaux habits de fête. Moi, j'y participe souvent en jouant du *charango* [35]. Avec ma Segundina, nous préparons souvent un *waynu* à l'avance et nous le faisons apprendre aux communautaires de notre section. Ma Segundina a une voix très triste, lugubre même. Alors nous composons le plus souvent des chansons tristes. Mais elles plaisent toujours, parce qu'elles font penser à la vie. Alors les autorités nous remercient en offrant de la *chicha*, de l'alcool et de la coca à volonté.

C'est aussi le moment privilégié des visites des filleuls à leurs parrains, des *compadres* aux *compadres*. Les filleuls honorent leurs parrains en leur passant un collier en couronne de pain. Ils offrent en même temps quelques produits agricoles de leur propre réserve. Les parrains sont bien contents de voir que le filleul ne les oublie pas, qu'il suit le bon chemin. Alors, pour l'encourager à continuer, ils lui offrent un beau cadeau, parfois même un mouton.

---

35. Charango : guitare miniature, dont la caisse est faite, le plus souvent, avec la carapace du tatou.

Le reste de la semaine est consacré à la visite des champs. On estime l'avancée des cultures et on attire l'attention de la Pachamama. Il faut qu'elle écoute les prières des communautaires et donne une bonne récolte.

Avant de se rendre aux champs, chacun décore sa maison de feuillages, de branchages et de serpentins. *La Madre Tierra*, la Pachamama, doit être bien accueillie. Sur la pierre sacrée du patio, on fait brûler une offrande, on verse alcool et *chicha*. On lui adresse des prières et on *ch'alle* avec tous ceux qui sont là.

Ensuite, lorsqu'on arrive au champ, on procède à un autre rite, celui de la *q'oa* [36]. On dépose douze belles feuilles de cette plante au milieu du champ sur un tapis de fumier. On y ajoute douze belles feuilles de coca et de la graisse de lama. On complète même avec du piment, de la cannelle, de l'ail, du persil. Bien sûr, les condiments coûtent cher. Il faut les acheter à la ville. Mais c'est meilleur pour la Pachamama. Si elle est bien servie, elle nous écoutera mieux. On *q'oa*, c'est-à-dire que l'on fait brûler tout ça. Il ne faut pas oublier de repousser la fumée vers l'est : c'est la direction positive. Que la Pachamama reçoive cette offrande et fasse fructifier nos récoltes...

Ensuite, la mère de famille choisit une belle plante de pomme de terre. Sans l'arracher, elle enlève la terre qui l'entoure et elle recherche quelques tubercules. Elle les déterre. Elle enfonce un coing à leur place et elle se met à crier très fort :

« De la taille du coing ! De la taille du coing ! »

On fait la même chose sur chaque terrain. Et on repart en dansant. Les femmes emportent quelques exemplaires de pommes de terre fraîches dans leur *aguayo* et elles les font danser.

Au retour à la maison, elles déposent les pommes de terre dans le patio, qu'elles décorent de serpentins, de fleurs et de feuillages. Et les habitants de la maison, chacun à leur tour, viennent *ch'allar* les tubercules. Ils disent à chaque fois :

« Venez à nous, produits, venez à nous. Ne vous oubliez pas dans les profondeurs de la terre. »

---

36. Q'oa : plante locale ressemblant à la menthe sauvage.

Et puis, ils se servent un grand plat de *mote* [37] et de *quesillo* [38]. Et ils boivent beaucoup, beaucoup...

Pendant ce temps, les autorités se mettent en marche vers les limites de la communauté, accompagnées d'un groupe de danseurs et de musiciens qui ont passé la nuit dans le patio du *curaka*. Ma Segundina et moi, nous sommes toujours du voyage. C'est fatigant, mais maintenant je connais notre communauté comme ma poche. Je suis celui qui renseigne le *curaka*, je connais tous les sentiers, tous les habitants. Je le fais depuis toujours, depuis que j'ai eu la responsabilité au niveau syndical, voilà maintenant huit ans.

Cela se passe toujours de la même manière. Lorsqu'ils nous voient arriver, les habitants de la maison préparent vite la table rituelle dans leur patio. Le *curaka* y dépose son *Baston de Mando* entouré de la *chalina* de vigogne. Les danseurs exécutent une danse, puis la musique s'arrête et on rend hommage au *Baston de Mando*. Les habitants lui jettent de l'alcool, de la coca et brûlent de l'encens. On observe le silence pendant un petit moment, on dit quelques prières, puis on se met à boire de la *chicha* que nous offrent les hôtes dans une grande jarre. Alors la musique reprend, et nous continuons notre route...

A chaque fois, nous nous arrêtons aux *mojones*, les kerns qui indiquent les limites de la communauté. Il faut souvent les arranger, parce qu'ils s'écroulent facilement. Là aussi, nous réalisons un rite. Nous *ch'allons* le *mojon* et nous lui donnons de la coca. C'est la coutume. Nous demandons ainsi la protection des divinités sur tout notre territoire, jusqu'à ses confins, pour confirmer l'unité de notre territoire. Les maisonnées les plus éloignées voient bien qu'on ne les oublie pas. On ne manque aucune maison. Elles sont toutes, toutes visitées.

Nous sommes de retour à l'école le mercredi des Cendres. Et là on organise une grande fête en notre honneur. Tous les communautaires qui ont pu se déplacer y participent. Il y a beaucoup, beaucoup de monde. Le patio de l'école est plein à craquer. Tout le monde danse et on récompense les plus beaux *waynus*. Cela dure

---

37. Mote : maïs bouilli.
38. Quesillo : fromage de chèvre frais.

jusqu'au dimanche où l'on fait la *kacharpaya*, la danse des adieux.

Cette fête me plaît beaucoup. Elle me fait penser au berger qui rassemble son troupeau. Après l'éparpillement sur le territoire de la communauté, tout le monde se regroupe. C'est une belle image. D'ailleurs, la visite dans chaque maison et le rite au *Baston de Mando* ont aussi un sens. Nous n'y pensons pas, parce que c'est la tradition et nous la pratiquons chaque année sans chercher à comprendre pourquoi. Mais quand je fais penser ma tête, je me rends compte qu'il s'agit d'une belle coutume. Chaque maison qui nous reçoit, en nous ouvrant sa porte, nous montre qu'elle est bien membre de notre communauté. Je le comprends comme ça. Et en passant dans toutes les maisons, on reforme la communauté entière. C'est comme notre corps humain. De temps en temps, il faut réviser tous ses membres pour qu'il soit en bonne santé. Quand la famille fait le rite au *Baston de Mando*, elle reconnaît qu'elle est un membre du corps et qu'elle reconnaît le *Baston de Mando* comme le squelette du corps. Tout repose sur lui. Nous, nous sommes toutes les petites parties du corps. Mais nous sommes tous importants, même les *wawas*, parce que chacun a sa place et son rôle à jouer dans la communauté.

Et puis, toute cette fête de la pré-récolte est bien aussi un hommage à nos divinités, à la Pachamama, surtout. Toutes ces danses que nous exécutons, les rites, la *ch'alla*, tout cela c'est pour qu'elle nous entende, pour qu'elle fasse fructifier nos récoltes. C'est une fête bien riche, bien complète. D'ailleurs nous y sommes très attachés et rien ne pourrait nous la faire manquer... Chacun des rites, chacun des actes réalisés aide à recréer l'harmonie de notre communauté. Quand on reprend le travail après la fête, on a plus de courage et plus de volonté pour continuer.

VI

« La tierra no da asi no mas »

Lorsque je suis fatigué et un peu triste, je monte sur le coteau au-dessus de Pisaquiri. De là, j'ai toute la vue sur ma communauté et je me laisse aller à penser. Je regarde ces petits toits dispersés dans les champs. Avec la lumière du soleil, on dirait qu'ils sont tout neufs. Et pourtant, la plupart sont déjà bien trop vieux ; ils ne sont plus étanches et le froid et la pluie entrent dans les maisons. Tout est silencieux. Comme cela est différent de la ville où nos oreilles bourdonnent dans le bruit du matin au soir... Cela me fait du bien. Je me sens presque heureux. Mais lorsque je songe à notre situation, là ça ne va plus du tout.

Nous sommes à la mi-décembre et les pommes de terre n'ont pas encore été semées : il n'a toujours pas plu. Nous avons tous soif, les gens, les plantes, les animaux. Et il est impossible de semer avant la pluie. Tout est jaune de terre sèche et de *tola* [1] qui n'a pas reverdi.

Il n'y a presque rien à faire dans les champs, tant qu'il ne pleut pas. Encore quelques *barbechus* [2] qui n'ont pas été faits. Rien de plus. Ce sera mon travail d'aujourd'hui. Un condor passe dans le ciel. Tiens, matinée de bon augure, dit-on chez nous. Nous apporterait-il la pluie ?... Je ne crois pas. Aucun signe du ciel ne le laisse paraître.

Les hommes de l'*originario* voisin viennent *acullicar* [3] avec moi. Nous sortons notre *chuspa* de coca. Nous ne parlons pas beaucoup le matin. Nous faisons penser notre

---

1. Tola : arbuste résistant au froid de l'Altiplano et qui sert de bois de chauffe.
2. Barbechu : défrichage de nouveaux terrains ou de terrains restés en friche pendant un certain temps.
3. Acullicar : action de mastiquer la coca.

tête... Avant de commencer à mastiquer, nous cherchons trois belles feuilles de coca. Ce sont celles que nous allons offrir à la Pachamama, notre Mère-Terre. Nous enlevons la nervure principale et nous mastiquons ces trois feuilles avec beaucoup de respect, longtemps, longtemps... En même temps, nous demandons à notre Mère qu'elle s'occupe un peu plus de nous, qu'elle nous envoie la pluie. Nous pensons beaucoup, peut-être que nous prions. Cette communication avec nos divinités donne des forces...

Au bout d'un moment, j'échange ma *chuspa* avec mon voisin. C'est la coutume. Une façon de partager, de communiquer même, je ne sais pas... Peut-être qu'inconsciemment, quand on s'échange les *chuspas*, on renouvelle son amitié, l'attention qu'on a à l'égard de l'autre. On se l'échange après avec un autre, puis un autre, jusqu'à faire tout le tour du groupe.

Ensuite on passe un grand moment, jusqu'à ce que le soleil soit un peu haut dans le ciel, à former notre boule de coca dans le coin de la bouche. On croque dans la *leijia*. C'est une pâte faite de cendres de quinoa qui donne du goût à la coca. Si l'on forme une belle boule, on aura des forces pour travailler pendant trois heures. On ne sentira ni la faim, ni la fatigue. Et c'est une chance pour nous qui n'avons pas à manger suffisamment, surtout durant la période difficile d'avant la récolte.

Ensuite, comme chaque fois que l'on va travailler un nouveau champ, on observe un rite à la Pachamama. J'ai prévu mes deux petites bouteilles d'alcool et je *ch'alle* la terre à notre divinité. Au milieu du champ. Pachamama, accepte cette offrande et fais fructifier les pommes de terre que nous sèmerons dans ce champ... Puis nous buvons tous un peu d'alcool, pour nous donner à nous aussi des forces et bien travailler.

Ça y est, nous sommes revigorés et pleins d'entrain pour commencer le travail. Nous lustrons le métal de la pioche avec une pierre. Tout le monde se met à parler. De la sécheresse surtout. Et du travail qui nous attend. Un travail rude, parce que la terre est si sèche qu'elle est aussi dure qu'une carapace de tatou.

« Ah ! *La tierra no da asi, no mas...* » C'est Don Teofilo qui dit cela. Et il a raison. La terre ne donne rien sans rien faire... On n'a rien sans rien... Bien sûr qu'il faut travailler beaucoup pour que cette terre nous donne ses fruits. Mais il faut bien reconnaître que souvent elle est bien avare. Nous payons cher notre survie, avec combien de sacrifices... Parfois c'est décourageant. Pour sûr qu'il faut la dompter cette terre... plutôt l'apprivoiser. Mais nos terrains sont tellement en pente et tellement pauvres... et nous n'avons pas d'eau pour irriguer. Nous craignons le gel au moment où les plantes poussent. Et maintenant, les pluies ne viennent pas... Il faut une sacrée dose de courage pour résister. Mais nos ancêtres l'ont toujours eu, alors, nous, nous devons suivre leur chemin. A chaque saison, ils ont su relever le défi de récolter pour se nourrir. A nous maintenant de le relever aussi. Mais bien sûr, il faut faire fonctionner sa tête tous les jours. Cela ne suffit pas de faire travailler les bras. Et cela toute l'année, même dans les périodes plus calmes. Il faut sans cesse être vigilants.

Par exemple, la saison commence avec les *barbechus,* au mois de septembre ou octobre. Nous avons tellement de terrains pauvres à flanc de montagne, qu'il faut laisser reposer la terre. Celle-ci est restée en friche pendant cinq ans. Alors, maintenant, il faut bien s'occuper d'elle pour l'assouplir. L'année dernière à cette époque, après les premières pluies, j'avais fait le premier *barbechu*. Au mois d'août, quand nous avons eu un peu de neige pour adoucir la terre, les femmes sont venues casser les mottes de terre. Ensuite, j'ai de nouveau pioché. Il aurait mieux valu le faire avec l'attelage. Mais ce n'est pas possible, le champ est bien trop pentu... Et en plus je n'ai pas d'attelage !

Quand les dieux nous entendent, tout va bien. On sème, ça pousse, on récolte... Le climat est tellement rude ici, qu'il faut bien faire attention. Mettre toutes les chances de son côté... Toute l'année, nous demandons l'aide des dieux. Et ils décident. Toute l'année, nos travaux dépendent du temps, de ses caprices. Par exemple, maintenant, c'est le moment de semer, mais il faut attendre la pluie et il ne pleut pas. Si l'on attend trop, on risque le gel. Les plantes sont trop tendres et le gel les brûle. Et il y a la grêle. La grêle détruit tout, quelle que soit la taille des plantes.

Avec ça, il faut faire attention aux variétés de pommes de terre. Il y a une foule de variétés différentes. Et il ne faut pas les semer toutes au même moment. Il y a trois grandes catégories de pommes de terre : les amères, les ni-douces-ni-amères, les douces. Les amères résistent bien au froid. On s'en sert pour faire les *chuños*, ces pommes de terre déshydratées que l'on conserve. On les sème les premières. Ensuite on doit semer les ni-douces-ni-amères, qui craignent un peu plus le froid. Et les dernières semées sont les douces, les plus fragiles, mais les meilleures !...

Voici en gros comment ça se passe. Le jour des semailles, tout le monde se trouve au champ. Les femmes "font la graine". Elles enlèvent les germes inutiles et les enduisent de guano[1] qu'elles avaient préparé à l'avance. Ensuite les hommes ouvrent les sillons. Les femmes suivent derrière pour mettre la semence. Elles l'enfoncent un peu avec le pied. Ensuite, quelqu'un suit pour jeter la fumure sur les pommes de terre dans le sillon. Et à la fin, on recouvre tout.

A partir de là, il n'y a plus qu'à attendre et à bien se comporter. Et Pachamama sait tout... L'idéal ce serait une pluie régulière, presque tous les jours, afin que la terre boive tout son soûl.

En attendant la récolte, il faut désherber et *aporcar*, c'est-à-dire butter. On butte plusieurs fois, trois fois en général... La première fois, on rapproche la terre vers les rangs. Pour ça, on se sert de la *liukhana* ; c'est une sorte de piochon fait avec un morceau de bois recourbé qui tient une pièce métallique. Ensuite, vers le mois de janvier, on fait le deuxième *aporco*. Cette fois on "donne" plus de terre, pour que les plantes s'enracinent bien et se fortifient. Et la troisième fois, au mois de février, on creuse un petit fossé entre les rangs pour faire venir l'eau. En même temps, la terre récupérée sert à butter encore mieux les plantes.

En général, on récolte à la Pâque. Bien sûr, on respecte les rites de la récolte. On est content, surtout si la récolte a

---

1. Guano : fumure animale.

été bonne. Pour récolter les pommes de terre, c'est facile. Il faut se faire prêter un attelage de bœufs. Avec la charrue, on passe sur le rang pour déterrer les plantes. Et on les ramasse. On récolte d'abord les douces. Nos premières pommes de terre... C'est un plaisir immense ! Celles-ci, en général, on les arrache à la pioche au fur et à mesure de nos besoins.

Tout de suite après la récolte, on "choisit la graine". On met de côté les pommes de terre qui serviront pour les fêtes, les plus belles, bien sûr ; ensuite on trie celles qu'on consommera tout de suite, celles qu'on prendra pour faire les *chuños* et celles qui serviront de semences pour l'année prochaine. Si c'est une bonne année et qu'il en reste, on les gardera pour vendre.

Et puis le froid arrive ; il n'y a plus grand chose à faire dans les champs. On prépare les *chuños* en profitant du gel des mois de juin et juillet. Ça, c'est un travail long qu'il ne faut pas escamoter. Car c'est notre subsistance de l'année et il faut beaucoup de patience et de soin pour les réussir.

Si l'année a été bonne, il reste du temps pour bricoler, car on a moins besoin d'aller travailler en ville. On arrange la maison, l'enclos des bêtes, on file la laine, on tisse des *aguayos* ou des ponchos. Mais si c'était une mauvaise année, alors il faut quitter la maison pour aller travailler "dehors".

Des "années bonnes", nous en avons une tous les cinq ans à peu près. Les autres années, il y a une grêle qui ravage tout, alors qu'on pensait que la récolte s'annonçait bien. Ou bien c'est la pluie qui est arrivée trop tard. Ou bien trop de froid. Les plantes ont gelé. Il y a toujours quelque chose. En 83, nous avons eu une sécheresse terrible. Nous n'avons rien récolté. Tout le monde allait se vendre dans les communautés voisines ; mais chez eux, c'était pareil. Nous sommes tous partis à Potosí travailler à la mine ; là-bas non plus il n'y avait plus de travail. Nous faisions n'importe quel travail pour une bouchée de pain. C'est à peine si nous avons pu rapporter quelques aliments à nos femmes...

Que s'est-il passé cette année-là ? Qui avait jeté un sort sur notre pays ? Nous n'avons jamais su. Et pourtant, nous avions tout fait, nous ici... Nous avons dû monter dix fois au *cerro*, pour faire la demande de la pluie. Nous avons *ch'allé* la Pachamama et les *achachilas* [1], mais cela n'a pas suffi. Ils devaient être très en colère contre nous...

Et pourtant, nous faisons tout notre possible pour répartir les risques. Comme nos anciens nous l'ont enseigné. Mais quand il y a une sécheresse pareille, on a beau tout faire, cela ne sert à rien.

Par exemple, une des techniques pour répartir les risques, c'est d'avoir des petits champs un peu partout. Ainsi, si une parcelle est touchée par le gel, les autres ne le seront pas si elles sont placées bien loin les unes des autres. Moi, je n'ai pas beaucoup de superficie, un hectare, peut-être deux. Mais j'ai beaucoup de terrains, et un peu partout. Et pas tous dans la communauté de Pisaquiri. J'en ai aussi à Uaylulu, c'est plus bas que Pisaquiri et il gèle moins. C'est ennuyeux, parce que c'est loin. Mes champs sont plus négligés là-bas. Mais de cette manière, j'arrive toujours à préserver un ou deux champs quand il gèle ou quand on a une averse de grêle.

D'ailleurs, nos ancêtres pratiquaient cette technique bien mieux que nous aujourd'hui. Les *ayllus* s'étendaient sur des surfaces très grandes, à des altitudes différentes et sur des terrains de nature différente. Il y avait donc des endroits plus abrités que d'autres du vent et du gel, des endroits plus humides, d'autres plus chauds.

C'est aussi pour éviter les risques que l'on cultive différentes variétés d'une même culture sur un seul terrain. On sèmera par exemple des pommes de terre plus précoces et d'autres plus tardives au même endroit.

Une autre technique que nous utilisons aussi et que pratiquaient nos ancêtres est celle de la rotation des cultures. Comme notre terre est pauvre, il faut chaque année varier les cultures. Nos ancêtres mettaient toujours les terres en friche durant quelques années, pour que la terre puisse se reposer. Mais maintenant les terres manquent tellement qu'on ne peut plus guère les laisser en friche, sauf si elles sont vraiment mauvaises. En général, la première année, on met des pommes de terre.

---

1. Achachilas : divinités des montagnes issues des défunts de cette terre.

Elles profitent mieux du guano et des rites. C'est normal, c'est notre nourriture principale, alors il faut bien les soigner. L'année suivante, on mettra peut-être des fèves ou des pois. L'année d'après, de l'orge ou de la quinoa. Et on peut finir par de la *papalisa* ou de la *oca*[1]. C'est meilleur pour la terre, elle se fatigue moins. On met aussi souvent différentes cultures sur le même terrain. Par exemple, le maïs et les fèves. Le maïs qui est grand, protège les fèves du vent et du froid. On met souvent de l'orge avec de la quinoa. De l'orge et des petits pois.

Malheureusement, on oublie de plus en plus les méthodes de nos anciens ; on ne réalise plus qu'une seule culture, le maïs par exemple, aux endroits irrigables. Et alors, très vite, le terrain s'épuise et au bout de quelques années, plus rien n'y pousse.

Et même lorsqu'on pense avoir bien cultivé son champ, nous avons toujours le problème des bestioles qui envahissent nos cultures et qui les dévorent. Parfois, c'est une véritable calamité. Des invasions de chenilles, de pucerons, de sauterelles... Et nous n'avons pas d'autres moyens pour nous en protéger que de faire le rite des *plagas*. Il se déroule en général au mois de février, quand les petites plantes sont en train de pousser. Nous ramassons toutes les bestioles que nous trouvons et les enfermons dans une boîte. Alors, en pleine nuit, nous nous réunissons tous au bord du Río Pilcomayu, et nous apportons deux chevreaux et des offrandes. Et puis nous attendons le lever du soleil. Nous faisons un feu pour nous réchauffer, buvons et mastiquons la coca. Dès que le soleil apparaît, nous nous agenouillons pour prier en direction de l'est, puis du nord, et enfin de l'ouest ; c'est-à-dire que nous suivons la direction du soleil. Nous lui demandons d'éclairer nos plantes sainement, sans apporter aucun fléau. Ensuite, nous égorgeons les chevreaux et offrons leur sang à notre Pachamama. Elle doit s'abreuver du sang, tout en écoutant notre prière, c'est-à-dire qu'elle doit faire pousser les plantes sans y amener de parasites. Nous *ch'allons* et buvons, puis nous mangeons les chevreaux. Ensuite, nous brûlons les

---

1. Papalisa et oca : tubercules d'Amérique du Sud, spécifiques de l'Altiplano.

offrandes avec les abats des chevreaux en les dédiant à la Pachamama. Et finalement, lorsque le soleil est haut, nous repartons tous dans des directions différentes, pour disperser nos bestioles en dehors de notre communauté.

Espérons que nos divinités nous entendent, qu'elles chassent les bestioles et fassent venir la pluie...

Ah, quand il aura plu, ça changera tout... On va revoir les petites feuilles vert tendre, toutes fragiles, toutes lumineuses de gouttes de pluie... Et puis quand les cultures commenceront à pousser, ce sera encore plus beau. Dans le même champ, on verra plusieurs couleurs, chaque culture avec sa couleur... Mais malheureusement, rien pour le moment ne nous laisse prévoir la pluie... On a beau questionner le ciel, il ne répond rien. Aucun signe. Aucun espoir. Depuis plus d'un mois, je cherche des signes de pluie. Par exemple, si les vaches grattent le sol, ou bien si les viscaches batifolent toute la journée hors de leur terrier, c'est qu'il va pleuvoir. Je regarde aussi le ciel, les étoiles... J'attends de voir de gros nuages empêcher le soleil de se lever, mais rien...

A vrai dire, nous ne sommes pas tout à fait surpris de cette sécheresse. Don Teofilo l'avait remarqué comme moi ; au mois d'août le soleil s'est couché rouge tous les soirs. Ça ne manque pas, c'est un signe de sécheresse.

Pour nous, c'est très important de savoir détecter les indices de pluie ou de gel. On peut s'y préparer. Malheureusement, on a perdu beaucoup de ce que nos ancêtres savaient. C'est peut-être pour cela qu'ils avaient de meilleures récoltes... Le plus important se passe au moment des semailles. C'est une période capitale et la marge de manœuvre est étroite. Il faut saisir le moment et pour cela être à l'affût de tous les indices.

Déjà au mois de mai, on peut faire les premières observations. Mon père, avant qu'il ne devienne aveugle, m'avait appris comment repérer certaines constellations. Par exemple, je scrute la Croix du Sud. Si celle-ci disparaît avant la nouvelle lune de ce mois, cela signifie qu'il faudra semer tôt, parce que les pluies arriveront tôt. Si elle disparaît plus tard, les pluies seront en retard.

Je sais aussi repérer "l'œil de vigogne". C'est une tache en forme de lama ou de vigogne qui se trouve dans la Voie Lactée, près de la constellation du Scorpion.

Dans cette tache, on peut voir une étoile plus brillante, "l'œil de vigogne". Il faut la regarder tous les jours pour qu'elle n'échappe pas. Et si cette étoile disparaît avant la nouvelle lune du mois, il faudra semer tôt.

Le mois d'août est pour nous un indice du temps qu'il fera dans toute l'année.

Mon père me disait toujours : « Regarde bien tous les jours du mois d'août. Ils correspondent au temps des mois de l'année. Le premier août, le premier mois, le deux août, le deuxième mois, et ainsi de suite durant toute le première semaine. »

D'ailleurs, il faut profiter de ce mois d'août pour faire des offrandes à nos divinités. Tout le monde dit : "Au mois d'août, tout a la bouche ouverte." Alors on fait des rites à la Pachamama, aux *achachilas*. Tous réclament leur nourriture.

Le temps, c'est un sujet de conversation quotidien entre nous. On ne peut pas se rencontrer sans parler du temps qu'il va faire, ou se demander si l'année sera sèche ou pluvieuse, ou si les pluies arriveront en avance ou en retard, ou si le gel et la grêle feront beaucoup de dégâts... On se sent bien désarmé face à cela. On ne sait pas quoi répondre. Nos divinités n'en font qu'à leur tête. Alors on se dit : "*Asi es, que vamos a hacer. Hay que esperar no mas.*"[1] Conclusion finale. Quand on a tout essayé, il ne reste plus qu'à attendre...

Nous demandons souvent conseil sur ce sujet à Don Pablino. C'est le *yatiri*.

Lui, il sait prévoir le temps qu'il va faire à travers ses rêves. Il a un pouvoir. Par exemple, quand il rêve d'un cheval blanc, il court nous l'annoncer. C'est signe de grêle ; il faut vite finir de récolter. Il nous dit aussi que s'il rêve de cochons partout, c'est qu'il va geler fort. Ou bien que s'il rêve de policiers ou de soldats, cela signifie qu'il y va y avoir de l'orage, un gros orage, du tonnerre, de la grêle,...

---

1. Traduction : C'est ainsi. Qu'y pouvons-nous ? Il ne reste plus qu'à attendre...

Moi, j'aime bien parler avec Don Pablino. Il m'apprend beaucoup. Il a été choisi des dieux pour exercer son pouvoir de *yatiri*. N'importe qui ne peut pas le faire. J'ai une grande confiance en lui. Et c'est réciproque, je crois ; car parfois il me révèle ses secrets, mais il sait que je n'en parlerai à personne. Et moi, je sais bien que ce serait le pire affront à un *yatiri* que de divulguer ses méthodes. Parfois je vais lui rendre visite et il me parle. Il me dit ceci :

« Il faut cultiver ses rêves, c'est important. J'ai reçu un pouvoir des dieux, mais je dois le travailler, sinon ils me l'enlèveront. Pour garder ses rêves intacts et bien s'en souvenir, il faut mastiquer la *leijia* [1] avec du sel et ensuite le cracher dans le patio. Et puis il faut prier, beaucoup prier... Et aussi savoir observer la nature, elle garde plein de secrets en elle. En passant beaucoup de temps avec elle, en l'écoutant, elle finit peu à peu par les révéler. Moi, je me sers beaucoup de la feuille de coca. C'est l'intermédiaire que la nature nous donne pour faire passer ses secrets.

« J'ouvre par exemple une pomme de terre et j'y glisse une feuille de coca. Je la laisse quelques jours ainsi, puis je l'ouvre et j'examine l'aspect de la feuille. Si elle est tachée de noir, c'est signe de grêle. Mais si elle présente de larges rayures noires, c'est signe de gel. Si la pomme de terre coupée reste blanche une fois exposée au soleil, c'est signe de beau temps et de bonne récolte.

Bien sûr, j'ai beau faire tout mon possible, il arrive que je me trompe. Je le reconnais. Il peut se passer tellement de choses. Nos divinités se font parfois un malin plaisir à nous surprendre. Alors quand cela arrive, il ne reste plus qu'à faire les rites, en priant les divinités qu'elles nous écoutent. »

Quand Don Pablino parle des rites des intempéries, il s'agit, comment dire, des mesures de dernier recours... C'est lorsqu'on a déjà utilisé toutes les techniques pour se protéger des intempéries, et que cela n'a pas suffi. On a déjà butté les plantes pour les protéger. On a couvert la terre de fumier, pour la réchauffer. On a même enduit les

---

1. Leijia : pâte constituée de cendre de pomme de terre ou de quinoa.

pommes de terre de cendres avant de les planter, là où on sait qu'il risque de geler.

Voici comment se passe ce rite.

Dès qu'on s'aperçoit de la menace de grêle, tout le monde sort de chez soi en criant. Nous sommes tous très excités, à cause de la grêle qui risque de faire beaucoup de dégâts, mais aussi dans le but d'impressionner le Señor de la grêle et de le chasser. Les musiciens soufflent dans leur corne, le *pututu*, et se mettent à jouer. Les femmes font de la fumée. D'autres, pendant ce temps, montent au *cerro*. Elles vont y planter un piquet avec un chiffon imbibé de kérosène. Là-haut, elles y mettent le feu, et en même temps, en bas, les gens font éclater des pétards et des dynamites. Tout le monde dit qu'en faisant de la chaleur et du bruit, le Señor de la grêle se sauvera...

Et puis, quelquefois certaines femmes se hasardent à faire la coutume de la vieille femme. Cela, c'est une coutume que l'on ne raconte à personne ; d'abord parce que nous en avons un peu honte, et puis parce que ce n'est pas un véritable rite. Mais il faut bien le dire, il peut nous rendre service... Voilà de quoi il s'agit. Il y a très longtemps, une vieille femme se désolait de voir tomber la grêle qui détruisait ses cultures. De rage, elle se baissa, dirigeant son derrière vers le ciel. Et puis, au milieu de tous les gens de sa communauté, elle souleva ses jupes et ses jupons, montrant... ses fesses. Eh bien, que s'est-il passé ? La grêle a cessé immédiatement...

Alors, nos femmes se rappellent parfois cette histoire et font pareil. Bien sûr, cela fait rire tout le monde, surtout les hommes. Mais moi je trouve qu'elles sont courageuses, parce qu'elles le font pour servir leur communauté, bien que ce soit très humiliant pour elles.

Quand les températures baissent tout d'un coup, là on se prépare pour se défendre du Señor du gel. On dit qu'il vient voler dans les champs, alors il faut protéger nos champs. Tout le monde rassemble de la paille, des chiffons, des branches autour des champs les plus exposés au gel. On allume de grands feux pour faire obstacle au Señor du gel, et aussi pour réchauffer le sol et faire revenir les nuages.

Quand rien de tout cela n'y fait, on se console en disant qu'on a fait tout ce que l'on était en capacité de faire et que maintenant, ce sont les dieux seuls qui agissent. De toute façon, tout ce qui aura été fait avant n'aura pas été inutile à l'égard des dieux. Ils en seront sûrement reconnaissants un jour.

Et puis Don Pablino m'a toujours dit qu'il fallait toujours mettre beaucoup d'amour dans ce que l'on faisait. Parce que l'amour renvoie à l'amour…

VII

Derrière le rideau du yatiri

Je me rends souvent chez Don Pablino, le *yatiri*. La plupart de temps, je suis le porte-parole des communautaires. Car ceux-ci reconnaissent ses capacités, ils savent le pouvoir dont il a hérité des divinités, mais ils sont très impressionnés et ils ont souvent peur de le rencontrer. Moi, je fais l'intermédiaire. On se donne rendez-vous pour y aller, mais j'y vais toujours un peu plus tôt, afin de mettre Don Pablino au courant de la visite qu'il va avoir. Parfois, les gens veulent que je reste avec eux pendant la séance, cela les rassure ; parfois non.

Ces séances se passent toujours de nuit. Il fait tout noir pour arriver jusqu'à sa maison qui est bien éloignée. Si le ciel est étoilé, on a moins peur, mais sinon... On voit les ombres des arbustes s'approcher de nous, on entend le bruit de nos pas dans le silence. C'est impressionnant. Moi, j'y suis habitué, mais les femmes qui viennent pour la première fois ont besoin de beaucoup de courage.

Don Pablino est toujours debout, à n'importe quelle heure de la nuit. Il travaille beaucoup. Il fait par exemple ses "emplâtres d'échange". Quand j'arrive, s'il est occupé, il me fait asseoir et ne m'adresse pas la parole, jusqu'à ce qu'il ait fini. Alors, je le regarde. Il travaille lentement, très lentement. Il a des doigts très fins, comme une femme. Et quand on regarde ses mains à l'ouvrage, on s'y tromperait. Il est toujours habillé de noir, et son visage clair, à la lumière de la lampe à kérosène, paraît encore plus pâle. Il est calme, très calme. On dirait une autre personne que celle que je connais de jour. Peut-être est-il envoûté par les dieux...

Tout est sombre dans sa maison. Au fond de la pièce, on distingue un rideau noir qui semble cacher plein d'objets mystérieux. Sur la poutre de la charpente, je crois reconnaître deux lézards et un condor empaillés et même, un peu plus loin, un crâne humain. Sur la table, il a posé un autre crâne et un cochon d'Inde disséqué. Il se sert beaucoup des cochons d'Inde pour soigner. Il dit que ce sont des animaux privilégiés des dieux. Il a un autre cochon d'Inde vivant dans une cage par terre, avec un lapin.

Ça y est, Don Pablino lève les yeux. Il est disponible. C'est bizarre, mais je suis tout de même impressionné, comme à chaque fois que je viens. J'ai du mal à articuler. Les mots ne veulent pas sortir. Alors il me sourit et je lui explique qu'une personne va venir le visiter pour telle raison. Ça va mieux...

En attendant la visite, il me fait ses confidences. Mais il parle tout doucement et d'une drôle de voix. Pour moi, il n'est plus Don Pablino, il est *El Sabio*, le Sage.

Alors de sa voix toute douce, il dit :

« Mes crânes impressionnent toujours. C'est dommage. Je ne le voudrais pas. Mes crânes sont mes amis. Ils m'aident beaucoup dans mon travail. Surtout pour retrouver des objets volés. Ce sont mes *riwutus*, les messagers des *achachilas*, nos ancêtres devenus dieux des *cerros*... »

Il pose sa main sur le crâne posé sur la table et se met à le caresser.

« Celui-ci, c'est le *riwutu* Juan Mamani. Mon compagnon. Il m'a aidé de nombreuses fois. Mais bien sûr, je dois le servir. Lui donner à manger. Et pas n'importe quoi. Ce n'est pas un ancêtre comme les autres. Il est sacré. Tous les *riwutus* sont des crânes de personnes assassinées ou qui se sont suicidées. Toujours des morts violentes. On ne peut donc pas leur offrir des petits pains de quinoa, du maïs et de la soupe, comme on le fait habituellement aux âmes le Jour des Défunts. La nourriture des *riwutus* est plus noble : des *chuño*s, du vin, des fleurs et des bougies. Cela, c'est mon maître, le Chamakani, qui me l'a enseigné. Sinon le *riwutu* pourrait s'offenser et refuser de collaborer. »

Il s'arrête un long moment et il prend le crâne entre les mains. Il le fixe longtemps, longtemps... Il doit avoir beaucoup de respect pour lui.

« Juan Mamani. Il a été trouvé par une vieille femme dans une ancienne hacienda. Sans doute le résultat d'une querelle entre patron et communautaires. La vieille l'a apporté à la chapelle. Mais toutes les nuits, les gens de la communauté entendaient hurler. Ils se sont rendus compte que cela venait du crâne dans la chapelle. Alors le lendemain, ils ont décidé de l'enterrer. Moi, je me doutais bien qu'il s'agissait d'un bon *riwutu*, capable d'apporter une grande aide. Et je suis allé le déterrer dans la nuit. Je l'ai nourri de petits pains de quinoa, car je ne connaissais pas encore mon maître et je ne savais pas comment le servir. Ce n'est que bien plus tard que mon maître est entré en communication avec lui et il lui a révélé son identité : Juan Mamani. Alors il a dit :

« Je suis Juan Mamani, Esprit Saint,
Je te suivrai, je serai ta tête et j'irai à ta suite
Tu me donneras des messes
Tu m'achèteras du tulle noir.
Tu m'offriras une messe une à deux fois par an,
Je t'accompagnerai,
Je représenterai ta tête et tes pieds.
Je t'accompagnerai partout
Et je ferai toujours en sorte
Qu'il ne te manque ni l'argent, ni l'or. »

Depuis ce jour, il m'accompagne dans toutes mes recherches. Il se révèle dans les rêves. Par exemple il va venir déranger toutes les nuits le sommeil de celui qui a commis un délit. Jusqu'à ce que la personne, fatiguée, répare son erreur. Il est souvent arrivé que je retrouve un butin volé devant ma porte. C'est parce que la veille, le *riwutu* était entré dans les songes du voleur et l'a fait se repentir.

Le *riwutu* Juan Mamani sait aussi répondre aux demandes personnelles. Mais il réclame toujours quelque chose en échange. Par exemple il se révèle dans un rêve et insiste pour qu'on lui offre la fleur pourpre. La personne doit être forte d'esprit parce qu'elle doit comprendre le message. Si elle obéit à l'exigence du *riwutu*, celui-ci répondra à sa demande. »

À sa façon de parler, je suis certain maintenant qu'il est envoûté par les dieux. Ce n'est pas lui qui parle, ce sont eux. En plus, la grâce de ses gestes dénote quelque chose de surnaturel... Il pose le crâne à l'endroit même où il l'avait pris. Puis il se dirige vers le fond de la maison et il décroche l'autre. Il continue à parler tout aussi bizarrement :

« Voici le *riwutu* Antonio Vargas. Il a été trouvé dans la rue à Potosí par un communautaire de Pisaquiri. Celui-ci travaillait comme balayeur et il est tombé sur ce crâne. Il l'a recueilli et me l'a rapporté. Cette fois encore, c'est mon maître le Chamakani, qui m'a révélé son identité. Le Chamakani a un statut supérieur au nôtre, les *yatiris*. Il connaît les choses vivantes et les non-vivantes et peut les faire communiquer. Nous, nous favorisons seulement la réciprocité entre les vivants et les non-vivants. Rien de plus. »

Il dépose le *riwutu* Antonio Vargas à côté du *riwutu* Juan Mamani. Il s'assoit en face d'eux et il les regarde. Il leur sourit avec toujours ce même regard qui n'est plus humain, qui est divin.

« *Riwutu* Antonio Vargas est en relation avec les *achachilas*. Et il m'est d'une aide capitale. C'est lui qui fait l'intermédiaire avec les ancêtres des *cerros* et qui me communique leurs plaintes, leurs recommandations. C'est lui qui nous dira pourquoi les *achachilas* ont rompu l'équilibre en apportant la sécheresse. Parce qu'ils ont sûrement une raison. Ils doivent être en colère contre quelque chose. Il faut trouver quoi et réparer nos erreurs. »

Tout à coup il lève la tête ; il se redresse doucement. Il ne bouge plus. Son regard non plus. On dirait une momie. Alors toujours sur le même ton, il me dit :

« Voilà le malade... »

Moi, je n'avais rien entendu et j'ai mis un bon moment avant d'entendre les pas. Quand Don Mario frappe à la porte, il lui dit :

« Entre dans ta maison, mon ami. »

Alors Don Mario entre, nous salue et soulève son poncho. Il défait son paquet. On voit apparaître une minuscule tête de *wawa* toute emmitouflée dans une quantité d'*aguayos*. Alors il se met à parler et Don Pablino ferme les yeux pour écouter. Moi, je reste là comme Don Mario me l'avait demandé. Il lui dit :

« Mon fils est mal. J'en suis peiné parce que c'est mon premier fils après quatre filles. Ça lui a pris le jour de la nouvelle lune. Cette nuit-là, je ne me suis pas bien comporté parce que j'avais bu. J'ai battu ma femme et les enfants hurlaient dans la maison. Lui ne disait rien. Il devait dormir bien fort. Mais ça a été le lendemain. Il s'est mis à baver, baver comme un chien enragé. Et il a fait une crise. Ses yeux se sont retournés. Ils sont devenus tout blancs et lui était comme paralysé. Il ne bougeait plus. Je suis sûr que les dieux l'ont ensorcelé. Ma femme hurlait et disait que c'était à cause de moi qu'il était comme ça. Ensuite il est revenu à lui, mais ça lui a repris juste après. Et encore plusieurs fois tous les jours jusqu'à aujourd'hui. Ça me fait mal, je ne voudrais pas qu'il meure, surtout si c'est par ma faute. Et puis qu'est-ce qu'on va faire dans ma maison si on n'a que des filles ?... Dis-le moi, Sabio, si je dois me repentir, je le ferai. Mais fais quelque chose pour ma *wawa*... »

Don Pablino ne dit rien pendant un long moment. On dirait qu'il avale les mots qu'il a entendu, qu'il les rumine un par un, très lentement. Tout d'un coup, il regarde Don Mario dans les yeux et se met à lui parler. Il lui demande d'abord de mieux examiner sa conscience et de se repentir. Il lui conseille de ne plus boire et de respecter sa femme et ses enfants. Il lui parle durement. Ce qui contraste beaucoup avec son regard tout doux. Ensuite, il lui explique qu'il va faire appel aux divinités et qu'après il devra appliquer leurs conseils sans faute.

Alors, il prépare la table : à côté du *riwutu* Antonio Vargas, il dépose un pierre sombre. Je crois que c'est le *rayu*, cette balle tombée de la foudre. Il y met aussi une statue de Saint. Ensuite, il allume un cierge qu'il place au-devant du Saint. Un peu plus loin, il dépose quelques belles feuilles de coca sur un *tari*. C'est un carré de tissage coloré. Il m'avait expliqué qu'il était tissé avec de la laine de lama, et pas de mouton, parce que le mouton pourrait attirer l'infortune. Cela fait, il demande à Don Mario un petit vêtement de la *wawa* ou un objet à elle. Don Mario lui donne son *chullo* et il le met aussi sur la table. Alors, il avertit qu'il va appeler les dieux, et que par conséquent il devra éteindre les bougies.

On entend alors le bruit d'une flûte, puis peu à peu un bruit assourdissant de ferrailles qui s'entrechoquent. Le bruit devient terrifiant, il fait trembler la maison. La *wawa* hurle. Et soudain, dans ce bruit horrible, on entend une voix très bizarre, une voix qui semble sortir des entrailles de la terre. Peu à peu, on arrive à comprendre les paroles.

« Appelle-moi Achachila
Possesseur du bâton d'or et d'argent
Possesseur de la mine d'or et d'argent
Achachila vêtu du poncho blanc de soie. »

La voix salue ensuite Don Mario par son propre nom. Puis on entend celle de Don Pablino :
« Bien, Achachila,
Croyant en toi, je t'offre cette messe
Maintenant
Pour toi, Pour ton âme, Pour ton courage
En ta présence
Nous te demandons ton aide et ton soutien
Accepte cette messe. »

Un silence. *El Sabio* fait des gestes, me semble-t-il. J'ai l'impression qu'il présente les offrandes à l'*achachila*. Puis il continue :
Qaqaqa Achachila
Achuqall Markiïwi
Oh ! Jeune Potosí
A tous les *Achachilas*, nous te supplions. »

Alors il brandit l'encensoir. On sent l'odeur d'encens et les yeux piquent. Pendant ce temps la voix de l'*achachila* devient de plus en plus sourde et le bruit infernal de casseroles reprend. La lumière de la bougie éclaire à nouveau, mais de manière diffuse, à cause de la fumée. La *wawa* ne dit plus rien. Elle doit être complètement subjuguée.

Alors *El Sabio* sourit. On dirait qu'il est content. Il remplit un petit verre d'alcool et il en verse quelques gouttes au sol. Puis il en boit une gorgée et il offre ce qui reste à Don Mario.

Il va chercher le cochon d'Inde dans sa cage et il le pose sur la *wawa*. Il prend l'emplâtre d'échanges. Un mélange de graisse tartiné sur un *tari*. Il parle très gentiment à la *wawa*. C'est drôle, parce que nous ne sommes pas habitués à ce que l'on parle aux *wawas*. Il lui parle comme à quelqu'un qui pourrait comprendre. Et il dépose l'emplâtre sur son ventre, par-dessous l'*aguayo*. Il le maintient longtemps avec sa main. Il a le regard bien loin de nous. Il doit être avec les *achachilas*.

Finalement, il approche le tissu de la flamme et il le brûle complètement. Alors il fait son ordonnance. Il dit au père de faire à l'enfant des infusions avec des plantes très spéciales et il lui donne la recette d'un autre emplâtre. Il donne aussi des conseils de moralité. Il explique comment les enfants doivent se comporter à la maison et aussi les adultes...

Don Mario donne beaucoup d'argent, bien qu'il soit très pauvre. Il a dû faire beaucoup de sacrifices pour collecter cette somme. Mais tout le monde sait bien que plus on donne, plus on a des chances de réussite. Et il s'en va. Il a l'air très impressionné, mais rassuré.

Je reste encore un moment avec Don Pablino. Il me parle du cataplasme d'échange. Il l'avait préparé juste avant avec les trois éléments de base : de la graisse de cochon d'Inde, des feuilles de coca broyées, du vin de maïs. L'emplâtre qui contient la graisse animale représente l'animal lui-même. En le déposant sur le corps du malade, le mal se transmet à l'animal. Il faut ensuite brûler l'emplâtre, comme pour faire mourir l'animal et avec lui la maladie. Normalement, avant le jour, le cochon d'Inde devra être atteint par la maladie et mourir peu de temps après.

Je crois que Don Pablino est fatigué. Ce travail lui demande beaucoup d'efforts, beaucoup de concentration. Alors il range ses objets de rituels, un par un. Avant de remettre la statue du saint derrière le rideau noir, il la prend dans la paume de ses mains et la caresse comme pour enlever la poussière. Comme s'il parlait pour lui, il dit :

« D'une seule pièce. Il est taillé dans un seul bloc de pierre. Sans cela, il ne serait pas Saint... On dit même qu'il n'a pas été taillé par la main de l'homme... »

Il range ensuite le *tari* sacré et la coca. Puis la bougie. Finalement, il attrape la balle du *rayu* et l'enferme dans sa main. Je lui demande de m'expliquer à quoi sert cette pierre étrange. Il me dit :

« Le *rayu*, c'est la balle de la foudre. Personne ne peut devenir *yatiri* si lui ou un membre de parenté directe n'a pas été touché par le *rayu*, la foudre. C'est le deuxième signe des dieux. Le premier est déterminé par la date de naissance et l'aspect physique du bébé. Mais cela ne suffit pas. Il doit être ensuite touché par le *rayu*. En général, cela se passe à l'adolescence, en période de pluies, le plus souvent en gardant les bêtes. Personne ne doit regarder, sinon cela provoquerait la mort définitive de l'adolescent ou bien l'empêcherait de savoir lire dans la coca. Parce que celui qui est touché par le *rayu* devient comme mort. C'est arrivé l'année dernière à mon fils, Omar. Il n'était pas beau à voir lorsque je l'ai récupéré. Les cheveux hirsutes, du sang qui coulait de son nez, le corps convulsé. Puis il est revenu à la vie.

« L'endroit où est tombée la foudre est devenu sacré. On l'honore par des rites. C'est là que l'on récupère le minéral fondu par la force de la foudre. Une pierre sacrée, qui possède des pouvoirs. Elle parle aux gens qui savent la comprendre, par exemple au Chamakani. Parce qu'elle est la matérialisation des dieux célestes.

Mon Omar a encore bien du chemin à parcourir avant d'être *yatiri*. D'abord il faut qu'il le souhaite. Si c'est le cas, il partira faire un long voyage à travers l'altiplano. Il apprendra la vie et recherchera un Chamakani pour le guider. Quand il l'aura trouvé, il restera une longue période à ses côtés pour le servir et pour apprendre. Avec lui, il fera un pèlerinage rituel et sera nommé apôtre du Chamakani Maestro. Lorsqu'il se sentira prêt, il sollicitera le permis formel. C'est la dernière étape, à l'issue de laquelle il sera reconnu comme yatiri au regard des gens et des dieux. En réalité, c'est l'*Achachila* qui donne son accord par l'intermédiaire du Chamakani.

Alors il ne pourra plus se rétracter. Il se sera engagé à servir les dieux pour toute sa vie. Il a l'obligation morale de répondre à l'appel qui lui a été fait quand il a été touché par le *rayu*.

Quand il pratiquera, il devra veiller à son éthique. Il devra accomplir son travail avec respect à l'égard de ses patients et des dieux. Il ne devra pas aller chercher les gens pour consulter. Ceux-ci viendront à lui. Il ne devra pas imposer des tarifs malhonnêtes et profiter de sa situation. Il fera son possible pour rétablir le dialogue et par là même l'harmonie entre les communautaires et les divinités.

C'est vrai, il y a des *yatiris* malhonnêtes, ceux qui profitent des gens pour leur soutirer de l'argent. Ils se disent *yatiris*, mais ils ne le sont pas. Ils n'ont pas réalisé le parcours d'initiation. Le permis formel qu'ils possèdent est faux. Ils n'ont pas reçu l'autorisation des *Achachilas*. Un jour, ils seront châtiés comme ils le méritent. »

Don Pablino est passionné. Les mots qui coulent de sa bouche le montrent bien. Il s'est pris d'amitié pour moi et il voudrait que je comprenne bien ce qu'il fait et qui il est. Il sait qu'en m'expliquant tout cela, il agit pour le bien de ma communauté. Moi, je repars un peu impressionné, comme à chaque fois. Je sais de plus en plus que Don Pablino n'est pas un charlatan. Il n'est pas non plus quelqu'un comme nous. Il est autre. C'est difficile à expliquer. Mais en tous cas, il a déjà guéri beaucoup de malades.

Au moment où je quitte sa maison, le jour commence à se lever et le cochon d'Inde agonise...

VIII

Un mauvais présage

Chaque année au mois de Juin, dès les premières gelées, nous préparons les *chuños*. C'est un événement très important pour nous, parce que c'est d'un enjeu capital : si les *chuños* sont réussis, on peut attendre la prochaine récolte. Sinon,...
Et puis, dans ma communauté, nous aimons bien cet événement, parce que nous passons toujours de bons moments ensemble...
Alors, quand arrive la période, chaque jour, à chaque heure, à chaque instant, nous guettons le gel. Nous observons bien le ciel et aussi la direction du vent. Si le vent d'est se met à souffler avec le soleil, c'est qu'il va geler. Et si en plus, les araignées commencent à tisser leur toile au ras du sol, alors on peut préparer les *chuños*.
A ce moment-là, il faut se dépêcher pour tout mettre en route. Vite. On s'organise entre voisins de l'*originario*. D'abord il faut charger les ânes des pommes de terre qui serviront à faire les *chuños*. Segundina, déjà depuis longtemps, a mis les nôtres de côté. Elle a choisi de belles pommes de terre, pas piquées, pas vertes, pas trop déformées. Elle les met dans les *aguayos* et nous, les hommes, nous les amarrons sur les ânes. Et puis direction le *chuñawi*, cette grande aire où l'on va entreposer les pommes de terre. Nous partons tous, mais moi je serai le seul qui restera sur les lieux. Car, cette année, c'est mon tour d'être le *musini* de mon *originario* [1], le gardien du *chuñawi*. C'est à tour de rôle. C'est une grande responsabilité, car il ne faut pas manquer un seul geste, et

---

1. Originario : unité familiale.

toujours au bon moment. C'est beaucoup de travail, mais surtout beaucoup d'observation et d'attention. Il faut faire travailler sa tête de jour comme de nuit. Mais c'est aussi un grand honneur...

Nous sommes chargés pour partir ; l'*aguayo* sur notre dos est rempli de matériaux : de la paille, des morceaux de bois. D'autres portent des couvertures. Là-bas, la choza du *musini* aura besoin d'être arrangée et aménagée au mieux. Elle n'a pas servi depuis l'année dernière.

Il nous faut une heure de marche au pas des animaux pour arriver au *chuñawi*. C'est un endroit très particulier, un lieu sacré. Il a été choisi par nos ancêtres depuis très longtemps et nous n'avons pas le droit de le changer de place. Ce serait un affront à nos divinités et elles nous le rendraient en nous offrant des *chuños* mal réussis. Et puis, à quoi bon le changer ? Il est situé à flanc de *cerro*, sur un replat, bien exposé au froid. A côté, coule un filet d'eau où l'on peut s'approvisionner.

A peine arrivés, nous déchargeons les mules. Tout le monde s'affaire. Il faut arranger le toit de la *choza* [1]. La nettoyer. Allumer un feu pour réchauffer l'intérieur glacé et brûler les saletés. Il faut agir vite, mais bien. Les gelées vont sûrement tomber dans la nuit. Nous devons déposer les pommes de terre délicatement au sol, les unes à côté des autres, sans laisser d'espace entre elles, après avoir pris soin de bien aplatir cet espèce de chiendent qui leur servira de tapis et les protégera.

Voilà. Petit à petit, l'aire se couvre de pommes de terre. Pas n'importe comment, là non plus. Segundina et les autres femmes apportent leurs plus belles pièces au milieu du *ch'uñawi*. Ces *chuños* -là, on les réservera pour les fêtes et les grandes occasions de l'année. Les pommes de terre de seconde catégorie entourent les plus belles. Ce sont celles qui serviront à la consommation personnelle. Et finalement, après celles-ci, sur les bords du *ch'uñawi*, on dépose les déchets, qui serviront à terminer l'année ou à nourrir les animaux.

Tous les communautaires de l'*originario* sont là et regardent bien attentivement les arrivages. Personne ne le dit vraiment, mais tout le monde le sait : c'est le moment

---

1. Choza : chaumière.

de l'évaluation de la récolte. Les familles qui apportent le plus de pommes de terre pour en faire des *chuños* sont celles qui ont eu les plus belles récoltes. Alors quand arrive une grosse quantité de pommes de terre d'une même famille, tout le monde se jette un coup d'œil, se fait un signe de tête. On sait...

Voilà maintenant l'aire complètement recouverte de pommes de terre. Tout le monde est satisfait. Le travail a été fait à temps. C'est le moment de *ch'aller*... Mon parrain, le plus âgé des hommes, verse un peu d'alcool sur le sol. Il sort quelques belles feuilles de coca de sa *ch'uspa* [1], il les recueille dans sa main et les souffle au vent... C'est une offrande aux esprits du lieu. De l'odeur de l'alcool, ils apaiseront leur soif ; de la coca, ils puiseront leurs forces.

On y mêlera nos forces nous aussi, tout ce que l'on peut...

Et avant de se quitter, nous *ch'allons* tous ensemble à la réussite des *chuños*. Nous nous partageons les provisions apportées. Nous sommes tous un peu inquiets, parce que nous ne savons pas s'il gèlera comme il faut et si ces *chuños* seront réussis. Mais nous sommes quand même heureux...

Moi, je reste seul. Les ânes prennent le chemin du retour. Il fait froid, la nuit tombe. Je me dépêche de remplir les seaux d'eau pour la nuit. Je réanime le feu et je m'enveloppe dans les couvertures et les *aguayos*. Mais je reste dehors, parce que je dois surveiller le ciel. La Voie Lactée est encore faible. Quand elle brillera bien, comme pendant la pleine lune, je pourrai arroser. Il gèlera fort.

Je passe trois nuits à arroser le *ch'uñawi*. De onze heures du soir à deux heures du matin, au moment où le froid est le plus vif. Alors, les pommes de terre congèlent. Et le lendemain, avec le soleil, elles se déshydratent. Bien sûr, dans la journée, il n'y a rien à faire ; mais il faut tout de même rester vigilant. Les liqi-liqi, par exemple, sont les oiseaux du démon. Il faut les surveiller constamment. Parce qu'ils sont capables de piétiner tout le *chuñawi* et d'empêcher la congélation ou bien d'abîmer les pommes

---

1. Ch'uspa : petite bourse de tissage qui contient la coca.

de terre, de les piquer et de les faire pourrir. Il faut aussi repousser les moutons ou les ânes qui viendraient faire un tour par ici. Bien sûr, j'ai du temps, beaucoup de temps... Le temps de regarder les pommes de terre presque une par une. De les bichonner. De leur accorder tout le respect nécessaire, parce que chacune d'elles a une âme.

Nous, les paysans, nous disons toujours : *"Hay que criar la vida"*. Et là je m'en rends bien compte. Je dois tout faire pour respecter la vie. Je dois me donner tout entier pour accomplir ma mission. C'est mon devoir. C'est ma responsabilité vis à vis des communautaires et vis à vis des divinités. Je ne dois pas seulement laisser faire la nature, je dois participer à la vie de la nature, m'y investir complètement. C'est la même chose pour nos champs. On ne doit pas se contenter de "laisser pousser". Laisser pousser, ce serait déposer la graine dans la terre et attendre que la nature fasse son travail d'elle-même. Non, il faut aussi cultiver, mettre tous ses efforts pour faire pousser. Moi, je le vois comme une chaîne. Une chaîne qui engendre la vie. Nous, les paysans, nous sommes un maillon de cette chaîne : une faute, et la chaîne est brisée.

Il peut s'agir d'une faute dans le travail, comme une faute morale. C'est pour cela que nous avons beaucoup de responsabilités. Et nous devons soigner notre conduite morale. Si nous manquons de respect à la nature, à l'homme ou aux divinités, alors nous brisons la chaîne. Parce que dans toute notre vie, nous ne sommes pas seulement responsables de nous-mêmes, mais aussi des autres. Si je fais mal mon travail de *musini*, c'est tout l'*originario* qui en subira les conséquences. Si un communautaire n'applique pas les règles de la réciprocité, c'est toute la communauté qui en souffrira...

C'est pourtant facile. Nous avons des règles. Il suffit de les connaître et de les appliquer. Nous devons l'enseigner à chacun de nos enfants, pour qu'eux aussi ils les respectent. La première règle que nous connaissons tous et qui dicte toute notre conduite est celle-ci :

« *Ama suwa. Ama llulla. Ama qhella* », c'est-à-dire « Ne sois pas voleur. Ne sois pas menteur. Ne sois pas oisif. » Avec cela, on apprend à se respecter soi-même et à respecter les autres. Car c'est aussi très important de se respecter soi-même, respecter sa vie, son corps. Ne pas avorter. Ne pas se suicider. Car celui qui manque au respect de lui-même fait souffrir tout son entourage. Par exemple, nous savons très bien que si une femme avorte et abandonne son fœtus avorté, toute la communauté sera victime de sa faute. Une averse de grêle terrible... Elle doit toujours aller l'enterrer au sommet du *cerro*, parce que les fœtus appartiennent aux *achachilas*. Toutes les femmes le savent. Mais parfois, pour éviter de monter au *cerro*, elles enterrent le fœtus dans une communauté voisine. Elles libèrent leur communauté des risques encourus. Si l'*achachila* décide de se venger, cela retombera sur la communauté voisine. C'est pour cela que quand la grêle menace de tomber, on voit souvent le *yatiri* avec les autorités partir à la recherche d'une femme qui aurait enterré son "limbe" dans la communauté.

L'inceste amène aussi le malheur. Cela aussi, c'est manquer de respect à la vie humaine. C'est comme le mariage dans une même famille. Nous avons toutes sortes de règles pour éviter que cela se produise, mais quelquefois elles ne sont pas respectées. Par exemple, lorsque j'ai présenté Segundina, ma fiancée, à ma famille, ils se sont tous mis à rechercher s'il n'y avait pas de liens de parenté jusqu'à la quatrième génération. Les incestueux ou les consanguins, on les appelle « maudits », parce qu'ils amènent le malheur : la sécheresse, la faim. Et qu'ils font naître des enfants maudits...

En général, si quelque chose va mal, c'est que la chaîne est brisée, alors il faut essayer de la réparer. Souvent, on va voir le *yatiri* ; il lit la coca et il nous dit :

« Quelque chose ne va pas. Examine ta conscience. »

Peut-être que nous n'avons pas bien partagé notre nourriture. Peut-être que nous avons chassé quelqu'un. Peut-être que nous avons dépouillé quelqu'un de ses biens... Il faut réviser sa conscience.

Alors, après cela, il dit :

« Va d'abord réparer ta faute et ensuite tu reviendras. »

Il dit la même chose lorsqu'il y a eu un problème dans la communauté. Les disputes, les méchancetés, les querelles entre voisins, ce sont toujours des menaces de calamités.

Car à chaque fois que nous avons fait une faute, que nous avons mal appliqué la loi, que nous avons manqué de respect à un communautaire ou à la nature, cela signifie que nous avons aussi manqué de respect à nos divinités. Et elles se vengent.

Donc je fais tout mon possible pour soigner ma conduite. J'essaie d'être attentif à tout, de ne pas manquer une étape de la fabrication des *chuños*. J'essaie de n'oublier personne, ni la nature, ni les hommes, ni les divinités... Ce n'est pas facile.

Quand la congélation est à peu près finie, les compagnons reviennent. C'est le quatrième jour. Le moment du piétinement, un moment que tout le monde attend.

On demande toujours aux jeunes garçons de participer à ce travail. Ils repèrent les pommes de terre bien congelées, les prennent et les font rouler dans la paume de la main pour les ramollir. C'est aussi une épreuve de compétence. On remarque les nouveaux hommes.

Notre petit Justinito, notre filleul, veut s'y essayer. D'ailleurs, tous les gamins veulent faire ce travail. C'est comme un test de passage à la vie adulte. Mais il est encore trop petit, Justinito. Il n'a que sept ans. Alors ses doigts gèlent et il n'a plus assez d'adresse pour aller vite. L'année prochaine, ça ira mieux.

Les adultes prennent la suite du travail. Moi, en étant le *musini*, je ne le fais pas. Mais sinon, tout le monde y participe, femmes et hommes. Il faut donc prendre les pommes de terre qui ont été choisies par les garçons et les aligner par terre pour les écraser. Il faut faire sortir le jus qui leur reste. C'est toute une technique, car on les écrase au pied : il faut exécuter un mouvement du pied, toujours le même, avec la pomme de terre sous le talon. Et voilà. La pomme de terre crache son jus. Elle n'est plus pomme de terre. Elle est sur la voie de devenir *chuño*. Il ne lui reste plus qu'à perfectionner son allure pour devenir un beau *chuño*. On la laisse se reposer et se revigorer aux rayons du soleil. Le pouvoir de notre bon soleil lui donnera la couleur, la forme et l'odeur du précieux *chuñito*.

Bien sûr, ce travail se fait sur plusieurs jours. On piétine au fur et à mesure les pommes de terre congelées à point. Les hommes se remplacent. Ils viennent une demi-journée et repartent, parfois la journée entière.

Cela fait, il faut frotter le *chuño*. De nouveau, on aligne les *chuños* par terre. Les femmes s'accroupissent et elles les font rouler sous la paume de leur main. Elles enlèvent une partie de la peau. Il en reste, bien sûr. Il faudra s'y prendre en plusieurs fois. Comme il fait beau, on est content, alors on se raconte des histoires et on rit.

Et voilà. Maintenant, il ne reste plus qu'à vanner les *chuños*. Un bon moment, celui là aussi. Car il faut être vigilant et ne pas manquer son coup. Ce sont les hommes qui font ce travail. Ils mettent des *chuños* dans un grand *aguayo* et l'attrapent par les quatre bouts. Alors, ils lancent les *chuños* à la volée. Ils doivent bien coordonner leurs gestes, sinon, patatras... Lorsque cela se produit, tout le monde en rit, mais ce n'est pas bon pour le *chuño*. Et puis, c'est signe de l'incompétence des hommes.

Les dernières pelures s'envolent et le *chuño* est tout beau et fin prêt. Il n'attendra plus que son voyage de retour...

C'est alors le moment de célébrer l'événement. Il faut rendre grâce aux divinités, parce que le travail s'est déroulé dans de bonnes conditions et qu'on aura sûrement assez de *chuños* pour attendre la prochaine récolte... Et cela, grâce à la bonne volonté de nos divinités. Il faut savoir leur en être reconnaissants. C'est la règle du respect, là aussi. Comment exiger qu'elles nous apportent le salut, si nous ne sommes pas capables de les remercier ? Alors elles se vengent, c'est normal. Nous ne devons jamais, jamais les oublier. Perdre les traditions, ne pas fêter, ne pas honorer les divinités, c'est leur manquer de respect.

Maintenant les gens sont plus égoïstes ; on a perdu des rites, on fait moins de fêtes qu'avant. Les dieux s'en rendent compte. Les choses vont mal, parce qu'on les oublie. Il faut leur demander pardon. Et puis, on ne sait plus cultiver comme avant. Autrefois on travaillait plus en commun, on laissait davantage reposer la terre. C'est pour cela qu'elle se stérilise. On ne la respecte plus comme avant. La Pachamama nous quitte parce que nous la quittons.

Si la récolte est mauvaise, nous en sommes coupables, parce que nous avons douté de la Pachamama. Ou bien nous ne lui avons pas montré suffisamment de respect durant les cérémonies. Ou encore nous avons été avares pour lui apporter les offrandes. Alors, voilà. L'équilibre est rompu. Tout va mal. Le malheur arrive. Il faut toujours un équilibre pour que la terre produise. Un équilibre entre la nature, nos divinités et nous-mêmes. Si l'équilibre est rompu, il faut vite tenter de le rétablir, c'est-à-dire qu'il faut se réconcilier avec la nature, avec les divinités ou bien avec nos compagnons.

Dans notre communauté, nous essayons de ne pas manquer à nos devoirs.

Nous réalisons les rites en hommage à nos divinités toutes les fois que nous le pouvons. Bien sûr, nous n'avons jamais eu la récompense suprême ; nous ne sommes jamais devenus riches ; nous n'avons jamais eu beaucoup plus de chance que les autres communautés. Mais nous avons été épargnés des grandes calamités et nous sommes toujours vivants.

Nous devons rendre grâce à toutes les divinités. Au Dieu suprême chrétien, aux Saints, aux dieux protecteurs du monde andin, aux *achachilas*. C'est le *yatiri* qui en est le porte-parole. Il est le seul capable de faire le lien en profondeur avec les dieux.

Donc, pour cette célébration, ma Segundina, comme elle est l'épouse du *musini*, a reçu le privilège d'étaler la nappe sacrée au sol. En même temps, elle dit une prière tout bas, quelque chose comme ça :

« Que ces *chuños* mettent fin à nos soucis alimentaires pour cette année. Que jamais plus le spectre de la faim n'entre dans nos *chozas*... »

Alors le *yatiri* prépare la table. Il pose quelques beaux *chuños* sur la nappe et aussi deux calebasses remplies de vin. Don Pablino m'a expliqué pourquoi il met toujours deux récipients. L'un des deux représente la femme ; il apporte la fertilité. L'autre représente l'homme ; il apporte

la virilité. Un peu plus loin, il place le k'*intu* ; c'est une offrande formée des plus belles feuilles de coca.
 Il nous invite alors à rendre grâce avec lui. Nous nous décoiffons. Disons que nous quittons notre chapeau, mais nous gardons toujours notre *chullo*. Car le *chullo*, nous ne le quittons jamais, même pour dormir. Et puis nous nous mettons à genou. Le *yatiri* lève les calebasses et dit des prières. Il dit cela :
 « Père céleste, Esprit protecteur de nos terres, Esprit des *cerros*, nous te rendons grâce pour ton hospitalité, pour ta bénédiction durant ces nuits et ces jours passés. Nous avons pu préparer le précieux *chuñito*. Nous ne souffrirons pas de la faim cette année. »
 Il verse un peu de vin des calebasses sur les *chuños* de la table rituelle, puis il va asperger le *chuñawi*. Il fait le signe de la croix, afin de rendre hommage à notre *Tata Dios*, Dieu le Père. Enfin, avec le vin qui lui reste, il trace une ligne au sol. C'est un moment très important. Nous sommes tous inquiets de savoir comment sera cette ligne. C'est une prédiction. Alors nous nous rassemblons autour de cette ligne et la regardons bien. Cette année, elle se présente mal, très mal. Tous les communautaires interprètent ; on les entend dire :
 « Bien sinueuse, hum... Mauvais présage... Qu'est-ce qui nous attend l'année prochaine ?... Une mauvaise récolte... Sûrement... Il faudra économiser notre beau *chuño* de cette année... »
 Et tout le monde devient soucieux. Nous baissons la tête. La ligne n'est vraiment pas droite cette année. L'année dernière, on s'en souvient, elle était bien plus belle...
 C'est vrai. C'était un présage. J'y ai repensé tous les jours, quand je ne voyais venir aucun signe de pluie et que petit à petit Pisaquiri tombait dans le drame de la sécheresse...
 Enfin, bref, on se console, on s'embrasse... on boit de l'alcool. On le sait bien, c'est mauvais, mais cela fait du bien, c'est comme un refuge pour nous...
 Ensuite, dans l'après-midi, les femmes cuisinent un mouton au *aji* [1] et font cuire quelques bons *chuños*, tous

---

1. Aji : préparation à base de piment d'Amérique du Sud.

frais. Les musiciens sortent leurs instruments. On fera durer la soirée. On passera même la nuit. On oubliera tout, même la ligne sinueuse. On s'installe devant le feu et on se met à danser, à boire, à mastiquer la coca et à se raconter des histoires...

Et cela jusqu'au petit matin. Alors nous, les hommes, nous chargeons les ânes du bon *chuño* que l'on a préparé. On attache bien solidement les sacs sur les flancs des animaux. Et puis les femmes les cousent pour les refermer.

Retour vers les *chozas*. Les femmes guident les ânes. Nous, les hommes nous ne sommes pas en état de le faire. Nous suivons derrière avec la bouteille d'alcool qui reste de la nuit. Mais, moi, j'aime bien ces moments-là. C'est beaucoup plus facile pour échanger nos confidences...

Voilà, j'aurai passé dix jours et dix nuits auprès du *chuñawi*. Cela aura été dix jours un peu difficiles, je n'ai pas beaucoup dormi. Mais je me suis senti heureux. Et jamais seul. Toujours en contact avec la nature, avec les divinités, avec les esprits, avec les âmes des défunts... C'est fatigant, le travail du *musini*. Et pourtant, ça fait du bien. Je me sens maintenant tout neuf, plein de forces. Comme après un grand voyage...

IX

Pachamama nous abandonne

Pauvre Don Vicente, notre *corregidor* [1]. Il vient de lui arriver un grand malheur... Je vais le voir, l'aider à soulager sa peine. Déjà, de loin, je l'entends pleurer :
« C'en est fini. Il est mort. Mort. C'est le plus grand malheur de ma vie. »
On le savait depuis quelques jours, son bœuf se portait mal. Il était sec comme une branche, il avait les yeux tristes. Mais il tenait encore le coup. Bien d'autres bêtes sont mortes avant lui, ces derniers temps, des moutons, des chèvres, même des lamas. Une véritable hécatombe...
Cette fois c'est le tour du bœuf de Don Vicente. Et c'est une catastrophe. Pour lui et pour nous tous. Il était le seul à posséder une paire de bœufs pour travailler. Il la prêtait à tous les communautaires. Moyennant nourriture et un petit service supplémentaire. Cela convenait à tout le monde. Parce que personne n'a les moyens de s'acheter un attelage complet. Cela coûte bien trop cher.
Dès qu'il m'aperçoit, il me fait part de son immense peine :
« 1500 Boliviens chaque animal. Une fortune. Gagnée à force de sacrifices à la mine. Jamais, jamais je ne pourrai en avoir un autre. C'est fini. Je me suis ruiné. »
Bon sang, qu'est-ce qu'il se passe en ce moment ? Depuis quelques mois, les dieux semblent nous avoir abandonnés. Il est à peine tombé quelques gouttes, même pas assez pour faire reverdir les plantes. Plus de pâturages pour les animaux, et la récolte s'annonce

---

1. Corregidor : autorité de la communauté reconnue de l'État bolivien.

catastrophique. On compte déjà plusieurs morts, des bêtes, des vieillards, des bébés. On ne comprend pas. On pensait avoir bien accompli nos devoirs de communautaires. Quelqu'un doit nous maudire... Mais qui ?

Nous commençons à nous trouver nombreux chez Don Vicente. Tout le monde se plaint :

« Comment va-t-on arracher nos pommes de terre, cette année ? A la pioche. Tout à la pioche. Un travail de *mitayo* [1]... Et tout ça pour ramasser quelques « pipelles »...

Bien sûr, mais qu'est-ce qu'il faut faire ? En d'autres moments on se serait cotisé pour que Don Vicente puisse s'acheter un nouveau bœuf. Mais là... Tout le monde compte ses pertes. Et l'on ne sait pas jusqu'à quand on pourra manger. Les premiers temps, on faisait fonctionner la *Manq'ayaña*. Ceux qui avaient des troupeaux un peu plus gros prenaient les bêtes qui étaient sur le point de mourir et en rendaient une vivante un peu plus tard. Mais maintenant, eux aussi sont touchés par la maladie et ils ne peuvent plus promettre de donner un animal. Ils doivent penser à leurs bouches à nourrir. Avec le peu de récolte qui s'annonce, il faudra limiter les dépenses. Et même avec cela, rien ne prouve que l'on pourra attendre la prochaine récolte.

Pauvre Don Vicente... Je ne l'ai jamais vu aussi triste. Et pourtant, il en a eu des peines. Combien de *wawas* a-t-il déjà enterrées ?... Son épouse et ses filles ont déjà commencé à découper la viande et elles préparent le feu. Elles ont raison. Ce n'est pas le moment de laisser perdre le peu de viande qui est resté accroché aux os de la pauvre bête. Ils mangeront au moins ça. Car en ce moment, c'est la période de soudure et c'est dur. D'habitude, on s'en sort avec les pommes de terre précoces. Mais cette année, elles sont loin d'être prêtes à manger. Elles sont toutes petites. Il faut attendre... Et manger quoi ? Les derniers *chuños* qui restent, les déchets, qu'il faudra partager avec les animaux. Et le pire ce sera l'année prochaine. Je me demande comment on pourra tenir le coup une année entière avec une récolte si maigre.

---

1. Mitayo : personne qui effectue les travaux forcés de la mita.

Il n'y aura pas suffisamment de pommes de terre pour faire les *chuños*. Il faudra entamer les réserves de la semence... Je sais qu'il faut faire confiance aux dieux, ils ne nous ont jamais laissé mourir de faim. Mais quand même, je suis inquiet...

A la maison, ma Segundina regarde les dernières provisions. Elles s'épuisent de plus en plus. Les chèvres ne donnent plus assez de lait pour faire du *quesillo*, ce petit fromage frais qui complète bien notre nourriture. Il ne reste bientôt plus de quinoa et le blé qu'elle avait laissé dans un sac à même le sol a été attaqué par les rats...

Parce que les rats aussi ont faim. Ces sacrées bestioles s'infiltrent dans toutes les maisons, elles sont capables de manger n'importe quoi. La semaine dernière, les rats se sont attaqués à une *wawa*. Une pauvre créature en mauvaise santé, déjà bien maigrichonne. Elle était restée seule à l'intérieur, et personne ne l'a entendue, parce que ses cris étaient trop faibles. Quand sa sœur l'a retrouvée, elle était mal en point, à moitié morte, avec une énorme plaie sur tout le bras... Maintenant, elle lutte entre la vie et la mort, mais sa famille dit qu'elle "est pour mourir". Sa plaie s'est infectée et sa mère n'a pas assez de lait pour la nourrir comme il faut.

Il faut se battre contre toutes les bestioles, parce qu'elles sont toutes affamées. Cette saleté de renard s'approche toutes les nuits de notre *corral*, et il nous a déjà mangé au moins quatre poules. Alors, maintenant, on fait des tours de rôle entre voisins de l'*originario* pour monter la garde...

Je suis vraiment malheureux. Cette sécheresse me rappelle trop celle de 83, et les conséquences qu'elle avait entraînées restent gravées dans nos mémoires. J'ai l'impression que l'on recommence l'histoire tous les dix ou douze ans... non, ce serait trop affreux. Les dieux vont bien se réveiller et nous venir en aide...

Quand donc ce maudit soleil cessera-t-il de brûler nos plantes ? Quand laissera-t-il sa place à la pluie ? Tout est jaune, jaune, de partout, un jaune désolant... Le *Río*[1] s'est asséché. Il n'y a plus qu'un filet d'eau à un seul endroit, à côté de l'*originario* de Ranchi Pampa, c'est bien loin de

---

1. Río : cours d'eau.

Poco – Poco, où nous vivons, nous. Alors, tous les jours, ma Segundina y va avec notre Justinito ; ils portent chacun une jarre. Ils partent le matin très tôt, au petit jour, quand il fait encore bien froid. Et déjà ils font la queue. Mais aujourd'hui, je me suis inquiété, parce que le soleil était haut dans le ciel et ils n'étaient pas encore revenus. Je suis parti à leur rencontre et je les ai trouvés en chemin, leur jarre vide. Alors, ma Segundina m'a dit :
« On ne peut plus prendre de l'eau. Les communautaires de l'*originario* ont barré le passage pour arriver à la source. Pour passer, ils demandent qu'on leur donne de la nourriture. »
Alors, ça, c'est le comble. Si nous n'avons plus d'eau, qu'allons-nous faire ?
Plus d'eau. Plus possible de boire, ni de cuisiner. C'est la mort qui nous guette. Tous. Les enfants en premier. Il faut faire quelque chose. Empêcher les communautaires de l'*originario* de Ranchi-Pampa de faire cela. Comment pouvons-nous leur fournir de la nourriture, alors qu'il n'y en a pas suffisamment pour nous ? Ce n'est pas possible. Comment peuvent-ils être si exigeants ? Le démon est-il entré dans leur *choza* ? Que se passe-t-il depuis quelques temps où tout semble se retourner contre nous ? Je ne comprends pas, je ne comprends rien. Il faut se réunir en assemblée. Il faut en parler. Cela ne peut pas durer...
Nous nous réunissons dans l'après-midi même. Bien sûr, comme pour toutes les assemblées, tout le monde est convoqué. Les communautaires de Ranchi – Pampa sont là aussi. Nous prenons tous la parole, comme c'est la règle. Personne ne parle mal, heureusement. Cela aussi c'est la règle. Il ne faudrait surtout pas se mettre en colère contre les communautaires de Ranchi – Pampa, cela n'arrangerait rien du tout... Et d'ailleurs, en leur demandant avec respect de rétablir le passage au *Río*, ils acceptent. Nous sommes tous bien contents et soulagés. Mais voilà, le lendemain, c'est la même chose, rien n'a changé. Ils n'ont pas tenu promesse. Et nos femmes reviennent en pleurant avec leur jarre vide...
Cette fois, c'en est trop. C'est aux autorités d'intervenir et d'imposer la volonté de la communauté. Elles doivent donner un châtiment. Cela n'est vraiment pas convenable.

En attendant, l'eau manque effroyablement. Les femmes doivent se rabattre sur le trou d'eau des animaux, à deux heures de marche de la communauté. Une eau croupissante, infecte, qui ne se renouvelle pas en cette période de sécheresse. Les animaux y font leurs besoins. Des cadavres d'insectes et de rats y pourrissent. Il faut les repousser pour récupérer un peu de ce liquide noir que tout le monde appelle de l'eau.

Malheureusement, on commence à en payer les conséquences. Les enfants attrapent des diarrhées aiguës. Ils tombent comme des mouches. C'est terrible. On voit de plus en plus de petites croix blanches fleurir le cimetière. Tout le monde a de la peine. Les monticules de terre reçoivent les larmes des mères. Mais celles-ci sèchent vite leurs yeux. Elles savent que ce n'est pas convenable de pleurer une *wawa*. Alors elles disent :

« Il était baptisé. C'est un *angelito*, un petit ange. Il ira directement au ciel. Il sera heureux. »

C'est mauvais de pleurer son enfant mort. On risque de rappeler l'âme et de l'empêcher de monter au ciel. Dieu ne peut pas supporter les larmes de la mère, alors il demande à l'âme de revenir au monde pour la consoler. L'âme erre alors sur la terre ou dans les *cerros*. Elle supplie la mère de se consoler en ayant d'autres enfants. D'ailleurs, les mères qui pleurent beaucoup leur enfant mort donnent toujours naissance à beaucoup d'enfants...

Non, il ne faut pas trop pleurer un enfant mort, même si ça fait de la peine. Il faut se consoler. Quelquefois, c'est mieux ainsi. Ce sera une bouche de moins à nourrir et plus de chances pour les frères et sœurs de s'en sortir. Le malheur nous frappe, le défunt au moins y échappera. Il faut lutter avec ceux qui restent. Il faut se faire une raison, surtout s'il s'agit d'une fille, ou même d'un garçon trop petit pour travailler...

Bien sûr, on doit exécuter les rites nécessaires. Il faut faciliter le trajet de la petite âme. Tout faire pour qu'elle trouve son bonheur dans l'autre étape de la vie. Enterrer le corps avec une aile ou une plume, de manière à ce qu'elle s'envole plus facilement. Il faut aussi l'enterrer avec son linceul, parce que si on le laissait à la maison, cela retiendrait l'âme. Dans certaines communautés, les parents mettent un morceau de corde dans le linceul : la *wawa*, quand elle sera devenue ange, lancera la corde au prochain qui mourra. Ainsi son âme montera plus vite au ciel. Mais chez nous, à Pisaquiri, cela ne se fait pas. Les âmes des adultes passent toujours par les *cerros*, alors nous pensons qu'il ne faut pas les forcer pour aller directement au ciel.

Le rite le plus important quand il y a un décès, c'est le *lavatorio* [1]. Et là, nos femmes s'inquiètent beaucoup, parce qu'elles ne peuvent pas le faire, à cause du manque d'eau. Trois jours après le décès, il faut laver toutes les affaires qu'utilisait l'enfant : ses vêtements, sa vaisselle, ses petits jouets, ses couvertures… Le *tolka* est chargé de ce travail. C'est pour purifier. Il faudrait même lessiver les murs à grande eau. Mais c'est impossible. Alors, tout le monde souhaite que les divinités comprennent…

En tous cas, nous en sommes toujours là, sans une goutte de pluie qui tombe du ciel. Nous avons dû monter six fois au *cerro* sacrifier au rite de la pluie. Comme rien n'y a fait, nous avons organisé la procession de la Mamita Carmen, la patronne de la communauté. Elle est notre dernière chance pour avoir la pluie. Nous l'avons montée très tôt le matin au *cerro*. Les femmes ont aussi porté d'autres statues ou images de nos Saints, et même la Sainte Vierge. Nous avons apporté de l'encens, de la graisse de lama, de la coca, de l'alcool. Et puis toutes les offrandes et le mouton découpé pour le repas cérémonial. Le *yatiri* est venu aussi. Il était chargé d'officier. C'est son rôle. Il doit transmettre notre appel aux divinités ; il doit leur dire combien nous souffrons, et tenter de les persuader de répondre. Nous comptons beaucoup sur lui ; de lui dépend notre avenir.

Toute la journée, nous avons rendu hommage à nos dieux ; nous avons prié et fait des offrandes. Le soir, nous sommes redescendus et nous avons préparé la veillée dans notre *choza*. Toute la nuit, nous sommes restés éveillés, en laissant se consumer un cierge comme offrande à nos divinités. Nous avons beaucoup prié, appelé tous nos dieux et nos saints. Nous avons mangé les

---

1. Lavatorio : rite du lavage après le décès.

restes de la *kanka*, le mouton grillé, et au petit matin nous sommes sortis pour interroger le ciel... Rien, pas un signe de pluie. Alors nous avons refait le rite quelques temps après. Peine perdue. Nos divinités n'écoutent toujours pas. Don Francisco, le vieillard de la section de Sallalli a beaucoup d'expérience. C'est un Ancien. Il sait bien ce qui se passe :

« Tout l'Altiplano souffre de sécheresse. La Pachamama, celle qui nous nourrit, est bien vieille. Déjà six fois nous sommes montés au *cerro*. Nous lui avons offert dix fœtus de lamas, dix fœtus de moutons, une livre de coca, des fils de laine colorés et beaucoup d'alcool. Nous avons tout brûlé pour faire s'envoler le mal et pour que vienne la pluie. Au retour, nous avons fait à chaque fois un grand repas communautaire. On dit qu'il faut lui montrer notre unité pour qu'elle nous écoute. »

On a joué du *pututu* [1]. On a dansé. On a même fait prier les enfants. Ils sont plus purs que nous les adultes ; elle devrait mieux les écouter. Rien... Pas une goutte de pluie. La Pachamama nous abandonne. Elle est vieille, et comme toute vieille, elle est sourde... »

On a beau imaginer toutes les raisons, on se sent impuissants et de plus en plus affaiblis. Heureusement, les communautaires de Ranchi-Pampa ont rétabli l'accès au *Río*. Il a quand même fallu se battre. Les autorités sont intervenues après décision collective. Elles ont donné une amende aux communautaires. Un travail à faire. Mais cela n'a rien donné. Les gardiens continuaient à barrer le passage. Alors les autorités ont fait usage de leur instrument d'honneur. Elles ont délogé les gardiens à coup de fouet. L'affaire était grave...

Maintenant, la vie s'écoule au ralenti. Les femmes continuent à faire la queue, mais elles reviennent avec un peu d'eau. On peut à nouveau cuisiner. On se restreint, mais on survit... Bien sûr, le manque de nourriture nous a tous affaiblis. On sent bien qu'il n'y a plus ce dynamisme d'avant. Tout le monde est fatigué, on n'a plus envie de rien. Même les enfants ne jouent plus dans les patios. Ça

---

1. Pututu : instrument de musique réalisé avec une corne de bœuf et utilisé pour faire venir la pluie.

me fait mal de voir notre Justinito aussi triste, lui qui est toujours plein de vie, qui fait rire tout le monde...

Les enfants n'ont pas fait la rentrée scolaire. Elle aurait déjà dû avoir lieu il y a un mois. Mais une partie de l'école s'est écroulée pendant les vacances. Alors, on attendait d'avoir de l'eau pour fabriquer les *adobes* [1]. Sans eau, on ne peut rien faire... Je me demande bien s'ils vont pouvoir retourner à l'école un jour...

Nous passons tout notre temps à discuter, à essayer de comprendre ce qui se passe tout à coup. Certains communautaires prennent ce malheur comme un signe des dieux, un châtiment. Et ils disent : « *Asi es. Que vamos a hacer ?*... Il doit y avoir une faille. Quelqu'un a dû commettre une erreur. Peut-être plusieurs personnes, peut-être tout le monde... Il faut le payer... »

Ceux qui disent cela sont les plus nombreux. C'est normal, on nous a toujours appris ça. Mais dans des moments pareils, moi, je repense toujours à mon maître d'école. Il me disait : « Toi, tu dois apprendre et après tu te mettras au service de ta communauté. Tu lutteras pour qu'elle vive. Tu te battras pour elle. Et les divinités ne t'en voudront jamais pour cela. Au contraire, elles seront fières. Parce que ce n'est pas pour toi seul que tu te battras, mais pour tous tes compagnons. »

Moi, je crois qu'il a raison. Et Marcelino, mon compagnon qui est responsable des affaires scolaires dans la communauté est d'accord avec moi. Mais cela, nous ne pouvons pas le dire tout haut. Les autres communautaires diraient que nous sommes en train de renier nos traditions et nos ancêtres ; ce serait une chose affreuse pour nous. Cela voudrait dire que nous ne sommes plus avec les communautaires, que nous cherchons la division. Et ce n'est pas vrai. Nous voulons seulement que notre communauté ne meure pas, qu'elle soit, comment dire, reconnue... Mais nous sommes tellement isolés, personne ne s'est jamais intéressé à nous. Alors, comment faire ?

Marcelino m'a proposé de partir à Potosí, sans rien dire aux autres. C'est mal, nous le savons bien, mais c'est peut-être notre chance de survie. Là-bas, on parlera, on racontera combien notre communauté souffre. Peut-être

---

1. Adobe : brique de terre mêlée de paille et séchée au soleil.

que quelqu'un nous écoutera. Peut-être. Il faut essayer. Peut-être que quelqu'un nous aidera...

Avant de partir, j'en ai juste touché quelques mots à mon vieux papa aveugle. Il s'est mis en colère. Il a crié : « Demander de l'aide ? On n'a jamais vu ça. Ce serait renier nos ancêtres que de réclamer... Faire un *ayni*, un service contre un autre, d'accord. Mais là, comment pourra-t-on rembourser le service ? Impossible... »

Tant pis. Nous partons. Comme nous ne pouvons pas nous payer le voyage en camion, nous marchons pendant douze heures, avant d'arriver à Potosí. Nous avons l'intention en premier lieu de nous rendre au bureau d'ATEC. Ils sont les seuls qui nous connaissent bien et qui nous ont déjà écoutés. Peut-être nous aideront-ils ?

Je me sens mal dans cette ville avec mes habits de paysan. J'ai honte. Tout le monde est en tenue de ville. J'ai hâte de pouvoir me changer...

L'équipe d'ATEC nous reçoit bien, mais elle ne peut pas faire grand chose pour nous. Les ingénieurs nous parlent seulement d'aliments donnés par les *gringos* [1] d'Amérique du Nord. Ce serait CORDEPO, la Corporation Régionale de Développement de Potosí, qui serait chargée de les distribuer. Peut-être qu'ils nous en donneraient, à nous, si nous savons bien leur expliquer. Ils comprendraient... Il faudrait y aller pour demander.

Bon, on a beau avoir du courage, ce n'est pas facile d'aller là-bas. Parler aux Señores des beaux bureaux, moi, ça m'impressionne toujours... Je ne me sens pas à l'aise du tout. Et Marcelino, c'est encore pire. Il me laisse parler, parce qu'il n'ose pas. Je fais ce que je peux. Je parle en espagnol, parce que les Señores disent qu'ils ne comprennent pas le quetchua. Et puis, ce serait une honte de parler la langue du *campo* à la ville. De toute façon, je ne me fais pas d'illusions. Je sais bien ce qu'ils sont en train de penser, mes Señores : « Ah ! voilà encore des paysans crottés, mal éduqués. Ils sont entrés dans la pièce sans utiliser les patins. Et ils vont encore salir le parquet. »

Moi je voudrais bien utiliser ces patins, mais je ne sais pas faire, et si je tombe, on se moquerait encore plus de

---

1. Gringo : terme péjoratif qui dénomme les habitants des Etats-Unis et par extension tous les Blancs des pays riches.

moi. Ils doivent nous traiter d'*indios*. Je le sais bien et ce n'est pas la première fois. C'est une insulte ; nous, les Indiens, nous avons toujours été traités comme des animaux, pas comme des hommes.

Toujours est-il que nous ne nous sentons pas fiers devant ces gens. Nous avons bien notre tenue de ville, mais quand on n'y est pas habitué, on se sent mal à l'aise. D'ailleurs, nous avons retiré notre chapeau et nous le tenons tous les deux dans la main. Eh bien, c'est plus fort que nous. Ce pauvre chapeau, nous le triturons dans tous les sens. Et quand nous sortons, nous constatons qu'il est tout déformé...

Le Señor qui nous reçoit nous dit de belles paroles :

« Compagnons, nous comprenons parfaitement vos difficultés. Nous partageons votre douleur. Cette époque de sécheresse entraîne des situations catastrophiques, en ville comme à la campagne. Nous avons nous aussi des difficultés pour nous approvisionner en eau. Nous sommes des milliers à souffrir de cette situation. Comprenez bien que l'on ne pourra distribuer des aliments à tous.

« Le plan alimentaire *Food for Work* correspond à une donation dans la mesure d'un travail réalisé. Prouvez-nous que vous avez fait un travail d'utilité publique et vous recevrez les aliments en conséquence. »

Bien. Nous allons rapporter cela à notre communauté. Qu'en diront les compagnons ? Je ne sais pas. Nous en discuterons en assemblée.

Apparemment, l'idée plaît. C'est un échange : du travail contre des aliments, c'est un véritable *ayni*. Pourquoi ne pas faire un *ayni* avec les gens de la ville ? Certains ont même l'idée du travail que l'on peut fournir :

« Faisons valoir le chemin de Talula à Pisaquiri. Il n'est pas encore fini, mais cela nous donnera courage pour continuer... »

Comme tout le monde a donné son avis, et comme toute la communauté est d'accord, je prends un stylo et les autorités me dictent la sollicitation d'aliments en échange du travail du chemin. Marcelo et moi, nous retournons à Potosí et là-bas, l'accord est signé. Nous revenons bien contents. Enfin nous arrivera peut-être ce qui nous sauvera de la famine. Les divinités sont bel et bien en train de nous remercier d'avoir su nous battre et affronter les Señores...

Et c'est une nouvelle vraiment bonne, car à notre retour à Pisaquiri, nous constatons que la situation s'est à nouveau dégradée. Il n'y a plus d'eau. Plus une goutte ne coule du *Río*. On ne comprend pas. Comment cela s'est-il produit aussi rapidement, alors qu'hier encore il y avait un filet d'eau ? Les femmes se désespèrent. Sans eau, c'est une fois de plus la mort qui nous guette. Qu'allons-nous devenir ?...

A nouveau, on a soif. A nouveau les enfants perdent des forces et se déshydratent. A nouveau, on a recours au trou d'eau des animaux... Il faut faire quelque chose. Même si les aliments arrivent, cela ne suffit pas. Il nous faut de l'eau.

Une nouvelle fois, nous nous réunissons en assemblée. Tout le monde est bien démuni. Personne n'a d'idée à proposer. La seule chose que nous décidons, c'est d'envoyer quelques compagnons dans les communautés voisines, pour connaître leur situation et savoir s'ils vivent le même drame. Si jamais ils avaient de l'eau, eux, ils pourraient peut-être nous en donner un peu...

A Itinoka, une communauté juste au-dessus de Pisaquiri, nos compagnons discutent avec les autorités. Celles-ci racontent que les communautaires viennent de faire une dérivation sur le *Río* pour améliorer son débit. Voilà la raison de l'absence d'eau à Pisaquiri !... Les autorités s'excusent. A aucun moment, ils n'ont pensé nuire à la communauté de Pisaquiri... Alors, ils se mettent vite au travail pour rétablir le lit du *Río*, tel qu'il était avant. Comme ils veulent se faire pardonner auprès des autorités de notre communauté, ils leur envoient une poule et trois œufs. C'est un beau cadeau, surtout à cette période-là. A Pisaquiri, nous nous sommes tous regroupés autour du point d'eau. Ouf, en revoyant l'eau filtrer des cailloux, nous respirons à nouveau...

Nous ne tardons pas à nous remettre au travail du chemin. C'est dur, parce que nous sommes affaiblis et que nous n'avons pas grand chose à manger. Et quand on fait des travaux éprouvants comme ceux-là, il faudrait pouvoir bien se nourrir... Enfin, nous mastiquons la coca, et cela nous coupe la faim. Et puis, nous avons l'espoir des aliments. Plus vite nous terminerons, plus vite nous les aurons. Et cela nous donne du courage...

Nous travaillons deux jours et deux nuits d'affilée. Et dans le cours de la deuxième nuit, nous ressentons tous quelque chose d'étrange. Nous sommes énervés, nous parlons très fort. Le ciel a caché ses étoiles. Il fait trop noir pour travailler, on ne voit rien du tout. Personne ne l'a dit, mais tout le monde l'a déjà compris. Ça sent l'orage... Le matin, le jour se lève, mais timidement. Pas de soleil. Nous commençons à sentir la joie nous envahir. Nous devenons tous de plus en plus excités. Nous retournons à notre communauté pour attendre la pluie, là-bas, tous ensemble. Tout d'un coup, le ciel devient tout sombre... On dirait qu'il va faire nuit... Ce ne sera sûrement pas une petite pluie passagère...

Moi, de loin là-bas devant le *cerro*, je vois arriver un homme en courant. Je le reconnais, même de si loin. C'est Don Pablino. Il se met à crier très fort pour que tout le monde l'entende :

« La grêle, il faut se protéger de la grêle... »

Et ça y est. Les éclairs sillonnent le ciel. Santiago, notre divinité de la foudre se met à gronder. Le vent s'est tourné. Les femmes n'ont pas tardé à tout mettre en œuvre contre la grêle. Elles sont déjà montées aux *cerros* pour faire brûler des drapeaux imbibés de kérosène. Elles allument des feux, font éclater des dynamites. Elles hurlent aux divinités de chasser la grêle et de faire venir la pluie. Nous, les hommes, nous *ch'allons* et nous jouons de notre corne, le *pututu*.

Les premiers grêlons commencent à tomber... Ils sont violents et de plus en plus gros. Et ce n'est pas l'affaire de cinq minutes. Cela dure, dure. On dirait que Santiago s'est déchaîné. On dirait que les divinités déversent leurs malédictions d'un siècle. On dirait que le ciel s'écroule sur nos têtes et que nous allons mourir écrasés. C'est terrible. Je ne me souviens pas d'un orage aussi violent de toute ma vie. Nous nous sommes tous réfugiés dans nos *chozas* et nous prions. Quand la grêle s'arrête, c'est une grosse pluie violente qui s'abat sur nous. Ma Segundina est prête à pleurer. Je me blottis contre elle, et nous nous blottissons tous les uns contre les autres. Augustina, ma belle-sœur, ferme les yeux. Les voisins aussi sont là. Ils ne disent rien. Pourtant, tout le monde sait qu'il y a un absent dans la maison : c'est Justinito, le petit filleul... Ma Segundina se ronge les sangs de ne pas le voir arriver...

Moi, je ne m'inquiète pas trop pour lui. Je sais que c'est un enfant débrouillard. Il l'a toujours été. Ses parents nous l'ont donné quand il était tout petit, parce qu'ils avaient déjà beaucoup d'enfants et que nous, nous ne pouvions pas en avoir. Alors tout le monde a été content : eux, parce que cela leur ferait une bouche de moins à nourrir et nous, parce qu'on aurait un garçon pour travailler. Il a été élevé avec notre nourriture, parce qu'il n'y avait pas de lait à lui donner et il s'est toujours débrouillé pour tout. Alors, je sais que s'il a été surpris par l'orage, il s'est réfugié sous un abri et qu'il ne craint rien.

Tiens, la pluie s'arrête aussi brutalement qu'elle est arrivée. Il fait froid et humide. Ma Segundina allume le feu dans la *choza*. Elle dépose son chaudron noir sur le petit réchaud de terre. Elle y fait bouillir l'eau et elle y jette des *chuños*. La fumée envahit la pièce et nos yeux piquent. Nous sommes tous assis par terre autour du feu et nous la regardons faire en nous demandant jusqu'à quand nous pourrons garnir ce chaudron.

Je sors. Je veux savoir dans quel état sont nos cultures. Je ne me fais pas d'illusions, bien sûr... Il fait très froid. D'autres compagnons sont sortis aussi.

Et comme on s'en doutait, c'est la désolation. Tout est ravagé : les feuilles transpercées par les grêlons, les tiges écrasées par la force de la pluie, la terre ravinée. Un désastre... Plus rien à espérer. Il ne restera qu'à retirer les pommes de terre telles qu'elles sont, à récupérer ce qui est récupérable, et à attendre la prochaine récolte...

C'est fini. Mes cultures ne pourront pas faire survivre ma famille bien longtemps. Si nous ne voulons pas mourir de faim, il va falloir trouver d'autres solutions, aller travailler à la ville, faire n'importe quoi... Pourvu que les aliments du chemin nous arrivent vite...

A quoi bon rester plus longtemps devant ces champs désolés ? Je rentre. Tiens, qu'est-ce qu'il se passe encore ? Ma Segundina et d'autres femmes sont toutes affolées. Elles sont regroupées autour d'un enfant en larmes. C'est le petit Justinito... Alors en me voyant, elles s'écrient :

« Il a été touché par le *rayo*. C'est Miguelito qui l'a retrouvé. Ils étaient ensemble. Et puis Justinito a disparu. Il l'a retrouvé sur le petit *cerro* de Poco-Poco ».

Justinito est dans un drôle d'état. Tout dépenaillé. Le poncho déchiré. Un *abarca* seulement aux pieds. Les cheveux en broussaille. Le visage tout en sang... On voudrait savoir ce qui s'est passé, mais Justinito ne peut pas répondre. Il a comme le souffle coupé. Et personne ne l'a vu. D'ailleurs, c'est bien mieux ainsi. Je me souviens des paroles de Don Pablino :

« Celui qui est touché par le *rayo* revient à la vie, si personne ne l'a vu ; sinon, il meurt tout de suite. »

Et notre Justinito revient à la vie. Tout le monde l'entoure. Ma Segundina le cajole. Moi, je suis content. Dans ce grand malheur, nous avons quand même un signe des divinités. Alors je dis aux femmes :

« C'est de bonne augure pour notre maison. Preuve que les *achachilas* ne nous ont pas oubliés. C'est Justinito maintenant qui devra décider s'il consacrera sa vie à les servir ou non... »

Je m'approche de lui, je lui prends la main et je lui dis :

« Tu es choisi des dieux et des *achachilas*. Prends le chemin qui t'est destiné, garçon. » Je lui parle comme si j'étais son père, parce que depuis toujours je lui ai parlé ainsi.

Il n'a pas l'air de bien réagir à ce qui se passe autour de lui. C'est normal, il a subi un grand choc. Il faut qu'il s'en remette. Il ouvre de grands yeux tout vides. Il a très froid. Il n'a peut-être pas compris ce que je lui ai dit, mais c'était de mon devoir de le lui dire maintenant et je lui en reparlerai.

X

Les Incas ont construit
Les Espagnols ont détruit

Depuis le désastre de la grêle, je ne dors plus. Toutes les nuits, je tourne sur ma couche, aux côtés de ma Segundina qui rechigne et me donne des coups de pied, parce que je bouge trop. Nous avons beau dormir bien serrés, ma Segundina, la Augustina, le petit Justinito, ma belle-mère et moi, nous grelottons. Pourtant, notre couche est bien belle. Nous avons ajouté plusieurs peaux de moutons pour en faire une grande et chaude. En plus de nos habits, nous nous protégeons d'une couverture de mouton qu'a fabriquée ma Segundina. Mais ça ne suffit pas. Le froid entre par toutes les fissures de la maison. Et surtout par la porte qui est faite de quelques planches mal assemblées. Notre toit de paille isole mal. Il est trop vieux. Il faudrait le changer, mais nous avons bien d'autres soucis en ce moment.

Le froid dure, c'est exceptionnel à cette période de l'année. On dirait que tout va de travers. Et ceux qui souffrent le plus sont les enfants. Évidemment, c'est un peu de notre faute : nous ne sommes pas habitués à habiller les *wawas*. Nous pensons toujours qu'il est idiot de leur tisser des vêtements, de faire des frais, sans savoir si elles vont vivre. Pour les porter, on les enveloppe d'une étoffe très serrée, et, par-dessus, on enroule la *faja*, la ceinture de tissage. Ensuite, l'*aguayo* qui sert à les porter les enveloppe complètement. On ne voit même pas leur tête. Là, elles ne doivent pas avoir froid. Mais quand on les change ou qu'on les couche, elles traînent parfois longtemps à moitié nues, les fesses à l'air. Peut-être que les mères ne font pas assez attention et les négligent.

    Moi, j'ai vu qu'en ville, on mettait des chaussons de laine aux *wawas* et les adultes portent des chaussettes ou des bas. Nous, nous n'avons que nos *abarcas* sous nos pieds nus. C'est bien commode parce qu'on va partout dans le *campo* avec cela. Mais quand il fait froid, on prend mal. De toutes façons, il est inutile de réfléchir davantage, les *abarcas* sont ce qui coûte le moins cher ; nous n'avons pas les moyens de nous acheter une paire de chaussures de ville. Et puis, ce sont les chaussures traditionnelles de nos ancêtres. Nous devons continuer à les porter. Autrefois, ils les découpaient dans du cuir, lorsqu'il n'y avait pas encore de véhicules et que l'on ne pouvait pas les tailler dans les pneus.

    Toujours est-il que nos enfants sont malades, ils ont les bronches prises, le nez qui coule et la peau du visage toute gercée. Ils toussent presque tous, d'une toux rauque qui fait de la peine à entendre. Comme ils sont mal alimentés et qu'ils boivent de cette eau sale qui croupit, ils attrapent facilement une diarrhée, et c'est fatal. Ils en meurent. Depuis longtemps personne n'avait entendu parler d'autant de décès d'enfants dans notre communauté. Mais que faire ? Il n'y a pas un seul poste de santé avant Malmisa. Et Malmisa, c'est aussi loin que de se rendre à Potosí. Le *yatiri*, on n'a plus les moyens de le payer. Et pour un enfant... Les mères répètent : « *Asi es, que vamos a hacer...* »

    Oui, nos enfants meurent et continuent de mourir. Toute notre communauté se désespère. Et cette nuit encore je ne peux pas dormir. Je voudrais comprendre ce qui nous arrive, pourquoi cette série de malédictions qui s'abat sur nous. J'essaie de faire fonctionner ma tête, mais rien ne vient. Ma Segundina me dit que je devrais arrêter de toujours chercher à comprendre. « *Asi es, que vamos a hacer*, répète-t-elle comme tout le monde. » Moi, je n'arrive pas à me résigner. Il doit bien y avoir une explication à cela, ce n'est pas possible.

    Ce qui nous étonne le plus, c'est que ce n'est pas la première crise que nous traversons. Nos ancêtres en ont connu de plus terribles et nous-mêmes aussi durant les années antérieures. Mais jamais nous n'avions senti le désespoir à ce point-là. Ce que nous vivons en ce moment, ce n'est qu'une sécheresse ajoutée à une tempête de grêle et une période de froid. Ce n'est rien. On en a vu des sécheresses, même bien plus longues. On a connu des grêles, parfois avec des grêlons gros comme mon poing, des grêles qui ravageaient tout. Mais chaque fois on s'en tirait. Il y avait toujours un champ qui n'était pas touché et qui nous sauvait. On allait travailler dans d'autres communautés ou à la ville, et on repartait...

Cette fois-ci, on dirait qu'on ne va plus repartir. On dirait que tout le monde a perdu courage. Voir mourir ses enfants, c'est voir mourir sa jeunesse, c'est perdre ses forces. On dirait que les compagnons n'ont plus envie de lutter. Ils se laissent mourir comme leurs enfants. Cette nuit encore, pendant que les autres dorment, je pleure, cela me fait du bien, mais je ne veux pas qu'on le sache. Cela voudrait dire que je manque de courage, que je perds l'espoir moi aussi. Et pourtant, tout le monde s'accroche à mon optimisme. C'est leur seul espoir. Il faut qu'ils continuent à me faire confiance.

Nous avions tous misé nos espoirs sur l'aide alimentaire du chemin. Mais voilà, on nous en a remis une infime quantité, à peine de quoi payer les emballages et le transport, et puis plus rien... Nous attendons. Mais moi, je crois avoir compris. Les ingénieurs d'ATEC m'ont mis la puce à l'oreille. Les élections présidentielles approchent. Si le gouvernement change, l'actuelle équipe de CORDEPO ne sera plus responsable. On nous a donné les premiers aliments pour nous faire attendre dans le silence. Mais en attendant, nos ventres crient...

Le temps passe. Nous avons fait notre récolte dans la tristesse. Les provisions pour l'année sont plus que maigres. Le spectre de la mort est là, devant le dépôt vide de grains. Et nous n'avons même pas d'autre choix ; impossible d'aller travailler dans d'autres communautés, elles sont dans le même cas que nous. Impossible d'aller travailler en ville, il n'y a plus de travail. Alors...

Et pourtant non, je ne suis pas décidé à me résigner. Au moins par respect pour mon maître d'école. Et pour mes ancêtres. Ce serait trop bête d'arrêter ici la lignée de nos ancêtres. Quelle offense pour eux qui ont su résister aux démons du feu, qui ont survécu à toutes les attaques ; quelle honte pour nous... Non, nous n'avons pas le droit de baisser les bras. Si au moins j'arrivais à comprendre ce qui se passe, ce serait plus facile pour trouver des solutions. Mais je me sens fatigué, tellement fatigué, que j'ai l'impression que mes idées se sont endormies. Et puis je me sens si seul, si démuni... Tous mes compagnons se résignent les uns après les autres. Même Marcelino, même les autorités...

Non, ce n'est pas possible ; nous n'allons pas nous laisser aller au découragement. Nous devons réagir ! Vite ! Faire quelque chose, immédiatement... J'irai consulter à nouveau les ingénieurs d'ATEC. Ils pourront peut-être nous aider à comprendre. Et quand on saura, on cherchera des solutions. Les dieux nous aideront. Ils sont peut-être justement en train de nous mettre à l'épreuve ; il faut être à la hauteur et répondre à leur défi.

Alors, nous nous réunissons en assemblée. Nous ne nous étions pas réunis depuis longtemps. Il a d'abord fallu convaincre les autorités, puis les familles. Tout le monde manque d'enthousiasme. C'est pourtant d'habitude si facile de se réunir en assemblée communautaire... Tout le monde est fatigué. Personne ne se décide à prendre la parole. A quoi bon, doivent-ils penser... Puis peu à peu, ils se mettent à parler. C'est le vieux Don Francisco, l'Ancien, qui parle le premier. Je suis content. Il doit sûrement avoir une explication, lui. Il dit :

« Finalement, ce qui nous arrive, c'est la conséquence de notre "dépachamamisation". On manque de plus en plus de respect à la Pachamama. Et pas seulement parce qu'on oublie des rites. Pas seulement parce qu'on ne l'honore plus comme avant. Sûrement aussi parce qu'on ne sait plus travailler nos champs. On ne respecte plus les plantes comme avant. La Pachamama s'en rend compte. Les jeunes partent travailler à la ville. Ils n'ont plus le temps de choyer la terre. Ils n'ont plus le temps d'aimer les plantes. Ce n'est pas de leur faute, bien sûr. Ils sont obligés de partir. Les champs ne suffisent plus à vivre. »

Tout le monde approuve ce qu'il dit. Puis il se fait un grand silence. Je crois que tout le monde médite les mots du vieux. Enfin Don Victor se met à parler :

« Bien sûr, on est de plus en plus pauvre, on ne peut plus fêter si bien nos divinités. Alors elles nous donnent de moins en moins. Mais nous aussi, on est sûrement un peu responsables de ce qui se passe. Lorsqu'on va travailler à la ville, on voit d'autres choses. Et après, au retour, on oublie nos traditions. On oublie d'honorer nos divinités. Certains oublient même leur femme et leur famille. C'est manquer aux règles de vie de notre communauté. La Pachamama le sait. »

Et puis on boit de plus en plus. Cela non plus ce n'est pas bien. Que l'on boive pour les fêtes, c'est normal, c'est la tradition. Mais que l'on se soûle jusqu'à perdre conscience, ça non. Et on fait tous ça. Parce qu'on ne sait pas se limiter. Autrefois on buvait de la *chicha*, c'est tout. Et pas de cet *arguadiente* que l'on achète en ville et qui nous tue ; qui tue aussi notre famille, parce que ça coûte cher et que l'on prive après notre famille de nourriture. »

Tout le monde est d'accord. On le reconnaît. On est bien tous pareils. Don Rufino l'approuve :

« Tu as raison, Don Victor. Cet alcool, ça nous ruine. On ne voit plus comment on peut *ch'aller* sans *arguadiente*. Pourtant, ils le faisaient bien avant... Et l'alcool, ce n'est pas tout. Il y a aussi tout ce que l'on achète de la ville et qui nous coûte cher. Le kérosène pour nos lampes, le sucre, le riz... Maintenant, on ne peut plus s'en passer. Et pourtant autrefois, ils s'en passaient bien. »

Cela me fait penser aux histoires de mon vieux père, qui aimait nous raconter le passé. Je prends la parole :

« C'est vrai que nos ancêtres se passaient de tout cela, mais ils avaient autre chose pour remplacer. Avec l'*ayllu*, ils arrivaient à se procurer d'autres produits. Mon père m'expliquait qu'ils allaient chercher du miel dans la vallée ; ils n'avaient donc pas besoin de sucre. Ils rapportaient des fruits, des légumes. Finalement, ils avaient plus de choses que nous aujourd'hui. Et tout venait des entrailles de la Pachamama. Ce qu'on achète en ville, c'est transformé, pas naturel. La Pachamama doit en être offensée. Mais c'est fini, on ne peut plus revenir en arrière. »

Marcelino continue :

« Alors cela voudrait dire que nous ne sommes pas les seuls responsables de ce qui arrive. Les choses se sont dégradées petit à petit. Ce n'est pas de notre faute si les *ayllus* ne fonctionnent pas comme avant. Ils s'échangeaient les produits. Ils faisaient du troc. Et ne se ruinaient pas comme nous qui devons acheter avec de la monnaie. »

Du coup, plusieurs doigts se lèvent. Maintenant, tout le monde a quelque chose à dire. J'ai l'impression que ce qu'a dit Marcelino a fait du bien. Il a permis de déculpabiliser. Parce que je crois que chacun se sentait un peu coupable de ce qui nous arrive. Marcelino a dit publiquement que nous n'étions pas forcément responsables de tout. Et ça a soulagé. Mais personne n'osait le dire, de peur d'offenser les divinités. Alors l'un après l'autre apporte ses idées :

« On dit même qu'autrefois il y avait plein d'arbres. Ils devaient retenir l'eau de pluie ; peut-être qu'il y avait moins de sécheresses. Ce n'est pas nous qui avons coupé les arbres. Nous n'avons pas tous les torts.

– A mon avis, dit Don Rufino, nos ancêtres travaillaient des terres plus grandes et plus belles que nous. Ce qui se passe, c'est qu'à chaque héritage les terres se divisent entre les enfants. Maintenant, nous n'avons que des parcelles minuscules et de mauvaise qualité. Il suffit que le temps soit un peu moins favorable, pour que notre situation devienne catastrophique. Nous ne pouvons rien récolter. Et comme, en plus, nous devons acheter plus de choses qu'avant, nous nous retrouvons vite ruinés. »

C'est bien vrai ; je n'y avais jamais pensé. Avec les héritages, les enfants reçoivent des bouts de terrains de plus en plus petits. Alors, bien souvent, pour s'agrandir un peu, ils vont défricher des mauvais terrains pleins de cailloux que nos ancêtres n'auraient jamais cultivés. Évidemment, la récolte n'est pas aussi bonne. Les pierres ne font jamais pousser les belles plantes…

Mais comment résoudre ce problème ? Il faudrait qu'à l'héritage, un seul fils maintienne les terres. Mais les autres ? Ils devraient partir à la ville. Et à la ville, il n'y a plus de travail. Ou bien partir dans le Chapare, là où on récolte la coca. Bien sûr, là-bas on peut encore travailler. J'en connais beaucoup qui y sont partis, mais combien n'en sont pas revenus...

Marcelino a une autre idée :

« Moi, je crois qu'autrefois, il n'y avait pas plus de calamités que maintenant, mais nos ancêtres savaient mieux s'en défendre. Ils savaient mieux interroger le ciel. Il y avait des gens qui ne faisaient que ça, observer, la nuit et le jour. Cela les aidait bien et ils ne se trompaient pas. Ma grand-mère me racontait toujours ça quand j'étais petit. Elle me disait aussi que les ancêtres conservaient tous les tubercules, même la viande, et cela pendant toute la saison. Alors ils avaient moins de mal pour faire la soudure, c'est évident. »

Encore une fois, je pense à mon maître d'école. Dans les leçons d'histoire, il nous parlait des Incas. Je prends la parole pour le raconter.

« Compagnons, mon maître d'école, Don Carlos Flores, dont je vous ai déjà tant parlé, aimait bien nous raconter la vie des Incas. Il nous disait que les Incas ont été les envahisseurs de nos ancêtres. Ils étaient très durs ; ils faisaient travailler les paysans comme des forcenés. Mais ils ont fait de belles choses aussi. Ils se sont approprié toutes les terres et ils les ont redistribuées aux familles en fonction du nombre de personnes. Bon, c'est juste après tout. Ensuite, ils ont appris aux paysans à réaménager les cultures. Ils ont fait construire des terrasses partout, même dans les endroits les plus accidentés. On voit encore de ces restes de terrasses à Sicuani, n'est-ce-pas ? C'est bien, parce que ça permet de retenir la terre et d'irriguer. En plus, cela fournit beaucoup plus de terres que ce qu'il y en avait avant. Comme ils irriguaient, c'est sûr, la production était bien meilleure. Alors voilà, cela a permis de donner à manger à tout le monde, y compris aux plus pauvres. Bon, on peut les critiquer, parce qu'ils ont attaqué nos ancêtres aymaras, ils les ont soumis, mais en attendant, aujourd'hui, nous, on n'est même plus capable de donner à manger à tous. »

Alors, Marcelino ajoute :

« C'était sûrement comme ça autrefois. Ce qu'il faudrait savoir maintenant, c'est pourquoi il n'y a plus rien de tout cela aujourd'hui... Pourquoi tout a disparu puisque c'était si bien ! Pourquoi nos ancêtres ont-ils abandonné ces techniques au lieu de les conserver, de les améliorer ? Ou alors, il s'est passé quelque chose... Pourquoi aujourd'hui on cultive en pleine pente, alors qu'on voit très bien que la terre part, qu'elle descend, et qu'il ne reste plus que de la rocaille dans le champ ? Et pourquoi nous n'irrigons plus ?...»

J'ai mon idée là-dessus ; je me souviens de la légende de l'Inkawakana.

« A mon avis, la colonisation a dû faire beaucoup de mal. Quand ils sont arrivés, les Espagnols ont voulu tout changer. Ce sont sûrement eux qui ont fait détruire les terrasses. Ils voulaient peut-être faire mieux, mais en attendant ils n'ont pas donné à manger à tout le monde. Oh, si, certains ont eu double portion, même triple, et les autres rien du tout. Nous, les Indiens, nous n'avons rien eu du gâteau. Ils ont tout pris, tout saccagé. Et tout ça, par la violence. Ce n'est pas pour rien qu'on les appelait les Démons du Feu. »

On dirait que cette discussion a redonné de l'enthousiasme. D'abord les compagnons ne se sentent pas autant coupables ; ils commencent à comprendre que les raisons de cette catastrophe ne viennent pas d'aujourd'hui. Ils ne l'avaient pas imaginé. Moi non plus d'ailleurs, mais en parlant, ça aide.

Comme il n'y a rien d'autre à faire en ce moment dans le *campo*, on décide de retourner à Potosí, d'abord pour réclamer à nouveau les aliments à CORDEPO, et puis pour demander plus d'informations là-dessus. Les ingénieurs d'ATEC savent peut-être mieux que nous comment c'était organisé autrefois. Cela pourrait nous donner des idées pour changer notre façon de travailler. Je ne crois pas que nos dieux en seraient offensés, puisqu'il s'agirait de refaire comme nos ancêtres. Enfin, il faudra bien y réfléchir...

Nous nous retrouvons une dizaine de compagnons à Potosí pour aller à nouveau réclamer nos aliments à

CORDEPO. On nous dit que le responsable du projet n'est pas là, alors qu'il faudra revenir demain. Bien sûr, nous sommes tous intimidés, alors nous n'osons pas trop insister. Tant pis, nous reviendrons... Mais moi, je suis à peu près sûr que ce n'est pas vrai. On nous dit cela pour se débarrasser de nous...

Au bureau d'ATEC, nous discutons longtemps. L'ingénieur Juan-Vladi a beaucoup étudié. Il nous raconte plein de choses sur la colonisation. Cela confirme bien ce que je pensais. Ce sont les colonisateurs qui ont fait tant de mal à notre *campo* et à nos communautés. Il nous parle par exemple de la *mit'a*. Moi j'en avais déjà entendu parler. Mais je croyais qu'elle avait fait du mal seulement en ville avec les mineurs. Il paraît que le *campo* aussi en a subi les conséquences. Voici ce que nous a dit l'ingénieur :

« La *mit'a*, vous savez tous ce que c'est. Dans le *campo*, ça a toujours été un travail obligatoire au service de la communauté. Mais à l'époque de la colonisation, Francisco Toledo, le vice-roi d'Espagne, a repris cette idée pour la mine de Potosí. C'est devenu un service obligatoire, mais pas du tout au service des communautés, plutôt au service du système colonial.

« Donc, à cette époque, les Indiens des communautés de dix-huit à cinquante ans, devaient obligatoirement aller travailler à la *mit'a* pour une année. Treize mille cinq cents *mitayos* ont été recrutés toutes les années et ils faisaient des groupes de quatre mille. Chaque groupe travaillait en forme rotative pendant trois semaines et se reposait trois semaines. Normalement, cela devait se produire tous les six ans. Mais petit à petit, on s'est mis à recruter tous les quatre ans, puis tous les trois ans, jusqu'à tous les deux ans... C'était horrible. Les *mitayos* étaient transformés en véritables bêtes de somme. Comme ils étaient condamnés à vivre en permanence à l'intérieur de la mine, ils ne voyaient jamais le jour, alors ils perdaient la notion du temps et on en profitait pour abuser d'eux, pour les faire travailler sans s'arrêter jusqu'à épuisement. La plupart n'en est pas revenue. Il faisait si chaud dans la mine que, lorsqu'ils en sortaient, ils prenaient mal. Comme ils étaient très, très mal nourris, ils ne résistaient pas. Et avec ça, ils étaient victimes d'accidents, d'épidémies et surtout de la silicose qui leur rongeait les poumons. Et puis Toledo avait mis en place un système de traitement du minerai au mercure. C'était encore plus terrible pour les *mitayos*. Le mercure leur procurait des tremblements incontrôlables et leur faisaient tomber les cheveux. L'agonie était affreuse.

« Quand ils étaient recrutés à la communauté, ils savaient qu'ils étaient condamnés à mourir... Alors, le départ était terrible. Ils embrassaient leur famille pour la dernière fois. Ils recevaient la bénédiction d'un curé au cours d'une messe qu'ils avaient eux-mêmes payée, et ils s'en allaient, accompagnés du son lugubre des tambours et des cloches. Normalement, à la mine, ils devaient recevoir une rétribution mensuelle. Mais de cette soi-disant rétribution, on leur déduisait tellement de choses qu'en fin de compte, ce sont eux qui devenaient redevables. On leur retenait le tribut qui était un impôt, le coût de leurs vêtements et de leur nourriture, l'impôt de l'Église, et encore d'autres choses...

« Le plus difficile pour les colonisateurs, c'était le recrutement. Avec le système en *ayllu* de territoires très étendus, c'était difficile d'atteindre tous les hommes. Alors, Toledo a eu l'idée d'instaurer le système des réductions. Tous les Indiens devaient venir s'installer dans des communautés spéciales construites sur le modèle espagnol. Bien sûr, on faisait bien attention à ce que ces réductions ne soient pas construites près d'une *waka*, vos lieux sacrés, parce que les pratiques religieuses traditionnelles étaient interdites. Pour forcer les Indiens à quitter leur communauté, ils n'hésitaient pas à commettre les pires cruautés. Ils mettaient le feu aux maisons, ils brûlaient les *wakas*. Rien ne leur faisait peur. Et avec les réductions, c'était beaucoup plus facile de contrôler les Indiens, de leur faire payer le tribut, de surveiller leurs pratiques religieuses.

« Mais bien sûr, cela n'a pas été sans conséquences pour le *campo*, même une fois la *mit'a* abolie, même après l'Indépendance. D'abord, les réductions avaient obligé les paysans à abandonner leurs terres les plus éloignées, auxquelles ils avaient accès auparavant. Ils ont commencé à manquer de terres, parce qu'il était devenu impossible de réhabiliter les anciennes. Ensuite, le recrutement pour la *mit'a* a privé le campo de ses hommes. Beaucoup de terrains ont dû rester en friche, d'autres ont été abandonnés. Et malgré ça, les familles sans leurs hommes devaient continuer à payer le lourd tribut qui leur était imposé. Deux fois par an, il fallait se défaire d'une partie de son troupeau et de sa récolte, seulement pour le tribut. Alors, nombre de familles n'ont pas résisté. Beaucoup de gens sont morts de faim, les communautés ont été très, très affaiblies.

« Quant à Potosí, ce n'était qu'un campement avec très peu d'habitants. Mais depuis l'exploitation du minerai par les Espagnols, il s'est complètement transformé. Sa population a atteint cent soixante mille habitants ; Potosí est devenue la ville la plus peuplée du monde, plus grande que Paris, Rome ou Séville. L'argent qui était retiré du *Cerro* constituait une richesse infinie. Tous les édifices construits, les temples, les monastères, tout était incrusté d'argent. L'Empereur Charles Quint avait même décrété Potosí Ville Impériale. Il avait remis un blason, où était écrit : "Je suis la riche Potosí, le trésor du monde, la reine des montagnes et la convoitise des peuples." C'était fabuleux, en tous cas pour ceux qui pouvaient en profiter, c'est-à-dire les Espagnols, c'est-à-dire une toute petite partie de la population. Eduardo Galeano, l'écrivain uruguayen a écrit : « N'importe quel diamant incrusté dans le blason d'un homme riche vaut plus que ce qu'un Indien peut gagner dans sa vie de *mitayo* ; mais l'homme s'enfuit avec les diamants.

« Et pourtant, ce ne sont pas les Espagnols qui ont découvert les premiers la richesse du *Cerro*. Bien avant eux, vos ancêtres avaient remarqué cette belle montagne. Et quand l'Inca Huayna Capac était allé se reposer à Cantumarca, il avait été émerveillé par ce cône magnifique et parfait. Il a pensé qu'il contenait sûrement des richesses qui l'aideraient bien à décorer son Temple du Soleil à Cusco. Alors, il a décidé de le faire exploiter. Mais dès que les mineurs ont commencé à travailler, ils ont entendu une voix qui grondait comme le tonnerre et qui disait : « Ce n'est pas pour vous. Dieu réserve ces richesses à ceux qui viennent de très loin. » Alors, ils ont arrêté leur travail et ils ont changé le nom de cette belle montagne. De Sumaj Orcko[1] ils l'ont appelée Potojsi.[2]

« Bien plus tard, quand les Espagnols sont arrivés, tout le monde a pensé que ces richesses leur étaient destinées, et ils ont laissé faire. A cette époque, en 1545, un berger indien qui avait perdu un lama dans le *cerro* fit un feu pour se réchauffer et passer la nuit. Alors, il vit s'écouler une veine brillante et blanche. Il en parla vite aux Espagnols qui ne tardèrent pas à exploiter ce métal rêvé : l'argent.

« Et voilà, c'est peut-être à partir de là que le destin des communautés a basculé... Pour alimenter toute cette population citadine, il a fallu trouver une manière rentable et productive de travailler la terre. C'est là qu'on a commencé à former des haciendas. Les *hacienderos* ont détruit les structures de l'*ayllu* et ils ont formé d'immenses propriétés où ils pratiquaient la monoculture : de grands champs d'une seule culture. Pour cela, il leur a fallu couper beaucoup d'arbres ; en général, ils s'installaient dans les endroits les plus fertiles et ils laissaient à l'abandon les zones les plus arides. Pour travailler mieux et plus vite, ils ont introduit les machines agricoles ramenées de leur pays, en particulier la charrue. Évidemment, avec du matériel agricole, il était impossible de cultiver des petites surfaces en terrasses. Alors, ils ont tout détruit et ont fait des terrains beaucoup plus grands.

« Ils se sont mis à cultiver des produits tout nouveaux qui n'existaient pas jusqu'alors sur ce continent : le blé, l'orge, le riz, la canne à sucre, et aussi des arbres fruitiers. Ils ont introduit aussi des animaux : moutons, chèvres, ânes, chevaux, porcs, chiens, poules... Dans un sens, c'est intéressant cet apport d'espèces nouvelles. Mais de l'autre, c'est parfois dangereux de transposer une espèce dans un endroit qui n'est pas le sien. Par exemple, les moutons font beaucoup de mal sur l'Altiplano qui a peu de végétation. En mangeant, ils arrachent les plantes et ne les coupent pas, comme le font les lamas. Les plantes ne repoussent plus. Alors, avec l'arrachage en masse des

---

1. Sumaj Orcko : en quetchua, Belle Montagne.
2. Potojsi : en quetchua, qui éclate, qui tonne, qui explose.

arbres, pour fournir en bois la *Casa de la Moneda* [1], – une fabrique de pièces de monnaie, – c'est la désertification qui a commencé.

« Voilà, à cause de tous ces bouleversements, le système traditionnel n'existe pratiquement plus. Dans les *ayllus*, l'accès aux différents étages écologiques ne se pratique presque plus. De même les stratégies de limitation des risques. Et par conséquent, l'autosubsistance alimentaire n'est plus possible. On produit pour vendre et avec le bénéfice, on achète les produits nécessaires. Mais cela c'est valable pour les *hacienderos*. Les autres ne gagnent pas suffisamment pour aller acheter en ville... »

Je trouve cela bien intéressant, et je me remets à faire fonctionner ma tête. Dans ce qu'a dit l'ingénieur, il y a des choses que je savais ou dont je me doutais, mais je ne pensais pas que la colonisation avait pu avoir autant de conséquences sur nos communautés. Avant, je ne comprenais pas pourquoi nos communautés andines semblaient s'écrouler. Depuis qu'il a expliqué tout cela, je me pose la question inverse. Comment avons-nous pu résister ? Pourquoi ne sommes-nous pas complètement morts ? Est-ce-que cela peut s'expliquer autrement que par la volonté de nos divinités ? Je n'en sais rien... Je pose ces questions à l'ingénieur Juan-Vladi. Alors il me dit cela :

« Tu sais, Pedro, je ne peux pas tout expliquer. Ce que je t'ai dit, c'est ce que je pense à ma manière. Mais il y a un tas de choses qui entrent en ligne de compte dans le déroulement de l'histoire et mon point de vue en est un parmi bien d'autres. C'est surtout ce que j'ai ressenti en vivant parmi vous dans le *campo*, en essayant de connaître et de comprendre vos traditions et vos croyances. Alors, pour la question que tu poses, je crois pouvoir dire que votre peuple a résisté énormément et de manière intelligente. Il a su préserver ses croyances en les occultant, mais en les maintenant bien vivantes. Extérieurement, il a fait semblant d'adhérer à la culture européenne. Mais au-dedans de lui, il a continué ses pratiques originelles. Et c'est bien encore comme cela

---

1. Casa de la Moneda : Maison de la Monnaie.

aujourd'hui. Quand le prêtre arrive dans votre communauté, vous assistez à la messe, vous dites une prière, mais le moment le plus important que vous accordez à son passage, c'est sa bénédiction. Pour vous, c'est le symbole de la protection de vos champs, de votre famille, de vos animaux...

« Vous avez su résister pacifiquement, parce que vous vous êtes rendu compte que les rébellions par la violence se terminaient toujours au bénéfice des plus puissants. Oui, des rébellions, il y en a eu depuis la colonisation jusqu'à l'Indépendance. Il y a eu celle de Tomas Katari, dans les années 1750. Tomas Katari, je vais te raconter son histoire ; c'était un homme pauvre et indigène qui, normalement, aurait dû être *curaka* de son canton. Or, c'est un métis qui a été nommé à sa place, et cela dans le but de pouvoir mieux contrôler les impôts exigés au peuple. De rage, Tomas Katari s'est mis en route, à pied, vers Buenos Aires, pour rendre compte de cette injustice au vice-roi. Alors, celui-ci, ému par son courage, donna ordre au *corregidor* de satisfaire sa requête. En même temps, il lui remit une lettre qui décrétait la fin du paiement du tribut et de la *mit'a*. Mais voilà, à son retour, le *corregidor* le fit prisonnier. Alors, en apprenant cela, tous les paysans du Nord Potosí se soulevèrent.

« Arriva la fête de San Bartolomé. Ce jour-là, on recrutait habituellement pour la *mit'a*. Tout le monde s'est remis à réclamer la liberté de Tomas Katari. Mais le *corregidor* continuait à refuser. Alors, de colère, le peuple a commencé à jeter une pluie de pierres sur le *corregidor*. Celui-ci s'est réfugié dans l'église et a été fait prisonnier. On le transporta à travers toutes les communautés pauvres de la région et on le nourrit comme les pauvres. On lui mit des *abarcas* aux pieds et on lui proposa sa liberté en échange de celle de Tomas Katari. Forcé, il accepta et il nomma Katari comme *curaka*.

« Mais voilà, cela arriva bien vite aux oreilles du pouvoir colonial qui envoya une troupe et fit à nouveau prisonnier Katari. Ils le tuèrent puis le jetèrent dans un ravin. Beaucoup, beaucoup d'Indiens ont aussi été massacrés.

« Alors, un peu plus tard, la rébellion reprit avec Tupac Amaru, dans la région de Cusco. Mais là aussi, le pouvoir colonial est resté le plus fort. Sur la place de Cusco, Tupac Amaru fut écartelé par quatre chevaux. Juste avant de mourir, il dit au chef espagnol :
« Ici, il n'y a que deux coupables, toi pour opprimer mon peuple, et moi pour vouloir le libérer. »
« Après lui, Tupac Katari reprit la lutte. Mais malheureusement, il reçut le même châtiment que Tupac Amaru... Ses dernières paroles :
« Je meurs, mais après moi, des milliers se lèveront. »
« Malheureusement, tous ceux qui ont tenté de se lever après lui ont été massacrés sauvagement. Le pouvoir colonial était bien le plus fort. Il valait mieux agir autrement, c'est-à-dire résister dans le silence. Et c'est cette résistance-là qui a été la plus solide et la plus durable... Grâce à cette résistance, vous avez su maintenir vivante votre culture, et continuer à pratiquer vos croyances.
« Et pourtant, ce n'est pas avec l'Indépendance que tous vos soucis se sont envolés. Il y en a eu encore des attaques contre votre culture et cela continue aujourd'hui. Ce sont des attaques qui sont peut-être moins visibles qu'à l'époque de la colonisation, mais sûrement plus vicieuses et encore plus difficiles à affronter. »

Je ne sais pas exactement de quoi il veut parler, de quelles attaques il s'agit, des attaques qui soient plus mauvaises que celles de la colonisation. Les Démons du Feu auraient-ils des héritiers encore plus cruels qu'eux ? J'ai du mal à le croire en ce moment, alors que notre pays n'est ni en guerre, ni sous le poids de la dictature... Qui sont donc aujourd'hui les héritiers des Démons du Feu ? Des gens que l'on ne connaît pas et qui nous font du mal ?... C'est peut-être cela le secret que nous n'arrivons pas à découvrir : nous sommes en train de mourir d'un mal qui nous ronge, mais que nous ne connaissons pas.
Marcelino aussi est bien étonné et les autres compagnons encore plus. Pour eux, il ne peut y avoir une autre explication que notre "dépachamamisation" et le châtiment de nos dieux. D'ailleurs, c'est sûrement vrai ;

moi, je suis convaincu qu'il y a de cela. Mais il y a peut-être autre chose en plus que nous ne pouvions découvrir nous-mêmes. Cela, personne ne nous l'a appris à l'école, ni même mon maître, Don Carlos Flores qui savait tant de choses. Peut-être qu'il me parlait de cela quand il me disait :

« Pedro, si tu veux servir ta communauté, explique aux communautaires que les pantalons de *bayeta* [1] sont plus beaux et plus solides que les jeans qui viennent des États-Unis. »

J'en parle à Don Thierry ; lui qui vient de l'étranger doit savoir... Il nous explique cela, lui :

« Je ne pourrais te dire quel est le plus solide des deux, Pedro, si c'est le pantalon de *bayeta* ou le jean. C'est un symbole. Le pantalon de *bayeta* représente ta culture. Le jean représente celle des États-Unis, qui envahit les endroits les plus reculés du monde.

« En réalité, les Espagnols ont été les premiers grands exploiteurs étrangers ; ils ont ouvert le chemin à bien d'autres. D'abord aux Anglais qui, après l'Indépendance, en 1825 ont développé leur commerce avec les riches patrons des mines. C'était le début de ce qu'on appelle le système du libre-échange. Toute l'économie du pays doit fonctionner sur l'achat et la vente. Mais bien sûr, le produit de la vente ne bénéficie qu'aux patrons, pendant que les mineurs continuent à courber l'échine pour quelques misérables pesos qui suffiront juste pour survivre et pour continuer à travailler...

« Plus tard, en 1952, il y a eu la Réforme Agraire. Alors les paysans ont pensé que c'en était fini cette politique de domination par les étrangers ! Ils croyaient qu'ils allaient redevenir propriétaires de leurs terres et qu'ils allaient pouvoir les cultiver comme avant. Mais non, c'était un rêve, rien de plus. Maintenant que le système est enclenché, il est difficile de faire machine arrière... On a bien rendu quelques terres aux paysans, mais de manière symbolique. La plupart des domaines sont restés aux mains des riches propriétaires. Les petits paysans sont obligés d'aller vendre leurs produits à la ville à très, très

---

1. Bayeta : Traduction : flanelle. Ici, tissu traditionnel de lainage fin tissé.

bas prix, alors qu'ils doivent acheter des produits de plus en plus chers. De plus, leur production n'est pas bonne, parce qu'on ne leur a remis que les parcelles les plus petites et les moins fertiles. Et puis, ils entrent dans un système d'organisation bien individualiste, où ils sont obligés d'acheter à crédit, de faire des démarches individuelles. Désormais, un peu partout, le paysan travaille pour lui, pour sa propre survie. Les endroits qui ont pu résister à cela sont rares. Seules y ont échappé les zones trop pauvres qui n'intéressaient pas les Espagnols.

« Pendant ce temps, dans les endroits les plus riches et les plus fertiles, les grandes propriétés se sont transformées en véritables entreprises agricoles. On pratique la monoculture de canne à sucre ou de riz ou de maïs à grands coups de fertilisants chimiques qui épuisent la terre. On utilise des machines agricoles de plus en plus puissantes et perfectionnées. Et la production est destinée au commerce extérieur.

« Beaucoup d'entreprises étrangères viennent s'installer dans l'Orient. L'État favorise leur implantation. Indirectement, les États-Unis commencent leur politique de domination. Et cette domination se fait de plus en plus forte, mais toujours de plus en plus masquée. D'un côté, Le Fonds Monétaire International et la Banque Mondiale, dirigés en particulier par les États-Unis et l'Europe, imposent leur politique de domination, et de l'autre, ces mêmes pays font des donations en aliments pour "aider ces pauvres pays sous-développés". Ce qui est doublement vicieux, parce que ces "aides" accroissent la dépendance avec les donateurs. Si on fournit de la farine, à quoi bon continuer à cultiver du blé... Et le jour où les aides sont arrêtées, le pays se retrouve sans farine et doit en acheter à l'extérieur. »

« En plus, ces pays, que l'on appelle les pays du Nord, ne favorisent même pas le système de libre-échange, parce qu'ils se protègent eux-mêmes des entrées des produits extérieurs. Par contre, eux, oui, ils introduisent leurs produits dans les pays du Sud. Et voilà pourquoi on voit fleurir de plus en plus des articles des États-Unis jusque dans le *campo* le plus reculé. Parce qu'en introduisant ces articles, les Américains des États-Unis véhiculent toute une culture et des idées nouvelles qui font fureur. Les jeunes s'endettent pour s'acheter des walkmans et écouter de la musique "moderne" qui vient des États-Unis, la seule musique désormais valable. A l'école, les livres scolaires proposés aux élèves ont été fabriqués à l'étranger et proposent un modèle de vie complètement différent de celui que vous vivez ici. Alors les enfants commencent à rêver de ce modèle de vie et à rejeter le leur. Ils se mettent à détester leurs traditions, leur langue, leurs croyances, leur tenue vestimentaire traditionnelle, leur musique, leurs danses... Et ils accusent leurs parents d'être des arriérés. Ils leur reprochent de ne pas être dans le coup. Ils veulent partir de leur milieu, aller en ville parce que là-bas, au moins, c'est plus moderne.

« Et voilà pourquoi sûrement ton maître d'école, Pedro, préférait les pantalons de *bayeta* aux jeans. Peut-être que les jeans sont bien pratiques, mais celui qui commence à porter un jean a déjà perdu quelque chose de sa culture. Il a pénétré dans celle des *gringos*.

« Tu le sais bien, Pedro, moi aussi je suis un *gringo* d'Europe. Tu vois tout le poids de l'histoire que je peux porter. Tu vois ces cinq cents ans de domination de mon peuple sur le tien. Cinq cents ans de dettes envers ton peuple...

« Tes ancêtres ont été courageux pour résister à tout cela. Je suis heureux de voir que toi et les membres de ta communauté poursuivent cette résistance. Votre culture et votre organisation ont une valeur extraordinaire et nous donnent de grandes leçons, à nous occidentaux.

« Cette crise que vous passez aujourd'hui est bien le résultat de toute une histoire. C'est votre culture qui s'use en affrontant celle qui est venue de l'extérieur. Et quand votre culture est affectée, c'est tout votre système d'organisation qui l'est, c'est votre travail, ce sont vos croyances, votre vie familiale, vos enfants, c'est toute votre vie. »

XI

La désillusion des migrants

Ce que nous ont dit les ingénieurs d'ATEC nous a troublé ; nous en reparlons entre nous. Notre histoire a basculé à l'époque de la colonisation espagnole. Aujourd'hui, elle bascule peut-être une nouvelle fois. Nous traversons une nouvelle étape de notre histoire. Désormais, nous ne devons plus prendre en compte seulement ce qui se passe dans notre communauté, mais aussi tout ce qu'il y a autour, à Potosí, en Bolivie et à l'étranger. Nous ne pouvons plus travailler et vivre comme avant. Il faut s'adapter. Mais comment ?

On se rend bien compte qu'il faut trouver une autre solution que celle de l'émigration vers la ville. La mine ne donne plus de travail, même pour les sociétaires des mines coopératives, même pour les employés de la mine d'État, alors pour les temporaires comme nous... Il paraît que le Cerro Rico contient encore beaucoup, beaucoup de minerai, mais ce n'est plus possible de l'exploiter artisanalement, comme on le fait depuis l'époque de la colonie. Ce n'est pas rentable. Alors, on parle de changer complètement le système d'exploitation. Il sera pris en charge par des entreprises privées qui auront beaucoup de belles machines et qui n'auront plus besoin de notre main d'œuvre. Cela veut dire que pour nous, c'est fini. Le Cerro ne nous a jamais enrichis. Maintenant, il ne pourra même plus nous rapporter quelques centavos.

Moi, j'ai travaillé neuf ans dans les galeries de ce Cerro. J'y suis entré en 77 comme journalier. On ne me payait presque rien parce que je n'avais pas d'expérience, on ne m'avait rien appris. Alors j'ai fait travailler ma tête en regardant les uns et les autres. J'ai travaillé longtemps comme journalier. Dans un sens, ça m'arrangeait, car je pouvais partir à n'importe quel moment dans ma communauté pour aller travailler mes champs. Et puis, comme je travaillais bien, on m'a pris comme seconde main, c'est-à-dire que je gagnais la moitié du minerai sorti. C'était mieux, mais ça ne faisait quand même pas beaucoup d'argent et le travail était très dur. Ensuite, j'ai eu un accident. Une grosse pierre m'a écrasé le genou. A cause de cela, je n'ai pas fait l'armée, je n'ai pas servi la patrie de Bolivie...

Oui, c'est très dur le travail à la mine et dangereux. Des accidents, il en arrive tous les jours, et puis tous mes compagnons ont disparu peu à peu à cause du mal de mine, la silicose. Ceux qui sont affiliés à la *caja*, la caisse de retraite et de maladie sont un peu rétribués quand ils ne peuvent plus travailler. Cette rétribution varie en fonction du degré de silicose que l'on a dans les poumons. Alors, pour être payés un peu plus, beaucoup de mineurs attendent d'être plus atteints. Mais à quoi ça sert... Quand vous avez 70 % de silicose dans les poumons, vous commencez à recevoir une retraite intéressante, seulement il ne vous reste plus que quelques semaines à vivre... Moi aussi j'ai le mal qui me ronge, mais pour les journaliers, il n'est pas question d'avoir la moindre indemnité. Les sociétaires, en nous donnant un contrat, se débrouillent toujours pour nous employer durant moins de trois mois. Ainsi ils n'ont pas besoin de nous affilier à la caisse. Alors pour nous, tout ce qu'on gagne à la mine, c'est une bonne dose de silicose qui nous oblige à abandonner pour aller mourir dans notre communauté...

La silicose, c'est un mal terrible. On se met à tousser, à tousser. On étouffe, on ne peut plus respirer. Et puis on enfle, on ne peut plus rien manger, on n'a pas faim et on souffre terriblement. L'agonie est longue, parce qu'on passe des crises, et puis ça se calme, pour recommencer quelques semaines plus tard. On se voit mourir et en fin de compte, on est content de mourir, parce qu'on met fin à ses souffrances. J'en ai accompagné tellement des compagnons à la porte de la mort que je connais bien le processus... Et je sais qu'un jour ce sera mon tour...

Enfin, malgré cela, le travail à la mine est quelque chose qui vous prend aux tripes, peut-être justement parce que c'est dur. Aussi, des liens très forts se créent entre compagnons de travail. C'est une expérience vécue que ceux qui n'y ont jamais travaillé ne peuvent pas comprendre...

Par exemple, le matin, avant d'entrer dans la galerie, nous observons un rituel qui nous aide beaucoup à retrouver courage. En particulier le vendredi, jour de *ch'alla*. Nous partons très tôt le matin, bien avant le jour. Nous sortons de notre petit *cuarto* où nous nous nous entassons la nuit sur les paillasses pour dormir.

En montant au Cerro, nous achetons une petite bouteille d'alcool sur le marché de Calvario. Nous prenons aussi un sac de feuilles de coca un peu plus gros que les autres jours. C'est pour le *Tio* [1]. Il faut le récompenser chaque vendredi, sinon il peut se mettre en colère contre nous et nous apporter la malchance. Ensuite, sur le marché, on s'enfile une assiette de *lawa*[2], cette bouillie de maïs qui tient bien au ventre et qui ne coûte pas trop cher. Il faut manger, parce qu'après, c'est fini pour la journée. On ne mangera plus rien jusqu'à ce soir. C'est la coca qui nous fera tenir le coup dans la mine. Ensuite, nous achetons encore quelques cigarettes et, pour les sociétaires ou les seconde-main, le carbure pour la lampe, des bâtons de dynamite et quelques mèches. Et après ça, hop, on s'enfourne dans la *volqueta* [3], le camion qui sert à redescendre le minerai. Il faut le saisir au vol, car il s'arrête à peine.

Et voilà, il nous monte à l'entrée de notre mine. Là, on s'arrête pour *pichar* coca. C'est un grand moment pour nous. D'abord pour se retrouver, se dire les nouvelles, organiser le travail de la mine et puis pour se donner des forces. On fait une grosse boule dans notre bouche avec un peu de *leijia*. Cela devrait nous permettre de tenir le coup un bon moment. Les mineurs n'ont pas de montre. Quand ils sentent que la chique de coca n'a plus d'effet,

---

1. Tio : L'Oncle. Divinité qui représente la Pachamama à l'intérieur de la mine. Les Espagnols l'ont représenté comme un personnage blanc avec les cornes et l'ont appelé le Diable.
2. Lawa : mot quechua que l'on peut traduire par bouillie.
3. Volqueta : camion-benne.

ils s'arrêtent de nouveau pour en faire une autre. Il s'est passé environ trois heures et ils vont attaquer la deuxième partie de leur journée.

J'aime bien ce moment-là. Il fait toujours un peu frisquet, parce que c'est le matin et que l'on se trouve tout de même à quatre-mille-cinq-cent mètres d'altitude. Nous grimperions quatre cents mètres de plus et nous nous trouverions à la *punta*, le sommet. Quand le cours de l'étain est bon, on monte jusqu'en haut, parce que c'est là haut que se trouvent les veines d'étain. Sinon, on reste plus bas et on sort du complexe zinc-argent qui est maintenant de basse qualité. Rien à voir avec celui qui était produit à l'époque de la colonie.

Nous nous calons contre la paroi rocheuse, à l'abri du vent et là nous profitons le plus possible du soleil matinal. Il est vif, il brûle, mais il n'est quand même pas chaud. C'est l'altitude qui fait ça. De toutes façons, pour nous, il est le bienvenu, car c'est le seul moment de la journée où nous pouvons le voir. Ensuite, nous entrerons dans l'obscurité des galeries et après, quand on sortira, il fera nuit...

De là où on est assis, on a une vue magnifique sur toute la ville. On voit les maisons toutes petites. Au début, on passait notre temps à repérer les églises, les bâtiments que l'on connaissait. Mais après, on s'en est lassé, parce qu'on connaît tout par cœur. Le ciel est toujours bleu, mais bleu ; on aurait bien envie d'être un oiseau pour aller y voler. Mais ici, il n'y a pas beaucoup d'oiseaux. Ils auraient trop froid la nuit...

En général, on fait deux groupes. Les *peones*, c'est-à-dire les journaliers se retrouvent entre eux et les autres se regroupent à part. C'est normal, les *peones* sont des gens du *campo*. Ils ne parlent pratiquement que quechua et ils n'ont pas les mêmes choses à se dire. Bien sûr, pour un paysan comme nous, parler de la baisse du cours du minerai, ça ne nous intéresse guère. La politique, on sait bien qu'on n'a rien à attendre d'elle. Nous, on pense à gagner notre journée pour faire manger nos enfants et retourner le plus vite possible à nos champs pour les travailler, c'est tout...

Ensuite, quand on a une bonne chique, on *ch'alle* à la Pachamama et au *Tio* et on boit nous aussi en se faisant passer le flacon d'alcool de l'un à l'autre. Et puis, on se prépare à entrer ; on se change, on enfile de vieilles bottes et on garnit la lampe. On n'a pas de casque, ça coûte trop cher ; notre *chullo* fait l'affaire.

Et voilà, on se signe de la croix, on entre. A partir de là, il faut penser à être prudent à chaque instant. Il peut arriver quelque chose à n'importe quel moment, et surtout lorsqu'on s'y attend le moins... On avance dans la galerie principale, puis on se sépare. Chacun va retrouver son *paraje* [1] en s'enfilant dans une galerie secondaire. Dans ces petites galeries, il faut avancer à quatre pattes. Personne n'a pris la peine de les agrandir et de les boiser, parce que ça prendrait trop de temps ; et pendant qu'on boise, on ne peut pas sortir du minerai... Et plus ça va, plus la galerie se fait étroite. Il faut se couler dans des goulottes pour arriver au *paraje*. Il faut avoir l'habitude, appuyer les pieds et les mains contre la paroi pour progresser. Avec nos bottes ou nos vieilles chaussures usées, on glisse, parce que la paroi est humide. Sans compter qu'il fait tout noir et que, sans casque, on risque de s'assommer à tout moment. Les mineurs, on les appelle les singes aveugles.

Quand on arrive à son *paraje*, on est en général seul ou à deux. Certaines mines sont équipées de perforatrices qui fonctionnent à l'aide d'un compresseur. Mais il y en a peu. L'achat coûte cher, et pour arriver à le rembourser, il faut sortir beaucoup, beaucoup plus de minerai. D'ailleurs, avec les problèmes qu'il y a aujourd'hui, c'est devenu impossible de l'amortir. Ceux qui manipulent cette machine sont des experts. Ils sont mieux payés. Mais c'est un travail très dur. Ils doivent tenir la machine à bout de bras, parce que la veine est en hauteur. Et ça fait un bruit infernal. D'autre part, ils avalent encore plus que les autres la poussière du minerai et donc ils sont plus exposés à la silicose. Ils mettent bien un mouchoir devant leur bouche pour se protéger, mais cela ne suffit pas. Et

---

1. Paraje : lieu de travail dans la mine.

quand ils creusent les *taladros* [1], ils perforent pendant deux heures d'affilée. C'est l'enfer. Deux heures de bruit infernal, deux heures de poussière, deux heures de secousses qui traversent le corps. Sans compter qu'il faut bien se concentrer pour ne pas faire d'erreur...

Dans les mines qui n'ont pas de perforatrice, on fait le travail à la main. On creuse les *taladros* avec le marteau et la barre à mine. On en creuse plusieurs, en ligne le long de la veine. La première explosion sera celle de la perforation principale ; elle devra déstabiliser la zone centrale et les autres continueront vers l'extérieur. Donc, quand on a fini les *taladros*, il faut préparer les dynamites. On fixe la mèche aux explosifs, on ajoute un peu de carbonate de calcium, si on veut activer la réaction. On enfonce l'explosif et on allume la mèche. Alors là, il faut faire très vite. On prévient par un signal les mineurs qui risquent de travailler tout près ; on fait un code contre la paroi rocheuse et on se sauve. Vite, on retourne vers la galerie principale et on se réfugie dans la grotte du *Tio*.

On s'assoit devant le *Tio* et on attend l'explosion. On a beau l'avoir fait des centaines de fois, on a toujours une appréhension. Il faut dire qu'il arrive tellement d'accidents de cette façon. Un retard d'explosion, le mineur va voir... et juste à ce moment-là, ça explose... Alors on attend et on parle au *Tio*. On lui offre une cigarette, on en fume une en même temps et on lui dit :

« Ne me quitte pas, vieux *Tio*, pas encore cette fois. Je ne t'ai jamais oublié. Je continuerai à t'apporter des offrandes, de l'alcool, des cigarettes, de la coca, ce que tu voudras. Et même un plat *exquisito*... »

Ce vieux *Tio*, c'est le Malin. Il raffole de plats « *exquisitos* ». C'est ce qu'il demande en échange de la chance : un énorme plat avec toutes sortes d'aliments, mais surtout avec un fœtus de lama. Ou plus « *exquisito* » encore, avec un fœtus humain... Cela, c'est l'offrande suprême ; c'est le *yatiri* qui le prépare, en pleine nuit, et surtout à l'abri des regards. Des mineurs se sont enrichis de cette manière, c'est vrai, j'en ai connu. Ils sont tombés d'un coup sur une belle veine et ils ont fait fortune.

---

1. Taladro : petite perforation dans le rocher pour y insérer la dynamite.

Comme ça, du jour au lendemain après l'offrande au *Tio*. Mais malheureusement pour eux, cela n'a pas duré. C'est tellement d'argent qui tombe du ciel tout d'un coup qu'ils ne savent pas quoi en faire, et ils le gaspillent. L'argent, c'est comme l'alcool, ça monte vite à la tête. Alors ils commencent à faire la fête, ils invitent leurs compagnons et ils boivent tout leur argent en alcool. Ils boivent tout ce qui aurait pu leur permettre d'être heureux. Et ils redeviennent pauvres, même encore plus pauvres qu'avant, parce qu'ils se sont débrouillés pour avoir des dettes et ils sont très malheureux de savoir qu'ils ne pourront plus jamais faire aussi bien la fête... Mais c'est cela le vice du *Tio*, tout le monde le sait, il est capable de donner beaucoup, mais il reprend autant qu'il a donné. C'est dangereux d'aller trop loin avec lui.

Toujours est-il que quand on est dans la grotte du *Tio*, que l'on entend les explosions et que l'on en compte autant que de dynamites installées, on est content. Avant de retourner au travail, on crache, on se rince la bouche avec un peu de « thé », c'est-à-dire avec quelques feuilles de coca qui trempent dans l'eau.

Mais parfois, en revenant, on a des surprises. Par exemple un éboulement. L'explosion a été trop forte et tout s'est écroulé. Alors, il faut déblayer, remplir des seaux de terre et les faire passer par le treuil jusqu'à la galerie secondaire. C'est épuisant et cela nous retarde, car nous ne sortons pas de minerai ; mais nous sommes bien obligés de le faire, sinon nous n'aurions pas accès à la veine. Combien de fois cela est-il arrivé dans mes neuf ans de mine, peut-être une fois sur trois. Mais malheureusement, cela occasionne aussi des accidents. Et même très souvent ; c'est encore arrivé le jour où j'ai quitté la mine, le dernier jour.

En commençant à déblayer, j'ai perçu un signal, de l'autre côté de la paroi rocheuse, derrière les éboulis. J'ai cherché à mieux le repérer en faisant le code des signaux, plusieurs fois. J'ai juste reçu une réponse bien faible. J'ai compris qu'il y avait quelqu'un en danger. Alors je suis vite parti chercher du renfort. Il y avait tant de terre à enlever encore... Estevan, Julian et trois autres compagnons sont venus m'aider. Mais nous n'en finissions pas de sortir des seaux. Nous avions l'impression de ne jamais en venir à bout. Et lorsque nous refaisions le signal à travers la paroi, nous n'avions plus de réponse...

Enfin, nous avons réussi à atteindre l'autre côté de la paroi rocheuse. Sous les éboulis, nous avons d'abord vu une main. Puis nous avons déblayé le corps. Nous avons reconnu Don Martin, un compagnon de *paraje*. Il n'avait pas dû entendre le signal. Pauvre Martin, il respirait à peine, étouffé par le poids de la terre. Nous avons eu beaucoup de mal pour le sortir de là. Il fallait mesurer nos mouvements pour éviter un autre éboulement. A quatre hommes, nous avons quand même réussi à le ramener dans la galerie principale, où il y avait un peu plus de place. Il avait dû recevoir un coup sur la poitrine, parce qu'il avait vraiment beaucoup de mal à respirer. Peut-être avait-il une côte cassée. Alors nous lui avons fait avaler une bonne gorgée d'*alcolito*. Ça l'a ramené à la vie, mais ça lui a brûlé la gorge. C'est mauvais, on le sait bien, mais dans cet enfer, on n'a pas d'autres méthodes... L'alcool est bien le seul compagnon de nos joies et de nos peines. Il est bien traître, mais finalement, c'est notre ami. On a beau dire qu'il est le mal, qu'il détruit la famille, qu'il détruit la vie. Mais qui, pire que la mine elle-même peut détruire si vite la vie, je me le demande...

Et voilà, on ramène Martin dans sa famille, et on repart. Moi, j'étais découragé, je n'y suis pas retourné. Mais mes compagnons sont repartis tout de suite ; ils avaient besoin d'argent, parce qu'ils se préparaient à fêter Espiritu, la fête du sacrifice du lama. Et cela leur coûte cher ; il faut payer le lama et tous les frais de la fête, c'est énorme ; mais c'est vraiment très important pour nous, parce que selon notre générosité au cours de cette fête, la Pachamama sera ou non reconnaissante envers nous durant toute l'année. Le sang qui coule du lama égorgé, nous le lui offrons ; nous le jetons à l'entrée de la mine, sur nos outils, nous nous en barbouillons le visage, partout. Nous offrons ce sang à notre Mère-Terre, afin qu'elle s'en nourrisse et qu'elle féconde les entrailles de la terre. Plus on lui offre du sang ce jour-là, plus elle fera jaillir l'abondance et donc plus elle nous donnera du minerai... Et puis il y a le rite de la *qo'a* en fin de journée qui est peut-être encore plus important. Il faut attendre que le soleil descende au-dessous de la terre, pour pouvoir le réaliser. On creuse à l'entrée de la mine le trou qui renfermait les os et les tripes du lama sacrifié l'année dernière. On y met les os calcinés, les tripes et les abats du dernier lama. On *ch'alle*, on chique une nouvelle boule de coca, et on parle à la Pachamama, en silence ; on lui dit : « Repose en paix, Pachamama, souviens-toi de nous durant toute cette année. La veine, elle est peut-être à deux doigts... peut-être demain... »

Ensuite, on bouche ; chacun vide trois pelletées de terre. Puis on danse sur le trou rebouché. Et au-dessus, on installe la *q'oa*. C'est une préparation sacrée faite par le *yatiri*. Elle est composée de feuilles de *q'oa* qui est une plante sacrée de sucreries, de confettis et de « mystères ». Les mystères sont la représentation des animaux fétiches de la Pachamama ; il y a le papillon, le serpent, la grenouille. Et tout cela va se consumer durant la nuit, lorsque tout le monde sera parti. Personne d'autre que la Pachamama n'a le droit de profiter de cette offrande, c'est son offrande suprême, comme le plat *exquisito* du *Tio*. Cela peut paraître étrange, mais ce sont nos coutumes, et nous devons les respecter.

Mais revenons à notre travail dans la mine. Quand on a réussi à arracher un peu de minerai à la veine, il faut le sortir. C'est-à-dire qu'il faut refaire le même chemin à l'inverse avec la charge. Si la goulotte est vraiment étroite, il n'y a pas d'autre solution que de porter le minerai à dos dans des sacs. Ce sont tout de suite trente à quarante kilos à traîner à chaque voyage. C'est épuisant de porter autant de poids dans un endroit où l'on manque d'air. Quand il y a un peu plus d'espace, nous chargeons le minerai dans les seaux et nous les faisons passer par le treuil. En bas, deux autres compagnons vident les seaux dans un wagonnet qu'ils poussent vers la sortie. Cela aussi, c'est un travail usant. Même au temps de la Colonie, les Espagnols le faisaient faire par des mulets. Aujourd'hui, les mulets, c'est nous... Ce wagonnet, c'est une véritable torture. Plein, il avoisine une tonne. Une tonne à pousser à bout de bras sur un vieux rail usé... Le plus dur, c'est le départ. Il faut bien se placer, bras tendus, jambes souples. Ensuite, dans la descente, il dévale. Il faut le retenir autant qu'on peut, parce que les courbes sont dangereuses et il peut dérailler à tout moment. Combien de fois s'est-il renversé avant d'arriver ? On ne les compte plus. Il faut relever le wagonnet et recharger... La sortie aussi est très dangereuse. Quand on décharge le wagonnet, on ne sait jamais de quel côté il va basculer. Une fausse manœuvre et c'est une tonne de caillasse qui vous tombe dessus.

Il faut aussi être prudent à l'égard des femmes *palliris*. Ce sont les glaneuses du minerai. Elles se tiennent à l'extérieur de la mine, accrochées à la pente du Cerro et elles fouillent parmi les déchets ce qui peut encore être utilisé. Elles passent leurs journées à casser des cailloux, pour récupérer une petite partie de minerai contenu dans le *rumi* [1], la pierre infertile. Alors, quand on verse la charge, il faut bien faire attention à ce qu'il ne leur arrive pas un accident avec des chutes de pierres.

Ces femmes, je les trouve bien courageuses. Elles sont là par tous les temps, et le plus souvent à cette altitude, il fait un froid de canard avec un vent glacé. Elles emmènent leur *wawa* dans le dos et les enfants un peu plus âgés viennent aussi travailler avec elles. Pour gagner quoi ? Vraiment pas grand chose. De ce qu'elles apportent à la fabrique de transformation, elles seront payées sur une partie seulement. Le reste, on trouvera toujours le moyen de leur dire que ce minerai n'a pas assez de valeur et qu'il ne peut être commercialisé. En tous cas, cela n'empêche pas ceux qui disent cela de garder ce minerai et de le commercialiser quand même. C'est injuste, mais que peuvent-elles faire ? Elles ne peuvent pas se défendre, elles sont trop faibles. Veuves en général, elles savent bien que si elles arrêtent de faire ce travail, elles ne trouveront rien d'autre... Comme elles sont le plus souvent mères de sept à douze enfants, c'est la mort qui guetterait la famille.

Oui, vraiment, la mine est un monde de souffrances où tous les pauvres de la ville de Potosí ou du *campo* ont laissé des plumes. Et cela depuis le début de son exploitation. Pourtant, tout le monde s'y accroche.

---

1. Rumi : mot quechua.

Personne ne veut l'abandonner. On sait bien que l'espérance de vie du mineur est de trente-six ans, mais au moins ce sont trente-six années où il aura survécu et donné à manger à ses enfants. Le jour où notre Cerro ne donnera plus de travail, – et ça devient le cas aujourd'hui –, ce sera la mort immédiate de tous les pauvres. Potosí n'a aucune autre source de travail, aucune.

Alors que faire pour survivre ?... Eh bien, on le sait. En désespoir de cause, tout le monde s'en va, provisoirement ou définitivement avec sa famille. On s'en va travailler dans les vallées, dans la région de Santa Cruz, là où des patrons ont de grands, grands champs de canne à sucre et ils ont besoin de personnel pour la récolte. Et surtout ils recherchent du personnel courageux, travailleur, et pas exigeant au niveau des salaires. Alors, nous, les paysans de l'Altiplano, nous faisons l'affaire. Je suis parti plusieurs fois là-bas ; je ne sais pas où exactement, car on nous embarque dans un camion à bestiaux et on ne voit rien du paysage tout le long. C'est un camion qui nous attend à Sucre à l'aller, mais au retour nous devons nous débrouiller pour revenir avec nos propres moyens. Quand on arrive là-bas, on nous entasse dans un grand hangar sans murs. On y mange, on y dort et on y passe le temps des intempéries. Les femmes qui viennent avec leur mari font la nourriture pour leur famille et en vendent aux hommes sans femmes. Parfois certaines travaillent aux champs, mais comme les cannes sont très lourdes, elles ont du mal à les charger sur le camion. Alors, elles sont obligées de prendre un porteur, et cela leur revient aussi cher que ce qu'elles gagnent...

Le patron paie à la tonne ; c'est intéressant quand on peut travailler tous les jours, mais cette année, par exemple, ce n'est pas le cas. Alors que sur l'Altiplano nous avons une sécheresse insupportable, là-bas, il pleut sans arrêt. Il est impossible de travailler, on ne gagne donc rien et, en plus, on dépense pour manger.

En fait, le patron décompte tout. Il n'oublie rien : les frais de transport, les frais médicaux, quand il y en a. Comme la propriété se trouve loin de la ville, il fournit tout ce dont on peut avoir besoin : les aliments pour la cuisine, le savon, le shampooing, des vêtements... Il interdit que d'autres personnes viennent vendre dans son domaine. Ainsi, il vend au seul prix qui lui semble bon. C'est injuste, parce que beaucoup se retrouvent en fin de récolte sans avoir gagné un centavo, parfois même en étant redevables. Pour pousser à la consommation, il montre de beaux appareils aux jeunes, des walkmans, des télés-miniatures, des magnétophones. Et les jeunes achètent... Ils retournent au *campo* tout fiers avec cette « merveille » entre les mains. Et puis, comme ils n'ont pas assez d'argent pour s'acheter de nouvelles piles, lorsqu'elles sont usées, ils abandonnent l'objet dans un coin, à la poussière...

D'une certaine façon, nous sommes encore un peu des *mitayos* de la Colonie ; les patrons ne nous recrutent peut-être pas de force, comme c'était le cas de la *mit'a*, mais nous y allons par obligation quand même. Pour nous, c'est notre seule possibilité de survie, et pour eux nous sommes de la main d'œuvre pas chère. Je me suis demandé un jour, pourquoi ils ne récoltaient pas à la machine. Ce devrait être possible, avec tout ce qui se fait maintenant. Mais je crois que cela reviendrait plus cher qu'à la main.

Ceux qui partent en Argentine, en général, travaillent à la construction. Ils font des briques. Ils essayent d'en fabriquer le plus possible dans le minimum de temps, pour pouvoir revenir avec un peu d'argent en Bolivie. Mais que se passe-t-il exactement ? On ne sait pas bien. Beaucoup partent et ne reviennent plus. Peut-être parce qu'ils n'ont pas assez d'argent pour payer le voyage de retour. Peut-être parce qu'il leur est arrivé un accident et qu'ils sont morts. Peut-être parce qu'ils se sont laissés embarquer dans un trafic. On ne sait pas ; et je connais beaucoup de familles à Potosí qui sont sans nouvelles du père parti en Argentine. Par ceux qui reviennent, on entend dire qu'ils sont logés dans des tentes de chantier, à côté de leur lieu de travail, des tentes insalubres, où ils reçoivent l'eau à chaque pluie. Ils gagnent un peu d'argent, mais c'est dérisoire par rapport au niveau de vie en Argentine. Eux aussi sont de la main d'œuvre bon marché, mais pour les Argentins cette fois.

Et puis, il y a la cueillette de la coca dans le Chapare. Nous sommes tous allés là-bas au moins une fois dans notre vie. C'était encore ce qui rapportait le plus. Mais aujourd'hui, cela devient comme le reste. Comme il y a beaucoup de volontaires, les prix baissent. Et puis c'est dangereux. Beaucoup se sont fait prendre par les « *leopards* » ; ce sont les commandos militaires guidés par les yankees. Alors, il faut apprendre à se sauver par la forêt, connaître les pistes. Mais nous, les paysans de l'Altiplano, nous ne connaissons rien à ce milieu et nous sommes souvent les premiers capturés.

Maintenant, comme les patrons des champs de coca transforment eux-mêmes la coca en *pasta*, il y a du travail pour « *pisar* coca », c'est-à-dire piétiner le mélange chaux-acide-coca, pour activer la transformation chimique et obtenir la *pasta blanca*. Cela, c'est un travail fructueux : on gagne vingt à soixante boliviens par nuit[1], selon l'offre et la demande en personnel. S'il y a peu de volontaires, on peut réussir à gagner beaucoup d'argent. On ne travaille que la nuit, pour ne pas être vus ; ce sont des périodes de travail d'une heure, ensuite on s'arrête pour laisser reposer la pâte. On travaille plusieurs nuits d'affilée et on ne sent pas la fatigue, parce que le patron nous force à fumer la *pasta*. On devient comme drogué. On est obligé de fumer, même si ça ne nous plaît pas... Avec ça, on pourrait travailler sans jamais s'arrêter. On ne trouve même pas le travail pénible, ni dangereux. Et pourtant il est dangereux, très dangereux. D'abord pour la santé ; si l'on piétine avec une plaie au pied, cela devient terrible, parce que l'acide entre dans le corps. Il faut se faire soigner rapidement, sinon la plaie s'infecte et c'est fatal. Et là-bas, pour se faire soigner, c'est difficile. Bien souvent, le patron ne veut pas en entendre parler, et en plus avec la chaleur, il faut faire vite... Ensuite, il y a des risques. Firmin, un de mes compagnons, arrivé de là-bas il y a quelques jours, m'a raconté ce qu'il lui est arrivé :

« Je n'avais pas été payé par mon patron depuis un mois. Alors, je suis allé le voir. Il m'a demandé d'attendre encore quelques jours, parce qu'il n'avait pas d'argent en ce moment et il m'a supplié de continuer à travailler.

---

1. Un bolivien correspond à 1.30 FF.

Comme je travaillais avec lui depuis longtemps et que je n'avais jamais eu de problèmes, j'ai accepté, je lui ai fait confiance. Alors, j'ai continué à travailler.

« Une nuit, un hélicoptère est descendu sur notre lieu de travail. Il venait récupérer la *pasta*, comme cela arrivait fréquemment. Seulement, cette fois, une équipe de *leopards* les surveillait et a surgi de la forêt. Ils ont arrêté les *gringos* et mon patron avec. L'opération a été très rapide ; nous n'avons même pas eu le temps de prendre la fuite. Heureusement nous n'étions pas recherchés ; nous n'avons pas été capturés.

« Le plus ennuyeux pour moi est que je n'ai jamais pu récupérer mon argent... J'en ai pleuré, parce que c'était ma dernière chance de gagner quelque chose et de faire face à cette sécheresse. Je pensais même pouvoir inscrire mes enfants à l'école. C'est dur. Je ne sais pas si j'y retournerai un jour, c'est trop de risques... »

C'est vrai, ce sont beaucoup de risques. Alors nous finissons par avoir peur. Nous nous demandons maintenant si cela vaut vraiment le coup. D'autant plus que les patrons ne paient jamais plus de vingt boliviens, depuis qu'ils trouvent du personnel en abondance...

Et de plus en plus souvent, ceux qui reviennent avec leur argent en poche, se font voler sur le chemin du retour. Il existe des bandes armées qui attendent leur passage et les démunissent. Il savent bien que ce sont des paysans qui ne pourront se défendre et ils en profitent. C'est lamentable.

C'est vrai. La solution au problème de notre communauté, nous devons la trouver ailleurs que dans l'immigration. La ville n'offre plus rien. Les petits travaux de *cargadores* [1] sont saturés. C'était un travail qui était avant réservé aux gens du *campo*, un travail humiliant, mais pour nous, qu'importe... cela nous aidait à gagner quelques centavos et nous pouvions nous acheter un peu de sucre ou de kérosène. Nous nous retrouvions le matin au petit jour sur le marché d'Uyuni, avant que les camions de marchandises ne soient arrivés. Alors, dès le premier arrivage, c'était la bousculade. Les vendeurs se

---

1. Cargador : portefaix. Porteur de fardeaux.

précipitaient pour pouvoir récupérer la meilleure marchandise. Nous, les *cargadores*, nous nous proposions pour transporter la marchandise à dos jusqu'au magasin ou à l'étal du marché. Nous emplissions notre grand panier d'osier et nous l'attachions aux épaules à l'aide d'une corde. Et nous courions vite, vite... Vite, pour satisfaire le client, parce que nous savions qu'il nous reprendrait le lendemain, s'il était content de nous. Et vite, pour avoir le temps de faire d'autres courses. Mais un plein panier de bananes, c'est lourd... Nous avancions pliés en deux ; c'est le dos qui en prenait un coup à chaque fois...

Après cela, nous nous précipitions à l'arrivée des camions de matériaux ou d'aliments en gros. Nous nous chargions de sacs de ciment, de farine ou de riz. Deux, trois, voire quatre, portés sur le dos. De quoi se broyer les reins, mais lorsqu'il n'y a pas le choix... Ce que ça nous rapportait ? Tout dépendait du vendeur, de son humeur, de la concurrence. En général, cinquante centavos la course, mais parfois il fallait parcourir de longues distances, toujours pour le même prix.

Nous y amenions nos enfants aussi. Eux proposaient aux acheteurs du marché de porter leurs sacs à provisions. « *Te ayudare* ? » demandaient-ils. C'était bien commode pour les gens, car ils n'avaient pas besoin de prendre un transport collectif, et ils économisaient leur billet. Mais c'est un travail dur pour les gamins. Parfois on leur demande de faire beaucoup de chemin, et on les récompense à peine. En général, on les paie dix centavos la course. Et pourtant, malgré cela, ils se bousculent pour faire ce travail. Les familles ont tellement besoin d'argent... C'est pourquoi les enfants du *campo* n'y ont plus leur place. Ce petit boulot est maintenant réservé à ceux de la ville. En plus, le travail se fait de plus en plus rare, car les gens ont moins de sous, ils achètent moins, et leurs courses, ils les portent eux-mêmes.

Pour les cireurs de chaussures, c'est le même problème. Avant, nous envoyions nos enfants cirer pendant que nous allions travailler à la mine. Maintenant, nos enfants se font rejeter par ceux de la ville. Ils se font traiter d'*indios* et se font battre. Non, nous ne pouvons laisser nos enfants se faire battre... Ceux qui ont le plus de chance arrivent encore à louer une caisse à cirage à un cireur fixe. Ils font cinquante-cinquante sur ce qu'ils ont gagné. Mais cela ne fait pas grand chose, d'autant plus que les cirages sont à leur charge. Et les clients sont exigeants : quand ils voient que ce sont des gamins qui cirent, ils font baisser les prix, et pire encore si c'est un paysan. Parfois ils ne gagnent rien de la journée. Ils sont bien courageux, mais ils se fatiguent de ne rien pouvoir rapporter à la maison. Alors, ils préfèrent rester au *campo* à garder les bêtes.

Moi, depuis trois mois, je me suis mis à vendre des glaces pour la fabrique D'Anafria. Dans un sens, cela me convient bien, parce que c'est un travail relativement libre et qui me laisse le temps de travailler à mes champs ou de m'occuper de mes affaires de responsable syndical. Ça a été très dur pour y entrer. Je l'avais demandé depuis longtemps, mais il y a tellement de demandes qu'il a fallu faire jouer les *muñecas* [1]. Un dirigeant syndical m'a bien aidé. Et pourtant, quand on y est, on ne fait pas fortune. Un centavo gagné pour dix centavos vendus. Ou bien une glace à dix centavos gagnée pour dix vendues... Il faut en parcourir des kilomètres dans la journée pour gagner cinq boliviens. Et la journée est courte. Le matin et le soir, il fait trop froid. Personne n'achète. Nous travaillons de dix heures du matin à quatre heures de l'après-midi, s'il fait beau !... Le reste du temps, nous fabriquons les glaces.

Quand il fait beau, je pars avec ma glacière en bandoulière. Elle est très lourde, surtout en début de journée. Alors, je m'enfile dans les rues de Potosí. J'avertis avec ma corne et je crie : « *Helado, helado, rico, rico, a diez centavitos* [2] ». Souvent les gamins m'appellent ; c'est moi qui dois aller jusqu'à eux, jamais le contraire, ils sont habitués ainsi. Mais comme les rues de Potosí ne sont que montées et descentes, je m'épuise. Le soir, je tombe dans mon lit comme une masse... Et quand je fais le compte, j'ai gagné un, deux, au maximum trois boliviens... Et bien sûr, quand il ne fait pas beau, rien du tout... Dernièrement, on nous a demandé d'acheter une

---

1. Muñecas : "piston".
2. Trad : des glaces délicieuses à dix petits centimes.

salopette neuve. C'est obligatoire, mesure d'hygiène, nous ont-ils dit. Mais ça coûte cher. Le patron nous fait crédit sur les ventes. Je crois que je vais en avoir pour six mois pour arriver à rembourser. C'est encore un coup dur, surtout en cette période de catastrophe au *campo*. Mais c'est toujours comme ça ; quand on a fini de payer quelque chose, il faut en payer une autre. A la ville, il faut toujours sortir des sous...

Non, nous ne pouvons plus compter sur les travaux en ville. Ce n'est plus possible. Nous devons envisager les choses d'une autre manière, maintenant j'en suis persuadé. Mais je m'inquiète beaucoup. Si l'on arrive à travailler autrement dans nos champs, même si on les arrange, si on améliore nos cultures, combien de temps devrons-nous encore attendre ? Et nos problèmes immédiats sont là. Ma communauté a faim ; elle se meurt de faim et de soif. Est-ce qu'il faut attendre que la moitié des communautaires soient morts pour faire quelque chose ? C'est peut-être cela qu'attendent les Señores. Quand on sera tous morts, on ne gênera plus personne... Notre seul espoir était dans les aliments de CORDEPO. Nous avons tenu parole en travaillant dur au chemin. Et eux ? Non, les *aynis* avec les gens des villes, ça ne marche jamais. Il y a toujours cette tentation de vouloir profiter de l'autre. Pourquoi cela ? Sont-ils si sûrs d'eux, qu'ils ne craignent plus le châtiment des divinités ? Ou bien, dans la tourmente de la ville, ont-ils oublié leur existence ?...

XII

Se lever pour faire valoir ses droits

C'est la sixième fois, oui la sixième fois que nous nous déplaçons à CORDEPO pour réclamer nos aliments. Cette fois, nous réussissons à avoir des bribes d'explications. Jusqu'à présent, on nous avait toujours fait revenir, sous des prétextes divers : la personne responsable n'était pas là, ou bien l'ordinateur ne marchait pas, ou encore ils n'avaient pas le document de l'accord en main.

Aujourd'hui, nous sommes enfin « reçus ». Oui, reçus, si l'on peut dire, parce que le Señor qui nous a parlé ne nous a pas fait entrer dans son bureau. Nous sommes restés sur le palier à discuter debout.

« Compagnons, nous a-t-il dit, nous avons tardé pour vous donner réponse, parce que le bureau « aide alimentaire » a subi une restructuration. Nous sommes fort désolés de ce contretemps, mais nous sommes en mesure aujourd'hui de vous donner quelques explications.

« Le responsable du PMA, le plan alimentaire mondial, a changé. Ce dernier, devant l'ampleur des nécessités, a déterminé le secteur géographique qui lui paraît le plus urgent. Dans ce secteur, ne figure malheureusement pas la province Tomas Frias, à laquelle vous appartenez. L'accord signé avec l'ancien responsable est donc caduc.

« Cependant, nous avons appris qu'une partie du chemin réalisé se situe dans la province Saavedra. Cette province fait effectivement partie du nouveau secteur géographique. Nous avons par conséquent la joie de vous informer que pour ce tronçon de chemin, vous aurez droit aux aliments convenus.

« Je pense que vous pourrez vous réjouir de cette nouvelle, en sachant combien il est devenu difficile aujourd'hui d'obtenir des aliments. »

Voilà. Nous n'avons même pas eu le temps de répondre. Il nous a repoussé vers la porte. Et puis, de toutes façons, devant ces belles paroles, nous aurions bien été incapables de dire quoi que ce soit. Nous avons dit merci et nous nous sommes retirés, en tordant notre chapeau entre nos mains intimidées.

Mais dès que nous avons été dehors, nous avons fait travailler un peu notre tête. Dans la province Saavedra, il n'y a qu'un petit bout de chemin dérisoire et ce sont les compagnons de Talula qui y ont travaillé. Tout le reste est en Tomas Frias. Cela veut dire d'une manière polie qu'ils ne veulent pas nous donner d'aliments, c'est clair... Nous pouvons en faire notre deuil et continuer à mourir de faim.

Au bureau d'ATEC, nous recevons quelques conseils des ingénieurs.

« Ne vous laissez donc pas intimider, vous avez un papier signé, un accord qui doit rester valable en toutes circonstances. C'est votre droit, il faut le faire valoir. Retournez-y, faites-vous entendre. S'ils vous sentent forts, ils finiront par vous écouter et ils céderont. Ils sont en train de faire pression pour vous intimider, parce qu'ils vous savent fragiles vis à vis de leurs paroles, mais ne cédez pas... »

Nous avons donc décidé d'y retourner tous les jours, tous les jours sans interruption jusqu'à obtenir une réponse positive. Peut-être finiront-ils par connaître les paysans de Pisaquiri. Cela a duré dix jours. Dix jours où la plupart du temps on feignait de ne pas nous voir, ou bien on nous recevait poliment en nous disant qu'il n'y avait rien d'autre à faire.

Le onzième jour, le même Señor qui nous avait parlé nous a reçus à nouveau. Je crois bien qu'il était fatigué de nous voir tous les jours là ; cela fait mauvais effet devant les visiteurs. Alors il nous a déclaré :

« Compagnons, je vous ai dit tout ce que je pouvais vous dire ; j'ai fait tout ce qui était en ma possibilité, je ne peux vraiment pas mieux faire. »

« Cependant, comme nous avons de l'estime pour vous, nous connaissons la réalité du *campo*, nous aimerions vous rendre service. Nous avons réellement envie de faire quelque chose pour vous. Voici ce que je vous propose :
Vous n'ignorez pas que les élections présidentielles approchent. Je vous demande simplement de prendre votre carte à notre parti et vous aurez vos aliments. Vous savez que cette carte est gratuite, donc vous n'engagerez aucun frais. Je vous demanderais seulement, une fois arrivés dans votre communauté de faire un peu de propagande. Rien de plus... Pensez-y. Mais je suis déjà convaincu que vous n'allez pas hésiter. Vous le ferez pour servir votre communauté qui souffre tant aujourd'hui. »

C'est du chantage, je l'ai bien compris. Mais, somme toute, la proposition est alléchante. Nos aliments contre la carte d'un parti politique ? Il faut avouer que, puisque cette carte est gratuite, cela nous arrangerait bien... Et puis, leurs histoires de politique ne nous intéressent guère. Depuis le temps que les partis politiques défilent au gouvernement, nous n'en avons jamais eu aucun bénéfice. Personne jusqu'alors n'est venu à notre zone, même pour faire de la propagande électorale. Alors, cela ne changera pas cette fois...

Lorsque nous demandons conseil aux ingénieurs d'ATEC, ils ne nous aident pas. Ils nous disent que nous sommes seuls responsables de notre décision, et que nous ne devons compter que sur nous-mêmes. Alors, nous faisons penser notre tête. En fait, même si nous prenons tous notre carte au parti, cela ne changera pas grand chose au niveau des élections, puisque nous ne sommes que trois dans notre communauté de Pisaquiri à posséder une carte électorale : le *corregidor* actuel, Estevan Mamani et moi-même. En effet, on peut retirer sa carte d'électeur seulement lorsqu'on est en possession du certificat de naissance. Et dans notre *campo*, les enfants qui naissent ne sont pratiquement jamais enregistrés. De plus, les femmes ne savent pas lire, et la plupart des hommes non plus. Alors, cela ne servirait à rien... Et puis, il faut ajouter aussi que notre zone de Pisaquiri devrait aller voter à Tinquipaya, le chef-lieu du canton. C'est à dix heures de marche !... et autant pour revenir... Alors, cela n'intéresse personne. Moi, j'ai pu me faire inscrire à Potosí, parce que j'avais un certificat de travail et un lieu de résidence. Pour ceux qui y travaillent, c'est plus facile de voter à Potosí.

Dans ces conditions, il est bien évident que nous n'irons pas, non plus, faire de propagande électorale à Pisaquiri, comme nous l'a demandé le Señor de CORDEPO. De toutes façons, il ne viendra jamais vérifier... Alors, tout bien considéré, nous acceptons. En arrivant à la communauté, nous demanderons à Don Pablino de réaliser un rite auprès de nos divinités, et nous y participerons tous. Nous expliquerons les raisons pour lesquelles nous avons cédé au chantage, et je crois que nos divinités ne s'offenseront pas.

Nous retournons donc à CORDEPO, en possession de notre carte. Le Señor nous reçoit une troisième fois. Il paraît beaucoup plus chaleureux avec nous, il nous encourage et nous félicite du travail que nous avons fait. Ensuite, il dit :

« Comme je vous l'ai promis, je tenterai de faire le maximum pour que vous ayez les aliments. Pour cela, nous devons d'abord évaluer votre travail. Nous devons nous assurer que le chemin que vous avez réalisé est bien terminé et viable. Vous comprenez, nous ne pouvons distribuer les aliments sur simple parole, parce que cela inciterait les mauvais esprits à réclamer, et cela au détriment des personnes courageuses comme vous. Il est bien évident que je ne mets pas votre parole en doute ; je fais simplement mon devoir. Dès que possible, j'enverrai une commission qui se rendra sur les lieux ; celle-ci fera un compte-rendu de votre travail et en fonction de ce rapport, nous vous donnerons les aliments. »

Bien. Qu'ils envoient une commission, s'ils veulent. Nous ne sommes pas du tout inquiets pour cela, parce que notre travail est pratiquement terminé et il est bien fait. Une voiture peut passer, c'est suffisamment large. Il ne reste plus qu'à nettoyer un peu, enlever les cailloux qui gênent, c'est tout. Nous décidons de retourner à Pisaquiri, d'achever le chemin, de le peaufiner et d'attendre les Señores. En espérant qu'ils ne tardent pas trop...

Nous attendons dix jours, puis encore deux jours. Notre chemin est tout beau, maintenant. Mais aucun véhicule n'apparaît... Marcelino Huanca et moi sommes très en colère. Nous avions rendu compte aux autorités de notre espoir. Ils avaient appelé une nouvelle fois les communautaires pour nettoyer le chemin ; le travail a été fait. Mais personne n'est venu de Potosí... Maintenant, nous ne sommes plus crédibles à l'égard des autorités. Et elles ont raison. Qui pourrait nous croire encore maintenant ? Tous les communautaires ont souffert pour réaliser ce chemin à temps, en plus de leurs souffrances quotidiennes, en plus du drame de la sécheresse... Et cela n'a pas été une petite *faena*. Tout le monde a participé ; moi, j'ai tous les chiffres en main : mille six cent quatre vingt trois communautaires ont travaillé. L'équipe d'ATEC m'a aidé à faire le calcul : cela a représenté trente-cinq mille journées de travail qui devraient être payées en rations alimentaires. Soit l'équivalent de soixante tonnes d'aliments. Ce n'est pas rien...

Tous les communautaires avaient mis leurs espoirs dans cette aide alimentaire. Et maintenant ? Nous nous sentons responsables de leurs souffrances. Et ils souffrent encore plus du fait qu'à un moment donné ils ont eu l'illusion que tout s'arrangerait...

Il nous faut retourner à Potosí, et, s'ils ne se déplacent pas, faire quelque chose. Mais quoi ? Je n'en ai aucune idée. Je sais bien que les Señores sont les plus forts et qu'ils feront ce qu'ils voudront eux, malgré toutes nos pressions. Nous sommes tellement habitués à nous faire duper que ce ne sera qu'une fois de plus. Si la situation n'avait pas été aussi difficile au *campo*, il y a longtemps que nous aurions abandonné la partie. Nous n'aimons pas la mendicité, et encore moins vis à vis des Señores. Cela n'existe pas dans notre système d'organisation. Si des communautaires sont obligés d'aller mendier, c'est que quelque chose fonctionne mal dans le système et il faut faire quelque chose. Il se peut, par exemple, que l'*ayni* se réalise mal, – c'est le cas avec les Señores. Alors il faut revoir ça, mais personne ne doit mendier. Nos divinités en seraient outragées, tout le monde le sait.

Pour nous, être obligés d'aller réclamer tous les jours, c'est une humiliation. Et pas seulement à l'égard des Señores, surtout à l'égard de nos divinités. Cela signifie que nous n'avons pas su faire prospérer la terre que nos ancêtres nous ont remise entre les mains. Nous n'avons pas su *criar la vida* [1]. C'est une honte. C'est comme une mère qui a négligé son enfant et l'a laissé mourir. C'est pareil. Elle n'a pas su aider à faire grandir et prospérer cet enfant qui lui a été confié. Elle n'a pas accompli son devoir ; elle mérite le châtiment des divinités.

Nous sommes décidés à tenter notre dernière chance à Potosí. Si nous n'obtenons pas satisfaction cette fois, nous nous retirerons dans notre communauté et attendrons le moment où les *achachilas* viendront nous chercher pour demeurer indéfiniment dans les *cerros...* Nous convainquons les autorités de nous accompagner. Nous sommes quinze hommes à nous être déplacés pour ce rendez-vous de l'ultime espoir...

Nous commençons par informer l'équipe d'ATEC de notre déception. Nous savons maintenant qu'eux ne nous trahiront pas. Ils nous disent toujours leur façon de penser. Parfois, cela ne correspond pas à ce que nous souhaitons nous ; mais nous savons que nous pouvons avoir confiance en eux, parce qu'ils travaillent dans notre intérêt à nous, et pas pour gagner de l'argent sur notre dos. Ils sont tous d'accord pour nous dire :

« Cette-fois, ça suffit. Vous avez suffisamment fait preuve de patience. La Corporation est en train d'user d'une stratégie politique, cela devient de plus en plus évident. Comme les élections approchent, ils veulent faire traîner l'affaire jusqu'à l'arrivée du nouveau parti politique au gouvernement et ainsi se décharger de la responsabilité. »

L'ingénieur Juan-Vladi va encore plus loin :

« Et pensez-vous sérieusement que CORDEPO soit véritablement en possession de ces aliments ? Étudions la situation actuelle et nous comprendrons peut-être mieux... La période électorale que nous vivons aujourd'hui inquiète beaucoup le parti au pouvoir. D'une certaine manière, il prévoit l'échec. Il faut donc qu'il fasse

---

1. Criar la vida : faire fructifier la vie.

usage de tous les moyens pour tenter de récupérer des voix. Et il dispose d'une arme merveilleuse : les aliments. Toutes les invitations aux congrès électoraux se font avec la promesse d'un kilo de farine ou de riz offert à chaque famille participante. C'est un très bon moyen pour s'assurer de la participation. La propagande dans le *campo* se fait de la même manière. Et ce sont des camions chargés d'aliments qui partent chaque jour à destination du *campo*.

« Ce pourrait être une donation honorable, si c'était véritablement un cadeau issu du parti politique. Après tout, les familles reçoivent au moins quelque chose de concret durant la période électorale. Elles ont raison d'en profiter, parce qu'elles savent qu'après cela, elles ne recevront plus rien !... Mais ces aliments n'appartiennent pas au parti politique. Ils proviennent d'une donation des États-Unis, et pas du tout dans l'objectif que des partis politiques se les approprient. Ils sont justement destinés à aider une population qui a réalisé un travail de service à la communauté. Exactement votre cas...

« J'ai la conviction que si les aliments tardent à vous être distribués, c'est tout simplement parce qu'il n'y en a plus de disponibles pour répondre au Plan « Food for Work ». Et toutes les raisons sont évoquées pour se justifier.

« Mais tout cela ne vous regarde pas. C'est le seul problème de CORDEPO. Vous, vous avez droit à des aliments, en accord avec le papier signé, et vous devez faire respecter votre droit. Si ce droit n'est pas respecté, alors il faut manifester votre mécontentement et faire intervenir une association des Droits Humains. Mobilisez-vous et par votre nombre et votre présence, faites pression sur CORDEPO. »

En clair, Don Juan-Vladi nous propose de faire une manifestation. Une manifestation avec les communautaires de Pisaquiri, ce serait révolutionnaire !... Faire descendre les communautaires à la ville et bloquer les beaux bâtiments de CORDEPO, non, cela relève du rêve... Demander à nos femmes qu'elles viennent à la ville avec leur *wawa*, alors que jamais de leur vie, elles ont mis les pieds ici, c'est vraiment de l'impossible... Et puis, nous, paysans crottés, empêcher les Señores de sortir de leurs beaux bâtiments, ce serait vraiment trop !... Mais il faut en discuter...

A ma surprise, je ne note aucune réticence de la part des autorités. Au contraire, elles seraient presque enthousiastes. Je crois que la situation que nous vivons les fatigue tellement qu'elles se sentent prêtes à tout. Marcelino aussi est d'accord. C'est un pari qui en vaut peut-être la chandelle. Je suis bien inquiet et je me demande comment nous pourrons le réussir, mais il suffit peut-être de savoir nous organiser. Nous avons l'appui total d'ATEC ; il nous aidera.

Trois jours après notre décision, nous mettons les affaires en marche. La Ligue des Droits de l'Homme est avertie et nous soutient totalement. Elle s'engage à être présente à toutes les négociations et à nous défendre. La paroisse de San Pedro, dont le prêtre est le Padre Pedro, s'engage à nous prêter ses locaux et à nous préparer toute l'alimentation nécessaire durant la période de la manifestation. Car, il faut prévoir plusieurs jours de blocage. Nous sommes maintenant décidés de ne quitter les lieux de CORDEPO qu'en possession des aliments.

Je suis resté à Potosí pour aider à l'organisation sur place. Marcelino et les autres autorités sont rentrés à Pisaquiri pour encourager les communautaires à venir. La plupart des hommes semblent d'accord. Pour les femmes, c'est plus difficile. Je les comprends, cela leur fait peur. Elles ont entendu dire tellement de choses sur la vie en ville, qu'elles n'osent pas y venir. Elles se demandent bien comment elles seront reçues, comment elles vont manger et dormir, elles qui n'ont aucune parenté en ville... Quant aux hommes, ce qui les inquiète le plus, c'est de ne pas être en possession de papiers d'identité. Ils savent qu'en ville, c'est obligatoire. Que va-t-il se passer si les policiers interviennent dans la manifestation et que les compagnons ne sont pas en mesure de présenter leurs papiers ? C'est la prison immédiate. Et tout le monde sait que pour les pauvres, la prison, c'est pour la vie... Oui, nous n'avions pas pensé à tout cela au départ. Enfin, il faut compter sur la volonté des communautaires et sur leur acharnement à vouloir se sortir de la situation terrible que nous vivons...

Mardi 4 Mai. Les communautaires de Pisaquiri débarquent à Potosí. Un camion, deux, puis trois. Ils sont deux cents. Et parmi les deux cents, beaucoup de femmes. Je suis content. Ma Segundina est là, et sa sœur Agustina. Et aussi Batista, la femme de Rufino. Et Dominga, la femme de l'*alcalde*. Les femmes se sentent concernées. Ces aliments seront peut-être la chance de survie de leur *wawa* qui a déjà une diarrhée et qui se prépare à prendre le chemin du ciel pour rejoindre les *angelitos*... Elles ont fait cuire quelques *papitas* et les ont fourrées dans leur *aguayo*, à côté de la *wawa*. Les hommes ont emporté une couverture. Tous savent qu'il faudra rester de nombreuses heures devant le portail de CORDEPO et même certainement des nuits. Ils savent bien que les nuits sont terriblement froides en ce début d'hiver... Mais je crois qu'il n'ont plus rien à perdre...

Heureusement, la paroisse nous accueille à l'arrivée des camions. Les braves femmes du quartier nous ont préparé un thé et une *lawa* [1] bien chaude. Cela fait du bien. C'est un plat de notre *campo*. Nos femmes se sentent réconfortées. Je suis heureux de voir qu'il existe une solidarité aussi en ville. Et ce sont les plus pauvres qui la réalisent. « N'attends rien des riches », me disait mon maître. Comme il avait raison...

Le soir, nous nous réunissons. La représentante de la Ligue des Droits de l'Homme nous aide à nous organiser. Nous décidons qui fera partie de la commission des négociations. Nous réfléchissons à l'attitude que nous devrons prendre vis à vis de nos interlocuteurs. Nous imaginons les locaux de CORDEPO ; nous envisageons à quel endroit nous devrons nous installer pour être plus efficaces, mais sans gêner la population. Nous voulons éviter le conflit : cela ne nous apporterait rien, au contraire. Mais en cas d'intervention de la police, nous réfléchissons à quelle attitude il serait bon de prendre. Nous sommes tous d'accord de maintenir notre siège pacifiquement, quelles qu'en soient les conséquences... Avec l'aide des gens lettrés, nous nous fabriquons

---

1. Lawa : bouillie de maïs.

quelques pancartes et un communiqué expliquant la raison de notre mécontentement.

« *Los alimentos son nuestros derechos. No mas engaño* », disent les pancartes.

« *Hemos cumplido nuestro trabajo. Que CORDEPO cumple.* »

« *CORDEPO nos debe mas de 30 000 jornadas. No se puede engañar a mas de 2000 campesinos* ». [1]

Je suis très excité et je ne dors pas de toute la nuit. Je me sens responsable du déplacement de deux cents communautaires et j'ai très peur de l'échec...

Au matin du lendemain, nous nous mettons en route en direction de CORDEPO. Il faut traverser la ville. Le passage de deux cents paysans qui brandissent des pancartes suscite la curiosité. Personne n'a jamais vu cela. Les paysans sont d'habitude si soumis, que jamais on ne penserait les voir défiler dans la rue pour réclamer leurs droits... Moi, dans un sens, je suis fier de ma communauté. Une communauté oubliée du monde, que personne ne connaît, que personne n'a vraiment envie de connaître, une communauté d'analphabètes, de paysans sans éducation, eh bien cette communauté-là, elle est aujourd'hui dans les rues de Potosí pour demander que ses droits soient reconnus... Et cette communauté, c'est Pisaquiri, c'est ma communauté...

Nous nous asseyons tous tranquillement à l'entrée du bâtiment de CORDEPO, de manière à empêcher l'entrée du personnel, mais sans toutefois gêner le passage de la rue. Nous ne voulons pas déranger le mouvement de la rue. Nous souhaitons simplement montrer notre mécontentement auprès des responsables de la Corporation. Pour entrer à leur bureau, les Señores devront garer leur voiture en ville et franchir à pied cette masse de paysans crottés. C'est une véritable humiliation.

La preuve. L'un d'entre eux, le gérant du service technique, avance le plus près possible avec son véhicule ; son pare-choc touche les premières femmes assises. Pour

---

1. Traduction : "Les aliments sont notre droit. La duperie, ça suffit. Nous avons réalisé notre travail. Que CORDEPO tienne parole. CORDEPO nous doit plus de 30 000 journées de travail. On ne peut pas duper plus de 2 000 paysans".

lui expliquer notre attitude, nous lui donnons à lire notre circulaire. A peine en a-t-il lu la moitié, qu'il se met à crier au scandale et à la manipulation politique... Alors, il reprend le volant... et fonce. Nos femmes hurlent. Le Padre Pedro intervient juste à temps et se place devant le véhicule. Il s'arrête ; ouf, la catastrophe est évitée... Visiblement, il n'aurait eu aucun scrupule à écraser deux ou trois paysannes. Nous sommes si peu de chose...

A la fin de la première demi-journée, le Président de CORDEPO fait son apparition, très contrarié. En quelques mots, il nous dit qu'il a vraiment du mal à comprendre pourquoi nous faisons autant de remue-ménage pour une affaire si bénigne, qui n'est qu'un malentendu et qui va se régler rapidement... Alors, il accepte de recevoir notre délégation, mais à l'unique condition qu'elle ne soit constituée que de paysans. Le Padre Pedro, l'ingénieur Juan-Vladi, l'avocat des Droits Humains sont refusés...

La réunion se passe bien, trop bien même. Le Président nous parle très aimablement, tout en faisant bien comprendre son irritation. Une manifestation de paysans devant « son » bâtiment entache son image de marque... Mais il nous dit ensuite :

« Bien. Il y a eu certainement un malentendu dans cette affaire. Je n'ai pu la suivre car je m'étais absenté ces derniers jours. Mais tout va se résoudre dans les heures qui suivent, comptez sur moi. J'écris aussitôt mon engagement sur papier. Une équipe partira dès maintenant sur les lieux pour réaliser l'évaluation. A son retour, si le rapport est positif, vous avez ma parole que les aliments vous seront remis. Mais je vous demande instamment en contrepartie de dégager les lieux. Vous pouvez disposer et informer vos compagnons de mon accord, à condition toutefois que vous vous retiriez d'ici. L'accord écrit vous sera remis entre les mains dès qu'il aura été rédigé. Revenez par conséquent le chercher dans l'après-midi. »

Nous le remercions et nous nous retirons, ainsi que tous les compagnons restés au-dehors. Nous rejoignons la paroisse de San Pedro, dans l'attente de l'accord et du verdict de la commission d'évaluation.

Dans l'après-midi, comme convenu, l'accord nous est remis. Mais nous avons beaucoup de mal à comprendre le sens des mots inscrits. Comme nous ne sommes pas très savants, nous demandons l'aide de notre comité de soutien. L'avocat des Droits Humains est scandalisé. Rien dans cette lettre n'évoque un quelconque engagement. Ce ne sont que de belles phrases très vagues qui n'ont aucune portée. Nous avons le sentiment profond de nous être fait duper une nouvelle fois. Et cela se confirme lorsque nous apprenons que la commission d'évaluation, prise par un important repas d'affaires n'est pas partie...

Le coup est dur. Il est trop tard maintenant pour retourner bloquer les lieux, il faudra attendre demain... Nous nous sommes réjouis trop vite ; désormais nous nous méfierons... Nous discutons de tout cela au cours de la réunion du soir. Nous sommes maintenant convaincus que nous ne repartirons à Pisaquiri qu'avec nos aliments.

Le jeudi matin, nous retournons à notre poste. Toute la journée nous attendons, sans que rien ne se décide. La presse, la radio, la télé, ont eu écho de l'affaire et viennent nous interviewer. Vraiment, notre problème est en train de prendre des dimensions auxquelles nous n'aurions jamais pensé. Nous sommes bien intimidés pour parler devant ces grosses machines qui vous fixent et qui renvoient votre image. Mais il faut assumer. Il faut parler pour que tout le monde sache ce qui se passe. Alors, nous parlons, Estevan, Marcelino, moi-même ; nous essayons de parler en espagnol, le mieux possible. Nous expliquons la dette que nous doit CORDEPO et depuis combien de temps nous l'attendons. Nous disons aussi combien souffrent nos communautés en ce moment. Et nous invitons tous ceux qui le souhaitent à venir voir notre travail sur place, pour bien montrer que nous ne sommes pas des menteurs....

Nous nous apprêtons à passer la nuit... Dès le coucher du soleil, il fait déjà froid. Comment va-t-on supporter le froid d'une nuit entière, nous n'avons presque rien pour nous couvrir... Et les *wawas* ? J'ai des scrupules d'avoir à leur imposer un tel châtiment. Elles souffrent déjà tellement... Et elles n'ont aucune responsabilité dans nos histoires. De toutes façons, il va falloir s'organiser, faire un grand feu et nous les protégerons du mieux que nous pourrons.

Et voilà qu'au moment où nous commençons à nous installer, une groupe de femmes arrivent vers nous, chargées de couvertures. Ce sont des femmes venues de San Pedro, ou de différents quartiers de Potosí. Elles ont été informées par le flash télévisé et viennent apporter leur soutien. Elles nous offrent un thé bien chaud et du pain, ainsi qu'une bonne provision de feuilles de coca. Nous sommes émerveillés par cette solidarité, et nous ne savons comment exprimer notre reconnaissance.

Malgré cela, la nuit est longue, très longue. Entre le froid et les événements, nous ne pouvons dormir et continuons à entretenir les conversations pour garder courage. Nous avons appris hier soir que le Président de CORDEPO ne pourrait nous recevoir, parce qu'il devait accueillir Monsieur L'Ambassadeur d'Italie dans le plus beau restaurant de Potosí. Cela nous laisse rêveurs !...

Les premiers rayons du soleil nous soulagent. Nous avons les membres tout engourdis par le froid et nous nous secouons. Nos bonnes petites *mamitas* nous apportent un *api* [1] bouillant et nous nous sentons revivre. Pourvu que ce soit la seule nuit passée dehors... Pourvu que nous puissions régler notre problème aujourd'hui...

Dans la matinée, nous tentons à nouveau d'être reçus par le Président de CORDEPO. Nous n'avons que la réponse du gérant :

« Nous sommes absolument désolés, mais le Président est absent jusqu'à demain onze heures. Il a été retenu par une importante réunion et m'a chargé de vous présenter ses excuses.

« Si vous voulez un conseil, rentrez à votre logement et reposez-vous. Ne restez pas là, vous n'obtiendrez rien avant demain. Vos femmes et vos enfants vont s'épuiser. Prenez donc patience jusqu'à demain et vous verrez que tout s'arrangera. »

Nous nous réunissons pour réfléchir sur ces paroles et voir quelle position nous devons prendre. Mais à l'unanimité, tous les compagnons demandent à rester. Ils ont compris que c'était une nouvelle stratégie pour

---

1. Api : boisson à base de maïs violet.

repousser cette question embarrassante. Visiblement, nous dérangeons. Nous avons été à nouveau filmés sur notre lieu de campement, et CORDEPO est sur la sellette. En prétextant un rendez-vous important, le Président tente de se défiler et en même temps de nous décourager et de nous faire partir. Les compagnons ont la rage au cœur :

« Nous ne repartirons qu'avec nos aliments, disent-ils. C'est notre engagement auprès de la communauté. Nous resterons jusqu'à la mort, s'il le faut. Nous n'avons plus rien à perdre maintenant. »

Très embarrassé en nous voyant maintenir notre position, le gérant demande à nouveau le dialogue. C'est à peu près certain qu'il est entré en communication avec le Président et que celui-ci lui a donné des ordres.

« Compagnons, dit-il, cette situation ne peut durer indéfiniment. Nous regrettons beaucoup de voir que vous vous entêtiez à rester là. Je vous ai dit que le Président ne viendrait pas aujourd'hui, et il est le seul à pouvoir régler l'affaire. Je vous le répète, votre présence ici aujourd'hui est inutile.

« Cependant, je vais tout de même vous faire une proposition. Si vous vous décidez à quitter immédiatement les lieux, je prends la responsabilité de faire partir dès maintenant un camion d'aliments à destination de votre communauté. »

Les compagnons se sentent à nouveau bernés. Un camion, un seul, par rapport à tout ce qui est dû. Un camion d'aliments, cela représente un kilo d'aliments par travailleur. A cela, il ne faut pas oublier que les emballages sont à nos frais et que le transporteur nous fera payer le coût du transport. En gros, nous sommes redevables... C'est inadmissible et nous refusons la proposition.

Nous attendons par conséquent toute la journée et la nuit suivante... Une nuit encore plus glaciale que la précédente. Le thermomètre a bien dû descendre à moins cinq. L'équipe de solidarité s'est renforcée et nous n'avons manqué de rien. Cela nous a beaucoup réconfortés, ces gens qui nous encourageaient en quechua. Ils nous disaient que nous avions beaucoup de courage et que nous devions continuer jusqu'au bout.

Effectivement, le vendredi vers onze heures, le Président réapparaît. Cette fois, il est très en colère et décidé à régler la question coûte que coûte. Nous exigeons que l'entrevue se fasse en présence de notre comité de soutien. Face à notre fermeté, il accepte.

Durant la réunion, il avoue n'être pas en possession des dits aliments, cela, dit-il « en raison d'un problème d'organisation auquel nous venons de nous heurter. » Par conséquent, il fait la proposition suivante :

« Devant votre détermination et votre entêtement à ne pas vouloir attendre davantage, – ce qui est regrettable, parce que ce serait l'affaire de quelques jours et pas plus, – je m'engage à m'en procurer par un système d'avance demandé à d'autres organismes. Par conséquent, trois camions partiront dès demain à destination de votre communauté, en même temps que la commission d'évaluation. Rédigeons ici même et maintenant une convention en présence de votre avocat des Droits de l'Homme. Cette convention constituera un document infaillible juridiquement et vous garantira la remise du complément des aliments dans les deux prochaines semaines au plus tard. Je pense que ce compromis est le meilleur auquel nous puissions aboutir, dans votre seul intérêt. »

Malgré des réticences, la base donne son accord. On se sent bien frustrés de ne pas repartir avec la totalité des aliments, mais puisqu'ils n'en ont pas actuellement, il est bien difficile de faire autrement. De toutes façons, c'est l'affaire de deux semaines et pas un jour de plus. Nous ne le permettrons pas.

Nous quittons les lieux, notre précieux document en poche. Nous passons une dernière nuit à San Pedro et organisons le retour. Marcelino et moi partons dans la voiture des personnes chargées de l'évaluation. Celles-ci ont refusé que nous accompagne un membre de notre comité de soutien. J'ai rapidement compris pourquoi. Durant tout le chemin, nous n'avons pas cessé d'être insultés. Nous avons été humiliés, traités comme des bêtes. Nous avons dû être à leur service durant tout le trajet, et lorsque nous sommes arrivés au départ du chemin de Talula-Pisaquiri, les Señores n'ont pas souhaité s'y engager. Il était trop tard, ont-ils dit, ils n'avaient plus le temps...

A notre arrivée, j'en ai pleuré... Je savais qu'ils allaient faire un rapport catastrophique...

L'attente a été interminable. Et à l'issue des deux semaines, rien... Nous décidons d'attendre encore une semaine avant de retourner à Potosí. Mais nous sentons déjà le coup fourré. Car, en quelques jours, les données ont changé. Les Boliviens ont voté et ont opté pour un nouveau Président de la République. Le gouvernement actuel va faire durer encore un peu les affaires et les remettra entre les mains du nouveau Président qui prendra ses fonctions en août. La stratégie est par conséquent de faire traîner encore trois mois, et se décharger de tout cela. Quand le nouveau gouvernement se mettra en place, il ne reconnaîtra pas les accords passés avec l'ancien gouvernement, et voilà, tout le monde sera sauvé, libéré des fardeaux embarrassants...

Lorsque nous retournons à CORDEPO, la rage au cœur, les Señores mettent sous nos yeux le rapport d'évaluation :

« Comprenez bien que dans ces cas-là il est impossible de vous donner des aliments... Nous sommes profondément désolés, mais votre travail est insuffisant. Ce serait faire courir d'énormes risques aux véhicules que de les faire circuler sur ce chemin... »

Nous ne sommes pas étonnés de ces mots. C'est la logique de la stratégie politique. Nous aurons au moins appris cela durant notre lutte... Et pour renforcer cette logique, CORDEPO nous offre une invitation pour l'inauguration de la partie du chemin qui correspond à la province Saavedra. Bien sûr, nous n'y allons pas, mais ceux qui y ont travaillé y vont, eux. Pourquoi ? Parce qu'on leur a promis que s'ils participaient à l'inauguration, il y aurait certainement encore des aliments pour eux contre travail. Diviser pour mieux régner. Cela aussi, je l'ai appris des ingénieurs d'ATEC qui n'ont pas été dupes de l'affaire depuis le début...

Les compagnons de Talula qui ont participé à cette inauguration nous ont raconté :

« Au départ du chemin, ils avaient posé un grand panneau. Sur ce panneau était écrit : « *Este camino es obra de CORDEPO. La Corporación cumple* » [1]. Devant le panneau, un des Señores a fait un beau discours et puis il a coupé le ruban. Ensuite, ils ont cassé des bouteilles de bière. Ils ont bu et ont donné à boire à tout le monde. »

Bien sûr, les compagnons de ma communauté ragent et sont un peu jaloux de ceux qui ont travaillé sur cette portion de chemin. Ça fait mal de voir entassés au bord du chemin les sacs de farine qu'ils ont reçus. Mais ils n'en sont pas la cause. Ils profitent de la chance qu'ils ont eue, et ils ont raison. Et surtout il ne faut pas leur en vouloir. Ce serait faire le jeu de CORDEPO. Les Señores n'attendent que ça, nous diviser pour déclarer ensuite que nous ne sommes pas capables de nous organiser. Ils diront que nous ne méritons aucune aide, qu'il vaut mieux laisser nos communautés à l'abandon, qu'elles sont vouées à la mort...

Moi, j'ai envie que l'on se réunisse en assemblée pour parler de tout cela. Si CORDEPO ne veut rien faire pour nous, tant pis ; mais qu'au moins il ne détruise pas nos communautés. Il faut que tous les compagnons comprennent que notre résistance à nous c'est d'être unis, c'est de continuer à vivre selon notre système d'organisation et de pratiquer nos coutumes. Nous n'avons rien gagné dans cette lutte, nous y avons même laissé des plumes. La *wawa* de Doña Maria lutte entre la vie et la mort, parce qu'elle a pris froid, la nuit du blocage. Nous n'avons pas pu travailler durant toute cette période. Nous avons été humiliés, nous avons eu de faux espoirs...

Mais au moins, nous aurons appris beaucoup, beaucoup de choses. Nous savons maintenant que jamais, jamais plus, nous ne referons un *ayni* avec les Señores de la ville. Nous savons maintenant que tout ce qu'ils font, ces gens-là, c'est soit par intérêt personnel, soit pour leur parti politique. Jamais au service des paysans. Et

---

1. Traduction : « Ce chemin est l'œuvre de CORDEPO. La Corporation réalise ce qu'elle a promis ».

pourtant, ce sont bien les paysans qui les font vivre. L'argent qui rentre à la Corporation, c'est de l'argent pour aider au développement des paysans... Mais voilà. Ils ont tout oublié, l'honneur, la solidarité, la justice. Pourquoi ? Parce qu'ils ont attrapé la maladie de l'argent. Parce que cette maladie leur a fait tourner la tête. Il n'y a rien de plus important pour eux que l'argent. C'est dommage, ils sont très savants, ils connaissent beaucoup de choses que nous ne savons pas, nous, mais ils ont rempli leur tête de toutes ces choses, et il ne reste plus de place pour l'essentiel...

Nous retournons à Pisaquiri. Sans aliments. Nous retrouvons la même désolation dans nos champs, les larmes des femmes, les *wawas* qui se meurent... Rien n'a changé. Simplement nous savons maintenant qu'il ne nous reste plus qu'une seule alternative : mourir ou nous débrouiller par nous-mêmes...

XIII

La sécheresse n'est pas une fatalité

Nous avons invité l'équipe d'ATEC à notre communauté. Malgré la situation et malgré notre déception, nous tenons à faire une première inauguration de notre chemin. D'abord pour remercier nos divinités, et ensuite, pour remercier les ingénieurs d'ATEC de leur coopération. Par l'association qu'ils ont en France, nous avons reçu nos pelles et nos pioches gratuitement, et eux nous ont aidés pour faire le tracé. Nous aimerions les honorer davantage, mais ce n'est pas possible pour le moment. Quand notre situation sera meilleure, nous ferons une véritable inauguration avec les coutumes, l'alcool, et une grande fête...

Nous nous sommes tous réunis au final du chemin et nous avons installé des *arcos de plata* [1] pour accueillir l'arrivée de la première voiture. Nous les avons fabriqués avec de grands bâtons recouverts d'*aguayos*, de couvertures et de notre vaisselle en argent qui ne sert que pour les fêtes. C'est la tradition. Les musiciens étaient là avec leur grande trompe pour appeler et inviter les divinités à notre petite fête.

Mais les premiers arrivés, pour une fois, ont été les femmes et les vieillards. Il faut dire que la plupart d'entre eux, hormis ceux qui sont descendus à Potosí pour le blocage, n'avaient jamais vu de voiture en vrai. Nous, les hommes, nous sommes tous allés travailler en ville, alors nous savons ce que c'est. Nous avons tous déjà pris le camion qui part d'Ockroruro et qui nous amène à Potosí. Mais les femmes ne sortent jamais. Et les vieillards ne

---

1. Arcos de plata : arcs de triomphe ornés d'argenterie.

peuvent plus se déplacer. C'est donc un événement encore plus grand pour eux.

Le vieux Francisco, l'Ancien, dont plus personne ne sait l'âge, a voulu descendre tout seul à la rencontre du véhicule. Nous l'avons laissé faire. Je me demande ce qui se passait dans sa tête à ce moment-là. Le vieux Fransisco était *chaski* dans sa jeunesse, c'est-à-dire messager. Il devait courir d'un point donné à l'autre pour transmettre les messages reçus au *chaski* suivant ; un système de relais était ainsi établi et le courrier était acheminé à une vitesse étonnante... Maintenant, la voiture arrive directement à la communauté... Don Fransisco y est assis...

Les gamins les plus audacieux se précipitent et grimpent dans la remorque. Les autres, les petites filles, en ont plutôt peur. Les gamins crient de joie. C'est merveilleux, ça avance tout seul, sans faire d'efforts. Moi aussi je suis émerveillé. En ville, cela ne m'a pas fait le même effet : les voitures font trop de bruit et sont dangereuses. Mais ici, comme c'est commode de pouvoir faire tout ce trajet depuis Potosí sans se fatiguer ! Et puis on va bien plus vite, peut-être deux fois plus vite, peut-être plus... Le camion qui part d'Ockroruro nous aide bien, mais il reste encore six heures de marche à pied. Et il y a beaucoup de montées...

Don Fransisco ne bouge pas. Il ne veut pas descendre de la voiture. Il doit penser à tout ça. Peut-être se dit-il aussi qu'avec ces engins-là, nous allons continuer à nous « dépachamamiser ». Et il a sûrement raison... Peut-être que ces machines merveilleuses vont nous faire du mal, qui peut savoir...

Toujours est-il que quand cette voiture est entrée dans Pisaquiri, nous avons tous eu le souffle coupé. Impossible de dire quoi que ce soit. Nous avons été très impressionnés. Même les musiciens ne pouvaient pas jouer. C'était le silence. On n'entendait que le bruit du moteur de la voiture qui s'approchait et devenait de plus en plus fort. Ensuite, le bruit s'est arrêté et les ingénieurs sont descendus de la voiture. Les femmes se sont levées ; elles sont allées toucher la carrosserie de la voiture. Et puis, elles se sont mis à rire, à rire... Et tout le monde s'est mis à rire. On riait jusqu'à en pleurer... Et alors, les musiciens ont commencé à jouer, et nous avons entamé la fête. Nous avons tué deux chevreaux que nous avons offerts en premier aux ingénieurs. Les bêtes étaient bien maigres, mais nos femmes les ont cuisinés dans le bouillon et tout le monde en a eu une part. Nous avons *ch'allé* à nos divinités et nous nous sommes fait passer les deux bouteilles d'alcool. Nous avons aussi enrubanné la voiture de serpentins et de branchages, nous l'avons arrosée d'alcool. Ensuite, nous avons continué la fête toute la journée en buvant et en mâchant la coca.

Les ingénieurs sont restés quelques jours avec nous. Ils ont commencé par visiter nos familles ; ils ont vu nos enfants malades et ceux qui étaient en train de mourir. Ils ont regardé nos champs qui font tant de peine. Ils ont vu que nous n'avons rien emmagasiné cette année. Alors ils se sont affolés. Ils ne croyaient pas que notre situation était si grave. Ils voulaient partir tout de suite pour faire un appel à l'Unité Sanitaire. Nous, nous n'avons pas voulu. Nous savons maintenant que nous n'avons rien à espérer des gens de la ville. Nous préférons notre *yatiri* pour soigner nos enfants ; et s'ils meurent, c'est qu'ils doivent mourir...

Je les ai emmenés à la maison de Don Pablino. Le *yatiri* était occupé à faire des emplâtres d'échange. Il les a salués, mais il avait l'air très fatigué et il n'a pas beaucoup parlé.

« La rougeole, a-t-il dit simplement, la rougeole ». Oui, il avait l'air épuisé, complètement abattu... C'est qu'il soigne beaucoup de monde en ce moment, et cela le fatigue. Il travaille jour et nuit, entre en contact avec les divinités à travers les *riwutus*, administre les emplâtres d'échange, fait prier les familles. Tout cela est épuisant. Mais je crois qu'il y a autre chose qui le déchire encore plus que tout cela. C'est la souffrance de toute notre communauté qu'il porte en lui. Il est écrasé par le poids de notre malheur. Vraiment, je ne l'avais jamais vu aussi harassé...

Les ingénieurs sont révoltés devant nos souffrances. Don Juan-Vladi tente de nous persuader :

« Non, vous ne pouvez rester dans cette situation. Vous ne pouvez laisser mourir vos enfants d'une rougeole. Vous n'en avez pas le droit, quand on sait que cela peut se soigner. Laissez-nous donc prendre contact avec l'Unité Sanitaire. C'est un service de l'État, et c'est de leur devoir de s'occuper des populations les plus pauvres. Ils enverront un médecin ou un infirmier pour soigner vos enfants et vous apporteront les médicaments nécessaires... Votre cimetière est suffisamment garni de petites croix blanches, il ne doit pas en supporter une de plus. S'il vous plaît, écoutez-nous et acceptez la proposition. Il en va de la vie de vos enfants, et donc de l'avenir de votre communauté ».

Alors, nous nous sommes réunis et nous avons accepté. Sans illusions. Mais nous ne voulions pas trop décevoir nos amis ingénieurs. Ils avaient déjà tant de peine pour nous...

Ils sont partis tout de suite et je les ai accompagnés.

Nous sommes arrivés très vite à Potosí avec cette belle voiture, et nous n'avons même pas marché cent mètres. Au bureau de l'Unité Sanitaire, il y avait plein de monde et les femmes étaient débordées, je ne sais pas pourquoi. Des gens venaient se faire soigner, d'autres venaient parler... Il a fallu attendre un bon moment avant de pouvoir expliquer la situation de Pisaquiri. Mais la dame semblait bien préoccupée et je ne crois pas qu'elle nous ait bien écoutés. Elle nous a dit :

« Bien, ne vous inquiétez pas, je prends note et nous allons faire le nécessaire. »

Don Thierry a bien insisté en disant que c'était urgent. Alors, elle a répondu qu'elle comprenait parfaitement.

Comme nous n'étions pas très convaincus, nous y sommes retournés le lendemain. Mais cette dame n'y était plus. Une autre personne nous a reçus ; elle n'était pas au courant du tout, et apparemment personne ne l'était. Mais, cette fois, on nous a promis qu'on enverrait un infirmier sur la zone dès le lendemain. Nous avons dormi à Potosí et le lendemain nous sommes retournés à Pisaquiri pour attendre l'infirmier. Personne n'est venu. Le surlendemain personne non plus... Les ingénieurs rageaient... Ils ont décidé de retourner à Potosí et de taper du poing sur la table. C'est Marcelino qui les a accompagnés. Comme ils ont reçu encore une fois le même accueil, ils sont allés le dénoncer à la presse et à la télé. Cela a fait du bruit et a surpris la direction de l'Unité Sanitaire. Du coup, le lendemain, ils ont envoyé une infirmière.

C'était une personne très jeune, venue en voiture avec une malette pleine de vaccins. Les ingénieurs ont demandé s'il fallait l'aider pour transporter les médicaments.

« Non, a-t-elle dit, je n'ai pas de médicaments, je n'ai que des vaccins. L'Unité Sanitaire ne peut fournir les médicaments gratuitement, et nous savons bien que les paysans ne peuvent se les payer. Les vaccins sont gratuits ; ils protégeront au moins ceux qui ne sont pas encore atteints par la maladie...

« Si vous voulez bien m'aider, demandez aux femmes qui ont des enfants bien portants de les amener à l'école. Je les vaccinerai. »

Les ingénieurs sont scandalisés. « Venir en pleine épidémie de rougeole avec le seul objectif de vacciner, c'est pire que de ne pas venir du tout, disent-ils. Si on vaccine un enfant qui porte déjà la maladie, c'est le rendre encore plus malade, voire le tuer... »

Nous, nous ne disons rien, nous sommes habitués. Nous savons seulement que la pauvre jeune fille est venue pour rien, parce que personne ne va amener son enfant à l'école pour le faire vacciner. Les vaccins, nous en avons peur. Ils font pleurer les enfants, leur donnent de la fièvre et parfois les font mourir alors qu'ils étaient bien portants. Nos enfants ne sont pas vaccinés. Une seule fois, des gens sont venus pour les vacciner. Ça a été terrible, parce que les femmes avaient caché leur *wawas* dans leur maison. Eux sont entrés par force et ont obligé les mères à donner leur *wawas* pour les vacciner. Ils criaient que nous n'étions pas civilisés, que cela ne nous faisait rien de voir mourir nos enfants, que nous n'étions que des *indios* qui ne croient qu'aux simagrées de leur sorcier. Ensuite, ils sont partis et personne n'est jamais revenu...

Et comme nous l'avions prévu, personne n'est allé à l'école. La jeune fille a attendu jusqu'au soir, puis elle est partie...

Les ingénieurs d'ATEC sont vraiment désolés. Ils repartent à Potosí très affligés. Je profite de l'occasion pour aller jusqu'à Talula avec eux, afin de rendre visite à mon parrain. Et puis j'aime tellement monter dans cette voiture...

En chemin, une femme nous arrête ; elle crie :

« S'il vous plaît, venez voir. Mon mari se meurt... Venez, faites quelque chose... »

Nous nous arrêtons. J'ai reconnu cette femme. C'est Doña Gabina, la femme de Don Maximo ; ils habitent Oskrochi, une communauté sur les hauteurs de Talula. C'est bien loin, et ça monte, mais il faut aller voir ce brave homme. Ce serait mal de le laisser mourir tout seul. On dit que ceux qui s'en vont auprès des *achachilas* aiment être entourés pour passer plus facilement cette épreuve. Alors, pendant le trajet, sa femme nous raconte ce qui est arrivé :

« C'était pour la fête d'Espiritu, il y a deux semaines. Il était parti nettoyer le canal. Et puis son pied a accroché une pierre, et il a déboulé toute la pente, depuis le canal jusqu'à la *quebrada*[1] de Talula. En même temps, toute la caillasse est descendue et un gros caillou lui est tombé sur la jambe. C'est ce qui lui a fait si mal. Il a réussi à se relever et à marcher un peu pour chercher de l'aide. Mais quand les compagnons l'ont ramené, il s'était évanoui.

« On croyait qu'il allait s'en remettre. Le *yatiri* lui a administré des emplâtres d'échange. Il nous a fait prier. Les voisins ont prié avec nous. Ils ont mis des feuilles de coca et de la quinoa sur sa jambe, pour le calmer. Mais non, ça a été de pire en pire. Maintenant, il se tord de douleur sur sa paillasse et il veut mourir. Venez l'accompagner et l'aider à mourir en paix... »

Après une heure de marche en remontant le Río, nous arrivons à leur *choza*. De l'extérieur, nous entendons déjà gémir le pauvre Maximo. Il est tout en sueur. Il ne cesse de répéter qu'il veut mourir. Les ingénieurs découvrent sa blessure et font une grosse grimace. C'est vrai que ce n'est pas beau à voir. Sa jambe est énorme, et toute sa blessure est infectée.

---

1. Quebrada : vallée.

« Il faut le transporter à Potosí. A l'hôpital, on le soignera. Peut-être qu'on lui coupera la jambe, mais il ne mourra pas. Et puis on lui calmera sa douleur. »

La Doña Gabina baisse la tête. Elle ne répond pas. Moi, je sais ce qu'elle pense, mais cela ne se dit pas. Elle se demande d'abord si ce serait une bonne chose que de lui couper la jambe. Au *campo*, il vaut mieux être mort, plutôt que de manquer d'un membre, sinon on devient une charge pour les autres. Et puis, elle se dit aussi que ça ne sert à rien de tant réfléchir, parce qu'elle n'a pas l'argent pour l'hôpital. J'essaie de faire comprendre tout cela aux ingénieurs. Ils disent qu'on s'arrangera bien, qu'il vaut mieux penser maintenant à lui sauver la vie...

On fabrique vite un brancard et on l'emmène à la voiture. Le pauvre bougre hurle de douleur dans la descente. Puis les secousses de la voiture lui arrachent de nouvelles plaintes... Sur notre route, nous rencontrons Don Teofilo, le nouvel infirmier nommé par l'Unité Sanitaire. Il semble partir en moto pour Potosí. Les ingénieurs l'arrêtent. Ils s'étonnent de voir qu'il n'a rien fait pour Maximo.

« Que pourrais-je faire ? Je ne suis pas chirurgien pour l'opérer. Lui donner un calmant ? Et avec quoi me l'aurait-il payé ? Les médicaments, je les ai achetés, alors j'aimerais qu'on puisse me les rembourser, sinon avec quoi vais-je manger, moi ? »

Le trajet n'en finit pas pour Maximo. Je lui soutiens un peu la jambe, mais ça ne suffit pas. Il est en train de vivre un vrai calvaire... Enfin, nous arrivons à l'Hôpital de l'Immaculée Conception de Potosí. C'est un hôpital de l'Église. Ce sera peut-être plus facile d'obtenir des faveurs financières. Nous débarquons notre compagnon.

Le Docteur traverse le couloir et, les bras croisés, arrive à notre rencontre :

« Qui va payer ? Qui est responsable ? demande-t-il. »

Les ingénieurs expliquent les circonstances et combien il est urgent de le soigner. Ils disent qu'il est déjà très tard, plus de dix heures du soir et qu'ils ne veulent pas le transporter à un autre endroit à cette heure. Et le pauvre souffre déjà tellement qu'il serait inhumain de rajouter à ses souffrances.

Mais la Direction de l'hôpital est intransigeante :

« Si vous nous payez par avance cette nuit, nous le gardons, et demain vous pourrez le faire transférer. Sinon vous devez l'emmener maintenant. Nous comprenons la situation, mais ils sont des dizaines dans ce cas à n'avoir pas d'argent pour se faire soigner. Comment faire ? Nous ne pouvons nous permettre d'administrer des soins gratuitement. Et si nous consentons une faveur à l'un, c'est à tous qu'il faut l'accorder... Nous regrettons beaucoup, mais nous sommes obligés d'être fermes. »

Les ingénieurs se chargent de payer la nuit. Don Maximo est visiblement soulagé de pouvoir enfin se reposer...

Le lendemain, nous le transportons à l'Hôpital Général, l'hôpital des pauvres. Il coûte moins cher, mais tout le monde sait bien que c'est un véritable mouroir. Les amis de la paroisse de San Pedro s'arrangent pour payer les frais. Ils ont organisé une Caisse de Solidarité des Malades, qui sert dans des cas urgents comme celui-là.

Le pauvre Maximo reste là pendant plus d'un mois. Les médecins ont décidé de ne pas lui couper la jambe, de désinfecter la plaie, et puis de l'opérer. Sa femme et son petit garçon sont venus le rejoindre. Ils ont laissé les autres enfants à Talula chez des parents et ils se sont mis à travailler à Potosí. Cela leur permet de se payer un petit logement et un peu de nourriture et d'être le plus possible au chevet de Maximo. Santiago, le petit, est un bon petit gars. Il est très attaché à son père et ne supporte pas de le voir souffrir. Cela le fait pleurer, comme si c'était lui qui souffrait. Tous les jours, il cache deux pains sous son poncho, des pains qu'il a gagnés en vendant des bonbons, et va les lui apporter à l'hôpital. Au début, son père refusait parce qu'il savait qu'il se privait pour lui. Mais le petit s'est mis à pleurer tellement fort qu'il accepte maintenant tous les jours. Maximo m'a raconté tout cela. Il est content d'être entouré de sa femme et de son petit, ça lui donne du courage. Maintenant, il n'a plus envie de mourir.

Alors, après un mois, l'hôpital a demandé d'aller acheter la plaque et les vis pour l'opération. Don Thierry est parti à La Paz pour les chercher. Mais il a dit que c'était bien difficile pour choisir. Des plaques, il y en avait de plusieurs formes, et des vis de plusieurs dimensions. Alors, il a pris un peu au hasard et puis on a opéré Maximo. Ça s'est bien passé. Il est resté encore trois semaines à l'hôpital et il est revenu à Talula.

Maintenant, il va mieux et il recommence à travailler. C'est une bonne nouvelle qui fait plaisir au milieu de notre lutte quotidienne pour la survie. C'est vrai que dans notre *campo*, nous n'avons pas le droit d'être malades ou accidentés. Une morsure de chien, de cochon, et c'est la mort qui nous guette aussitôt. Et nous ne pouvons compter sur personne pour nous faire soigner. C'est aussi pour cette raison que nous mourons tous très jeunes. Les ingénieurs d'ATEC ne peuvent supporter cela, sachant qu'existent des structures de soins. Mais nous, nous savons que nous ne pouvons y avoir droit. A cause de la distance et à cause de l'argent que nous n'avons pas. C'est vrai, c'est injuste, mais nous n'y pouvons rien.

Pour l'école et l'éducation, c'est la même chose. Nous n'avons pas tout ce qu'il y a en ville. A Pisaquiri, nous n'avons qu'une seule classe avec un seul maître. Et depuis peu. La plupart du temps, le maître commence au mois de mars ou avril, alors que la rentrée en ville est en février. Et puis, il s'absente beaucoup, beaucoup. Parfois il y a des grèves, alors le maître rentre chez lui à la ville et il revient beaucoup plus tard. Parfois il s'ennuie au *campo*, alors il va se divertir en ville. Il est vrai que ce sont toujours des maîtres jeunes, très jeunes qui viennent au *campo*. Tous les maîtres qui sortent de l'École Normale doivent travailler deux ans dans le *campo*, c'est obligatoire. Et souvent, ça ne leur plaît pas, car ils ne parlent pas le quechua, et ils ne peuvent pas se comprendre avec les gens de la communauté. Et puis, ils ne connaissent pas nos coutumes, ils trouvent cela barbare. Alors ils apprennent d'autres choses à nos enfants, des choses de la ville.

En ce moment, nous avons un gros problème avec notre école ; nous n'avons pas eu du tout de maître depuis la rentrée. Et nous sommes déjà au mois de juillet. Au moment de la rentrée, au mois de mars, le maître est venu. Comme l'école était en mauvais état à cause de l'orage, il est reparti sur Potosí. Et il n'est pas revenu. Nous avons arrangé le toit de l'école. Et puis nous avons attendu. C'est vrai qu'avec l'épidémie de rougeole, nous avions d'autres soucis. Mais maintenant, nous trouvons cela un peu inquiétant. Peut-être le maître a-t-il été nommé sur un autre poste, et nous, nous n'aurons personne de toute l'année.

Ce serait tout de même important que nos enfants ne perdent pas complètement l'année scolaire. Quand on en parle entre communautaires, les uns s'inquiètent, les autres disent que ça ne change rien, parce que l'école ne sert à rien. Moi, je ne suis pas d'accord. Je vois bien maintenant ce que ça peut permettre d'aller à l'école, au moins de faire penser sa tête. Et de cela, nous en avons bien besoin, même dans notre *campo*, même pour cultiver nos champs.

Je crois qu'il faudrait faire quelque chose pour faire revenir le maître. Nous aurions même besoin de deux, voire trois maîtres dans notre communauté. Je ne sais pas combien nous avons d'enfants en tout, mais ce que je sais, c'est qu'il y en a vraiment très peu qui vont à l'école. Une trentaine, pas plus. C'est vrai qu'il faut payer l'inscription, le cahier et un crayon. Cela coûte cher pour les familles nombreuses. On demande aussi d'acheter une blouse, mais cela ne nous est pas possible, alors les enfants vont à l'école avec leur habits traditionnels. En général, c'est l'aîné des garçons qui est inscrit. Les filles, on pense qu'elles se marieront et qu'elles n'ont pas besoin d'apprendre tant de choses. Elles apprennent tout ce dont elles ont besoin avec leur mère ou leur sœur aînée, et ça suffit.

Et puis, il y a beaucoup de communautaires qui habitent loin, très loin de l'école. Cela ferait beaucoup de déplacements pour les petits, donc les parents ne les inscrivent pas. Il faut aussi qu'ils gardent les bêtes. S'ils vont à l'école, ils n'ont pas le temps d'aider aux travaux de la maison ou des champs. Et il y a toujours beaucoup à faire ; alors on ne peut pas se permettre de se passer des enfants.

D'une certaine façon, ils apprennent des choses, même en restant à la maison ou en gardant les bêtes. En aidant et en regardant travailler leur père ou leur mère, ils apprennent le travail des champs et de la maison. Souvent, la mère explique aux filles les règles de la vie communautaire et le père l'explique aux garçons. Les anciens leur apprennent aussi beaucoup. Ils ont plus le temps et savent beaucoup de choses. Ils leur enseignent à être plus responsables, à travailler davantage, à rendre service.

Moi, malgré tout cela, je dis toujours aux compagnons qu'ils doivent faire un effort et inscrire leurs enfants à l'école. Même si je les comprends. Nos enfants doivent étudier l'espagnol, parce que sinon ils seront toujours traités d'*indios* et d'inférieurs. Et puis c'est important de savoir ce qui se passe en dehors de Pisaquiri, de mieux connaître notre Bolivia et aussi d'autres pays dans le monde.

Quand on sait faire penser sa tête, on se rend compte qu'on n'est pas les seuls responsables de notre malheur. Il y a beaucoup de choses qui entrent en jeu dans tout cela et on se sent moins coupables. Les ingénieurs d'ATEC nous ont bien aidés à penser tout cela. Maintenant, c'est beaucoup plus clair pour moi.

Par exemple, ils ont vu les trous dans lesquels nous puisons l'eau pour boire. Ce sont les mêmes trous où viennent boire nos animaux. Bien sûr, nous n'en avons pas d'autres. Et c'est très mauvais, parce que les animaux peuvent nous transmettre leurs maladies. D'ailleurs, cette eau est très sale. C'est de cette manière que nos *wawas* attrapent des diarrhées. Si nous pouvions avoir un système d'eau potable, avec deux sources différentes pour les animaux et les humains, nous aurions moins de problèmes de santé, même avec la sécheresse.

Et puis, si nous souffrons autant de la sécheresse, c'est parce que nous ne pouvons pas récupérer l'eau de la saison des pluies. Nous n'avons pas beaucoup d'eau dans toute l'année, mais si nous l'utilisions à bon escient pour nos terrains, nous aurions des champs bien plus beaux... Seulement pour cela, il nous faudrait aménager un système d'irrigation pour que tous les champs puissent en profiter. Nos ancêtres savaient faire ça. Nous, nous ne savons plus, et puis, même en le faisant le plus simplement possible, il nous faut un peu d'argent. Il faudrait cimenter les ponts, les passages difficiles, sinon tout s'écroulerait dès le premier passage de l'eau... Cela pour dire que cette sécheresse ne serait pas une catastrophe en soi, si nous avions les moyens de nous en protéger. Ce n'est pas une fatalité. Et c'est bien pour cette raison que nos ancêtres savaient s'en défendre et n'en mouraient pas. Mon vieux papa aveugle m'a raconté comment les ancêtres arrivaient à s'alimenter, même pendant les périodes difficiles de soudure ou bien de calamités. C'est grâce à notre structure en *ayllu*. Ils avaient accès à tous les « étages écologiques », c'est-à-dire qu'ils pouvaient récupérer les produits des endroits les plus élevés, et ceux des endroits les plus bas. C'était beaucoup plus varié et bien complet. Ils ne manquaient de rien, l'alimentation était bien équilibrée. Par exemple, pour avoir une ration suffisante de viande, ils mangeaient beaucoup de cochons d'Inde et ils chassaient les oiseaux. Ils mangeaient même certains petits rongeurs, des lézards, des insectes, des larves de certains papillons, des fourmis. Ils savaient reconnaître ce qui était bon pour la santé et ce qui faisait mal. Ils mangeaient aussi du lama, bien sûr, mais pour éviter que l'espèce se perde, ils ne mangeaient que les mâles ; les femelles, ils les gardaient pour la reproduction et pour donner du lait.

Finalement, le système en *ayllu* est une véritable richesse. Ici, à Pisaquiri, nous l'avons à peu près conservé, mais nous ne savons plus l'utiliser comme avant. En général, nos ancêtres faisaient tout sécher au soleil, et surtout la viande, – ce que nous faisons encore aujourd'hui –. Mais en plus, ils arrivaient à avoir du poisson ; à ce moment, le Pilcomayu n'était pas pollué comme maintenant. Le poisson, ils le laissaient se déshydrater entre des faïences chauffées. Les légumes aussi étaient déshydratés. Avec la pomme de terre ou la *oca*, ils faisaient des *chuños*, comme nous, ou bien ils les enveloppaient de cendres ou de chaux et ils les enterraient dans des trous recouverts de paille.

Il paraît aussi qu'avant la colonisation, nous avions beaucoup plus de variétés de tubercules ou de légumes.

Nous avions plus de deux cents espèces de pommes de terre. Cela permettait de varier davantage notre alimentation, et surtout de limiter les risques pour la culture. Si une espèce produisait mal, l'autre pouvait compenser... On consommait les feuilles tendres de quinoa, de *oca* et d'autres tubercules. On les faisait cuire ou on les mangeait crues. On récoltait aussi des champignons à certains endroits propices de l'*ayllu* et on se les répartissait.

Ensuite, il y a eu la colonisation avec tous les bouleversements que l'on nous a racontés. Alors, nous avons perdu toutes les méthodes anciennes. Même notre alimentation a changé. Souvent, nous ne mangeons même plus la *lawa* de maïs le matin. Nous ne buvons qu'un thé, fait avec nos plantes et quelques galettes de pain que nos femmes ont préparées. Mais ce n'est pas aussi nutritif que la *lawa* ou les potages de céréales. Le sel, ils l'obtenaient par le passage des *llameros* [1], la transhumance des lamas qui venaient du *salar* [2] d'Uyuni. Ils transportaient du sel qu'ils vendaient contre des produits qu'ils ne possédaient pas et allaient jusqu'à la vallée de Cochabamba. Bien sûr, ils passent encore aujourd'hui, mais les gens préfèrent acheter le sel en ville.

Et puis, avec notre système d'héritage, chaque communautaire a de moins en moins de terrain. Alors, moins de terrain, moins de production... Et donc on tente de faire produire davantage le peu que nous avons. On ne fait plus reposer les terres, on ne peut plus se le permettre. Et elles se fatiguent. Elles n'arrivent plus à se refaire une santé. On dit qu'il faudrait faire reposer la terre pendant quatre ans pour que le ver de la pomme de terre meure. Et cela c'est fini. Un an, voire deux, c'est le maximum que l'on puisse faire, à moins que ce ne soient vraiment des très mauvais terrains dans la montagne. En outre, nos bêtes en profitent pour venir y brouter et donc empêchent la terre de se reposer. Et puis, nos semences ne sont plus bonnes. Nous n'avons pas les moyens de les renouveler, alors nous replantons toujours les mêmes et

---

1. llamero : berger de lamas.
2. Salar : vaste étendue plane de sel.

elles finissent par s'épuiser. Elles ne donnent pas autant qu'au début, lorsqu'elles sont nouvelles.

Avec tout cela, nous avons l'érosion. L'érosion est terrible chez nous. A chaque saison des pluies, ce sont des tonnes de terre qui dévalent. C'est même très dangereux. Nous avons eu un éboulement il y a deux ans qui a englouti tout un groupe de *chozas*. Heureusement, cela s'est produit de jour et les gens ont pu se sauver à temps. Mais chaque année nous avons les mêmes problèmes. Nos chemins sont démolis. Nos terrains se réduisent ; ils sont rongés sur les bords, en particulier ceux qui se trouvent au bord des failles d'écoulement. Ceux qui sont en pente sont lessivés par les eaux. Elles emportent les cultures et même la terre superficielle. Alors, il ne reste plus que les cailloux et la mauvaise terre. L'idéal, pour éviter cela, serait de revenir aux terrasses d'autrefois. Les terrasses retiennent l'eau et empêchent les glissements de terrain. Ce ne serait certainement pas très compliqué. Mais nous en avons perdu l'habitude et il faudrait qu'on nous l'enseigne à nouveau. On devrait aussi apprendre à ne pas cultiver toujours la même chose. La colonisation avait imposé la production unique, la monoculture. Il s'agissait de faire de la production à grande dimension. Maintenant, c'est fini tout cela. Il nous faut réapprendre la rotation des cultures et diversifier les espèces. Essayer de retrouver des plantes qui ont disparu. Et cela, pour nous-mêmes, pour notre autosuffisance. Il est inutile d'aller vendre, si nous n'avons pas ce qu'il nous faut pour survivre.

Les ingénieurs d'ATEC nous ont donné beaucoup d'espoir. Ils peuvent intervenir pour nous aider à mettre en route tout ce que nous avons envie de faire. Ils ont toutes les connaissances techniques. C'est à nous maintenant, à la lumière de ce qu'ils nous ont expliqué, de décider ce que l'on veut pour notre communauté.

XIV

L'assemblée du dernier espoir

C'est notre dernière chance... Nous réunissons l'assemblée communautaire de notre dernier espoir. Si nous voulons que notre communauté soit sauvée, nous devons trouver nous-mêmes les solutions. Pas question de compter sur l'État. Pas question de compter sur ces grosses institutions qui profitent de notre pauvreté pour devenir encore plus riches... Non, nous l'avons bien compris maintenant. C'est à nous de décider. Si nous prenons nous-mêmes nos responsabilités, l'équipe d'ATEC nous soutiendra ; et je crois que nous pouvons leur faire confiance. Ils ont prouvé plusieurs fois qu'ils tenaient parole.

C'est une assemblée communautaire extraordinaire. Nous sommes tous là avec notre rage contre tous ceux qui nous ont promis et qui n'ont rien fait pour nous. Nous sommes tous là avec notre volonté de prouver que nous n'avons pas besoin d'eux. Nous continuons la résistance. A notre manière. Mais nous sommes tous là aujourd'hui, décidés à combattre notre misère, résolus à ne pas vouloir nous laisser mourir.

Il nous a fallu beaucoup de temps et de patience pour convaincre nos compagnons. Nous avons beaucoup, beaucoup parlé pour leur redonner la force d'y croire. Ils étaient si épuisés de toutes nos démarches vaines, si épuisés du malheur qui les touche... Nous avons répété les paroles des ingénieurs d'ATEC. Notre existence peut changer, si nous le voulons. Nos terres peuvent nous donner à manger. Nos *wawas* peuvent éviter de mourir de diarrhées. Nos enfants peuvent aller à l'école. Bien sûr, pas du jour au lendemain. Il nous faudra du temps. Mais tout dépend de nous. Si nous avons l'idée et l'énergie de faire quelque chose, même s'il nous manque les compétences techniques, nous y arriverons, parce que l'équipe d'ATEC nous aidera.

Alors, peu à peu, les compagnons ont commencé à nous croire. Ils ont bien compris que la Pachamama ne continuerait à donner que si eux-mêmes continuaient à donner. S'ils se laissaient aller à mourir, la Pachamama ne ferait rien pour eux. S'ils continuaient à se « dépachamamiser » en allant chercher autre chose à la ville, elle ne ferait rien non plus pour eux. C'est pour garder leur harmonie avec les divinités qu'ils ont fini par accepter cette assemblée extraordinaire.

Avec les autorités, nous avons décidé de demander aux communautaires ce qu'ils souhaiteraient en priorité pour leur communauté. Ils n'ont pas attendu bien longtemps pour répondre. Ils ont dit beaucoup, beaucoup de choses. Je me rappelle les principales.

« Qu'on améliore nos récoltes. Que nos terrains nous permettent de vivre, sans avoir besoin d'aller travailler en ville. Maintenant, il n'y a plus de travail. On perd notre temps et on dépense plus d'argent que ce qu'on en gagne. »

« Qu'on apprenne à retrouver toutes ces techniques qu'ils avaient autrefois et qu'on a oubliées ».

« Que nos enfants puissent aller à l'école au moins jusqu'au cinquième cours. Qu'ils ne restent pas ignorants comme nous. Qu'ils apprennent tout ce qu'on vient de nous apprendre sur notre Histoire et qui nous a fait comprendre pourquoi nous sommes si pauvres maintenant. »

« Il faut faire quelque chose pour la santé de nos enfants. En finir avec les diarrhées et les épidémies. Nos enfants sont l'avenir de notre communauté. Si nous les perdons tous, notre communauté mourra. »

Je suis heureux de les entendre parler ainsi. Je suis sûr que toutes les discussions que nous avons eues ensemble depuis le début de la catastrophe de la sécheresse, les a fait changer d'idée. Avant, ils ne voulaient rien faire qui puisse changer les habitudes, ils ne proposaient jamais rien. Ils avaient trop peur du châtiment des divinités.

« *Asi es. Que vamos a hacer* » disaient-ils sans arrêt. C'était la fatalité. Il ne restait qu'à s'y soumettre. Moi aussi j'étais comme eux à certains moments. Mais j'avais toujours la voix de mon maître d'école qui me parlait à l'oreille et qui disait :

« Jusqu'à quand Bolivia va-t-elle rester en retard comme ça ? Ne pas envoyer ses enfants à l'école, cela signifie que l'on contribue au sous-développement de notre pays. Les analphabètes ne pourront jamais aider au pays à se développer. Ils ne seront jamais capables de se défendre ; ils laisseront toujours notre pays se faire manipuler par des étrangers. Les analphabètes sont des irresponsables.

« Toi, Pedro, ce que tu as appris, tu ne t'en serviras pas pour gagner des sous, mais pour aider ta communauté et pour servir les plus pauvres. Cela te coûtera de la peine, des larmes et des sacrifices, mais ça en vaut la peine... »

Il avait tellement raison ; mais je ne pensais tout de même pas que ce serait aussi difficile. La peine et les larmes, je les ai eues, je les ai toujours, et ma communauté est toujours aussi pauvre et démunie. Il faut du temps, beaucoup de temps pour que les choses évoluent. Aujourd'hui, en entendant parler ainsi mes compagnons, je me dis que quelque chose a changé. S'ils en ont la volonté, notre situation s'améliorera.

Je suis surtout très heureux qu'ils aient pensé à l'école pour leurs enfants. Jusqu'à maintenant, ils n'avaient jamais été très enthousiastes pour demander un autre poste d'enseignant. A Pisaquiri, les enfants qui vont à l'école ne peuvent aller que jusqu'au troisième cours[1]. Après, c'est fini, plus d'école... Cela ne suffit pas pour apprendre à lire et écrire l'espagnol.

Nous informons l'équipe d'ATEC de tout ce qui a été dit à cette assemblée : l'amélioration de nos cultures, l'éducation, la santé de nos enfants... Ils nous proposent de réfléchir ensemble sur les possibilités que l'on a pour résoudre ces problèmes. Alors là, c'est plus difficile. Les ingénieurs nous aident à faire penser notre tête. Nous en concluons qu'il faudrait arranger nos trous d'eau, pour éviter que les animaux viennent y boire et faire leurs

---

1. Troisième cours : correspond au CE2.

saletés. Ce serait peut-être la première chose à faire. Les ingénieurs vont y réfléchir. Ils nous expliqueront comment cela peut se concrétiser.

L'école, il nous faudra nous-mêmes la construire si nous voulons obtenir un autre poste d'enseignant. Nous pouvons le faire, construire les murs en *adobes* et le toit en paille. Il faudrait seulement trouver une aide financière pour la charpente, les portes, les fenêtres et le mobilier.

Ensuite, pour améliorer notre production, il faudrait pouvoir irriguer nos terres. Elles ne reçoivent que l'eau qui tombe du ciel, et cela ne suffit pas ; surtout cette année, où le ciel n'est pas décidé... Nous pourrions installer un système d'irrigation, de manière à ce que toutes les plantes bénéficient d'un peu d'eau régulièrement sur leur période de croissance. Pour cela, il faudrait récupérer l'eau des sources, et amener un canal jusqu'à nos terrains.

Nous avons eu d'autres idées encore. Produire du miel, rechercher d'autres plantes adaptées à nos terrains et à notre climat, améliorer notre élevage, construire des terrasses...

Enfin, nous avons réfléchi sur la manière dont on pourrait être aidés financièrement. Les ingénieurs vont bâtir les projets, et les soumettre à différents organismes financiers. Bien sûr, il ne faut pas se bercer d'illusions et éviter de trop y compter dessus. Nous, nous fournirons tout le travail manuel et nous ferons notre possible pour réaliser ces projets, même sans aide financière. Comme pour la construction du pont et du chemin, nous sommes prêts à faire des sacrifices.

Ensuite, les ingénieurs d'ATEC ont travaillé longtemps pour penser et bâtir les projets. Plusieurs fois, nous sommes allés les visiter, et eux aussi sont venus pour nous demander notre avis. Bien sûr, nous ne sommes pas assez savants pour tout comprendre, alors ils ont pris le temps de bien nous expliquer.

Par exemple, pour l'amélioration de nos terrains et de notre production, voilà l'idée qu'ils ont eue. Ils l'appellent projet « agroforestal », c'est-à-dire un projet qui serve en même temps à améliorer notre agriculture et aussi à limiter l'érosion par la forestation. Je trouve cela bien intéressant.

Il s'agit de la plantation simultanée de fourrages, de figues de Barbarie et d'arbres. Le fourrage donnera à manger à nos bêtes, surtout en période d'hiver où elles n'ont rien à manger et où il faut les emmener très loin pour qu'elles trouvent quelque chose. Cela les épuise et avec le froid, elles prennent mal. De plus, elles broutent dans nos terrains et empêchent ceux-ci de se reposer pendant la période d'hiver. Et quand le printemps arrive, les plantes n'ont pas la même vigueur pour pousser.

Donc, on récolterait le fourrage, on le ferait sécher et on l'engrangerait pour l'hiver. Ainsi, les bêtes resteront dans le *corral* ; elles ne prendront pas froid et elles engraisseront plus vite du fait qu'elles ne courront pas autant. Enfin, elles fourniront davantage de fumier pour nos cultures.

Ce sera aussi du temps de gagné pour nos femmes et nos enfants, parce que ce sont souvent eux qui vont garder les bêtes, surtout lorsque nous, les hommes, sommes partis à la ville pour travailler. Et ils doivent rester dehors toute la journée en plein froid. Les *wawas* qui sont dans le dos de leurs mères tombent malades parce qu'elles restent au froid et elles ne bougent pas. Alors que là, les femmes pourront s'occuper à tisser et les enfants pourront aller à l'école pendant toute la durée de l'hiver.

Ensuite, le long des champs de fourrage, on mettra des figues de Barbarie. Cela, ce n'est pas nouveau, parce qu'on en a toujours dans les pentes qui poussent un peu n'importe où. On ramasse les fruits pour les manger, c'est très bon, mais nous n'avons jamais eu l'idée d'en faire pousser davantage. Nos ancêtres devaient le faire.

Et c'est vrai que ce serait très avantageux. Nous aurions des fruits à manger ; c'est très bon pour l'alimentation de nos enfants. Ils ne mangent jamais de fruits, parce que nous n'en avons pas. Là, il suffira d'écraser les épines et hop ! ils pourront les manger directement.

Et puis, les rangées de figuiers empêcheront les bêtes d'aller brouter le fourrage tout frais qui n'a pas fini de pousser. Avec les épines, ça fait barrage. Les ingénieurs d'ATEC disent qu'ils nous apprendront à les planter selon les courbes de niveau. Cela, pour se protéger de l'érosion, pour empêcher la terre de glisser. On les plantera donc en lignes un peu espacées, et entre ces lignes, on disposera nos cultures et le fourrage. Chaque année, avec l'érosion, la terre descendra, et petit à petit se formeront des terrasses naturelles. Bien sûr, cela prendra un peu de terrain sur les pâturages habituels, mais on devrait facilement le récupérer par la meilleure production.

Puis, à l'extérieur des rangées de figuiers de Barbarie, on plantera des arbres. Là aussi selon les courbes de niveau. Les arbres serviront de coupe-vent à nos cultures ; ils les protégeront. Et ils protégeront de l'érosion. D'ailleurs, il n'y a pas de raison que les arbres ne poussent pas, car il paraît qu'autrefois, il y avait beaucoup d'arbres à Pisaquiri. Les ingénieurs nous ont raconté que l'ethnie des Tinquipayas, à laquelle appartenait notre communauté, a été la première qui a proposé au temps de la Colonie de payer le prix de la *mit'a* pour se libérer de cette obligation. Elle a payé sa liberté avec le bois qu'elle avait. Cela servait pour la fonte de l'argent à Potosí. Comme on n'arrivait pas à trouver suffisamment de bois, la proposition a été acceptée. Mais malheureusement, le prix de la liberté, nous le payons encore aujourd'hui. Nous n'avons plus d'arbres et nos champs sont rongés par l'érosion...

On plantera donc différentes variétés d'arbres, de manière à ce qu'elles se complètent les unes les autres. Par exemple, on mettra des ormes. Comme leurs feuilles tombent en hiver, cela fera de l'humus pour le sol. Les eucalyptus fourniront du bois pour construire nos maisons. Comme ces arbres poussent vite, on en replantera au fur et à mesure. Mais ce serait mauvais pour la terre de ne planter que des eucalyptus. Il faut aussi planter des arbres d'origine, qui n'ont pas été apportés par les Espagnols comme les *kiswaras*, par exemple. Ce sont de très beaux arbres, bien adaptés à l'altitude, et qui fournissent beaucoup d'humus. Ils n'ont pas d'écorce, en effet, mais seulement une pelure autour du tronc qui tombe facilement. Le problème, c'est qu'ils sont très lents à pousser. Alors en attendant, il y aura les autres.

Évidemment, nous n'avons pas les moyens d'acheter les arbres, des outils et du fumier. Il faudra demander une aide. Nous, de notre côté, nous nous engageons à fournir tout le travail. Les ingénieurs ont compté que le travail représentait la moitié du coût du projet. Nous planterons les arbres et les figuiers de Barbarie et les surveillerons bien. Nous les arroserons, surtout au début. Nous sèmerons le fourrage et veillerons bien à ce que les bêtes n'y entrent pas pour brouter. Ce sera le plus difficile : c'est tellement tentant de venir quand il n'y a rien d'autre à manger ailleurs... Nous le ferons bien comprendre aux femmes.

Pour la plantation, nous organiserons une *faena*. Chaque famille ou *originario* se chargera de planter et de surveiller une surface déterminée. Nos autorités se chargeront de contrôler le travail et de donner des amendes à ceux qui ont mal travaillé. Un agronome va rester tout le temps avec nous. Il l'expliquera aussi aux femmes et aux enfants, afin que tout le monde participe. Il parlera avec le maître, et nos enfants apprendront à planter les arbres. Ils sauront aussi pourquoi c'est important d'en planter. Ils apprendront à ramasser le fourrage, à le faire sécher et l'engranger. Car, nous n'avons pas l'habitude de ce travail et nos enfants ne peuvent pas l'apprendre de nous.

Les ingénieurs sont venus expliquer le projet à Pisaquiri. Les compagnons sont bien d'accord. Ce seul projet ne suffira pas pour nous tirer d'affaire, mais si nous pouvions avoir des moutons plus nombreux et moins maigres, cela nous aiderait bien. De toute façon, les surfaces cultivées ne seront pas réduites, parce que toutes les nouvelles plantations occuperont des terrains incultes où venaient brouter nos moutons.

D'autre part, les ingénieurs ont réfléchi sur la manière d'avoir de l'eau potable dans notre communauté. En fait, ce serait tout simplement reprendre ce qui existe déjà. Pisaquiri est composé de huit sections ; ce sont des groupements d'habitations autour d'une petite source. A chacune de ces petites sources, on installerait un système avec deux arrivées d'eau. L'une aurait un abreuvoir pour les bêtes et l'autre une fontaine pour les hommes. On recueillerait l'eau à la source par un système de galerie d'infiltration qui arriverait à un réservoir collecteur. De là partirait un tuyau qui alimenterait d'un côté l'abreuvoir, de l'autre la fontaine. Cela, on le ferait huit fois, c'est-à-dire une fois pour chaque source. Là aussi, nous devrons demander une aide financière. Car tout cela sera bâti et nous n'avons pas les moyens de nous acheter les matériaux. De plus, il faudra sûrement payer un maçon, parce que ce travail, nous n'avons jamais appris à le faire. Par contre, tout le travail manuel, nous le ferons entièrement : la tranchée, la récupération de gravier, de sable, de cailloux, tout ce qui est en notre possibilité. Malgré tout, nous savons bien que notre eau potable ne sera pas pour demain. Si nous avons de la chance, nous aurons un financement. Sinon, nous attendrons encore...

Un autre projet est aussi en route, celui du système d'irrigation de nos terrains. Les ingénieurs sont venus. Ils ont mesuré, ils ont bien regardé et bien réfléchi. Ils ont fait des calculs et ils nous ont dit que le projet était viable.

Mais pour nous cela pose un problème important. La source de départ d'où ils pensent faire partir le canal d'irrigation ne nous appartient pas. Elle appartient à la communauté d'Itinoka. Nous n'avons pas le droit d'utiliser leur source. Ce serait tout à fait incorrect et mal de notre part. Il faudra en parler aux autorités d'Itinoka et voir dans quelles mesures on peut le faire, sans leur porter préjudice.

Enfin, comme nous avions parlé au cours de notre assemblée d'utiliser davantage du miel et éviter d'acheter du sucre, les ingénieurs ont apporté une ruche à Pisaquiri. Personne ici n'avait jamais vu ces petites maisons. Le miel, nous allions en tirer là où nous savions qu'il y avait un essaim. Mais c'est dangereux et on ne récolte pas grand chose. La ruche a été installée dans le terrain du *curaka*. Si l'opération marche bien, nous en installerons dans tous les *originarios* qui le souhaitent. Ce sera toujours une économie de ne pas acheter de sucre. Et on dit que le miel est meilleur pour la santé que le sucre.

Ensuite, comme il n'y a pas beaucoup de fleurs à butiner à Pisaquiri, nous pourrions en faire pousser. Nous pourrions les semer sur les bords sablonneux du Río Pilcomayu. Comme l'eau est contaminée et qu'on ne peut rien cultiver pour la consommation, autant en faire profiter les abeilles. En outre, nous pourrions vendre nos fleurs à la ville. A Potosí, les fleurs de cimetière coûtent très cher, parce que personne n'en cultive. Il faut les faire venir de Cochabamba et des vallées. Cela ferait une rentrée d'argent.

Je commence à me sentir un peu plus heureux. Bien sûr, rien n'est fait pour l'instant. Parmi tous les projets proposés, peut-être nous n'en aurons même pas un de financé. Et pourtant, je sens cet enthousiasme qui est en train de transformer les communautaires. Et cela, c'est plus que tout. Maintenant je sais que, même si on subit un échec de plus, ils ne seront plus comme avant. Ils voudront quand même faire quelque chose, même sans aide, même sans matériel, seulement avec leurs idées et leur courage.

Le temps passe et les travaux d'aménagement avancent. Nous avons rencontré les autorités d'Itinoka. Elles ne mettent aucune opposition à ce que l'on utilise leur source, puisque la communauté d'Itinoka puise son eau à une autre source, plus près de chez elle. D'ailleurs, les communautaires de Pisaquiri puisaient déjà à cette source, dont ils sont plus proches. Les autorités acceptent de la laisser entre les mains de notre communauté, à condition de ne pas porter préjudice à l'autre source et de signer un papier le notifiant.

Les ingénieurs d'ATEC ont commencé à dresser les plans du passage du canal. Ils sont un peu inquiets, parce que le terrain autour de la source est très instable. Il faudra donc réaliser un gros travail pour éviter les problèmes d'éboulement. Il faudra installer des gabions. Et cela risque de coûter cher... Enfin, nous tâcherons de faire le plus de choses possible avec nos propres matériaux et nous fournirons toute la main d'œuvre. Et puis, si la construction casse chaque année avec le passage des eaux, nous reconstruirons nous-mêmes.

Ce serait un canal de trois kilomètres sur les hauteurs de Pisaquiri. A partir de ce canal, nous ferions descendre des petits canaux secondaires dans nos champs. Mais ceux-là, nous les fabriquerions seulement en terre, ce qui ne coûterait rien.

Bien sûr, cela va nous demander beaucoup de sacrifices, car il faudra travailler très dur avant d'avoir les résultats. Nous devrons encore souffrir, parce que pendant que nous travaillerons à ces projets, nous ne gagnerons rien pour faire vivre notre famille. Mais nous avons déjà tellement souffert en vain, que cette fois nous le supporterons mieux en espérant que notre avenir sera meilleur.

Je suis très content. Les ingénieurs d'ATEC, eux, tempèrent mon euphorie. Ils disent que je suis un peu trop optimiste et que je devrais attendre le résultat des financements. Peut-être... Mais si nous cessions tous de nous désespérer, Pachamama ne nous abandonnerait pas. Reste que les hommes qui financent les projets ne croient pas tous en la Pachamama...

Je remonte souvent sur le coteau au-dessus de Pisaquiri. Et je me prends à rêver... J'imagine les petits champs devenus verts et l'eau des canaux qui ruisselle le long des sillons. J'imagine nos moutons bien gras qui broutent le pâturage. J'imagine nos enfants heureux qui prennent le chemin de l'école et cueillent au passage quelques figues de Barbarie bien juteuses. J'imagine nos femmes chargées de leur *wawas* qui viennent à la fontaine s'approvisionner d'une eau limpide et fraîche pour cuisiner. J'imagine ma Segundina me sourire en ouvrant la porte de notre nouvelle maison que nous venons de *ch'allar*. C'est son vœu le plus cher. Je peux alors avoir la tête haute et répondre à son sourire. Les sacrifices réalisés pour notre communauté n'auront pas été vains...

Et puis soudain, je sors de mon songe... Tout redevient jaune et sec. Je suis à nouveau triste et j'ai froid. Je lève la tête : Segundina est là avec Justinito. Ils viennent me chercher pour le repas. Ils me sourient...

Epilogue

Plusieurs mois ont passé avant que les institutions financières ne donnent de réponse. Le FDC (Fondo de Desarrollo Campesino) auquel un des projets a été proposé, le rejette parce qu'il n'est pas « rentable ». L'organisme aurait souhaité un tableau de chiffres où seraient détaillés les bénéfices économiques attendus du projet. Thierry ne cache pas sa déception :
« Est-il possible de parler de rentabilité dans de telles conditions de survie ? Nous ne voulons pas faire de misérabilisme, surtout pas... Les paysans quechuas détestent cela. Ils haïssent la mendicité, surtout vis à vis des institutions. Mais si de tels projets ne sont pas financés, c'est que la volonté du FDC est de laisser mourir les communautés andines. Et dans le fond, cela est très logique. Le FDC reçoit de l'argent de la Banque Mondiale. On connaît la volonté politique de celle-ci : développer l'économie de marché, favoriser la concurrence, prôner le libre échange, bref, ce qu'on appelle le néo-libéralisme.

« Mais comment associer cette politique au système d'organisation quechua basé sur la réciprocité, la responsabilité de tous, les liens si étroits avec la nature et les divinités, l'étonnante démocratie et la vie communautaire... Il y a un fossé infranchissable qui sépare deux philosophies totalement opposées : celle qui fait référence au seul bien de l'argent et celle qui fait référence à l'humain. »

Les organismes internationaux, tels que la Banque Mondiale ou le Fonds Monétaire International répandent leurs concepts qui se traduisent ainsi dans cette région du monde :

– Les communautés andines ne sont plus viables. En disparaissant, disparaîtront les problèmes de minifondos et de pauvreté rurale.

– La majorité des paysans se trouvent hors du marché. Par conséquent, ils ne sont pas des agents économiques attractifs pour le développement de l'agriculture.
– Les paysans ont une résistance innée au changement. Investir pour eux serait une dépense inutile.
– De grandes transformations ont déjà été faites en faveur des paysans, telle la Réforme Agraire, et les paysans continuent à être pauvres.
– Les paysans sont incapables de produire pour l'exportation. Seule l'entreprise agricole capitaliste est capable de le faire.

« Cela veut donc dire qu'au nom du capitalisme et de la productivité, il faut laisser mourir toutes les communautés andines. Enfouir les grandes leçons du système d'organisation quechua, oublier les milliers de paysans qui végètent dans leurs montagnes, et ne laisser la place qu'aux « gagnants », ceux qui ont « réussi » et qui se sont forgés une place au soleil...

« Et l'État bolivien dans tout cela ? Quelles sont ses responsabilités ? Acceptera-t-il de laisser s'éteindre une partie de sa population ? En réalité, l'État bolivien subit si fortement l'emprise des banques internationales qu'il n'a pas une grande marge de manœuvre. S'il s'oppose aux volontés internationales, les crédits lui sont refusés et il plonge dans le gouffre financier... Reste à baisser la tête pour faire le doux agneau. Aussi l'État bolivien n'a-t-il jamais consenti un seul effort en faveur des populations andines. Jamais une seul chemin vicinal n'a été construit grâce à un financement de l'État. Aucune infrastructure, aucun aménagement. C'est une volonté de l'État de se désintéresser de l'éducation et de la santé. Le personnel enseignant et médical travaillant dans le *campo* reçoit un salaire si dérisoire qu'il se voit contraint d'exercer un ou plusieurs autres emplois en même temps.

« Et pourtant, les communautés andines font partie des rares qui paient des impôts à l'État. Par le système de paiement de la *tassa* [1], chaque *originario* lui verse deux boliviens par an. Mais qu'importe ?... Pourquoi s'efforcer de soigner et donner une éducation à une population que

---

1. Tassa : taxe.

l'on souhaite voir disparaître ? Éviter que cette population n'apprenne l'espagnol, éviter qu'elle ne prenne des responsabilités nationales, éviter même de rencontrer cette population, de la connaître, c'est le début de l'ethnocide.

« Cependant combien de fois, en regardant vivre ces communautés andines, j'ai pensé que j'avais tout à apprendre d'elles, que nous avions, tous, tout à apprendre de ces peuples. J'ai souvent fait le rêve qu'un jour, ils nous apprendront à vivre, que nous ouvrirons les yeux sur leur culture et leurs croyances. Mais nous sommes bien trop orgueilleux pour penser ne pas tout savoir, pour nous ouvrir à la différence...

« Je garde en moi l'amertume de n'imaginer aucun avenir facile pour ce peuple que j'aime. Je formule simplement le souhait que les paroles et l'expérience relatées par Pedro Condori, tout au long de son témoignage, aident à prendre conscience qu'il existe d'autres formes de sociétés, plus humaines, que celles dans laquelle nous vivons. Notre système, hélas, continue à dominer et à écraser tout ce qui entrave le règne de l'argent. Les héritiers des Démons du Feu ont encore de beaux jours...

Mon espérance ? Les réponses positives des petites associations françaises aux projets envoyés. Ces associations de bénévoles sont constituées d'adhérents aux revenus faibles qui ont saisi tout l'intérêt et la portée de leur action. Dans différents endroits de France, des petits groupes se réunissent et réfléchissent au sens qu'ils donnent à leur vie, en solidarité avec les pays pauvres. Petits groupes messagers de l'espoir, ils aideront la communauté de Pisaquiri à avoir de l'eau potable, une école,... Mais surtout ils auront sur le monde un regard autre. Puissent ces petits groupes s'amplifier, se multiplier et, un jour, se joindre pour faire ployer les forces des Démons du Feu... »

Juan-Vladi n'a de cesse de chercher des moyens pour éviter la disparition des communautés andines. Il ne se résigne pas à accepter de les voir mourir. Il sait combien le travail de l'association ATEC, dont il est directeur, peut sembler lilliputien face au gigantisme de la tâche. Mais il garde, malgré tout, confiance.

« Aujourd'hui, j'ai de la peine à envisager l'avenir des communautés andines. Les projets que nous mettons en route, même s'ils aboutissent, ne seront qu'un petit pansement posé sur une immense plaie. Je sais très bien que ces projets ne suffiront pas pour sauver la dignité d'une population. L'option de l'immigration est désormais impossible aujourd'hui. Reste pour les jeunes la possibilité de partir avec leur famille coloniser certaines régions de Bolivie encore en friche. Problèmes d'acculturation, de déplacements de population... Bien sûr. Mais ce serait peut-être l'unique solution, pour que ceux qui restent puissent vivre dignement, et que ceux qui partent, reconstituent leur culture dans un environnement plus facile.

« Et puis, il faut peut-être tout simplement rester confiant, même si l'avenir paraît très sombre. Ces populations ont su résister depuis cinq cents ans. On peut supposer qu'elles sont encore capables de le faire. Peut-être connaissent-elles une période de transition où elles doivent se remettre en question et se « transformer en se maintenant ». Elles sont peut-être encore capables d'un nouveau syncrétisme avec les données de la société contemporaine.

« Le sens de notre présence parmi eux ? Être là, répondre à une demande,... Vivre à leurs côtés sans jamais imposer quoi que ce soit. Toute forme d'imposition devient une aliénation. La plus grande blessure qu'aient connues les communautés andines, ces dernières années, est peut-être celle de l'arrivée en force de grosses institutions « d'aide au développement ». Chacune arrive à grand renfort de donations, de prêts qui ne pourront jamais être remboursés. Quelquefois, la même zone comprend plusieurs institutions de ce type. Et la concurrence se met en route. C'est à qui fera le plus de cadeaux et de promesses. Résultat ? Des communautés complètement dépendantes, incapables d'imaginer le départ des institutions. Des communautés devenues individualistes, jalouses entre elles, déchirées. Des communautés qui ont perdu toute structure d'organisation.

« Trop de mal a déjà été fait. La présence d'institutions a été souvent plus nuisible que bénéfique. Sachons rester modestes. Il est préférable de n'être pas là, plutôt que de faire un travail qui porte préjudice aux « bénéficiaires ». Sachons mesurer les conséquences de nos interventions. Et surtout, ne nous croyons pas indispensables... C'est un leurre de penser qu'avec nos moyens, nous sommes capables de « secourir ces pauvres gens...

« Notre association n'a pas cette prétention. Nous sommes entrés dans la zone de Talula-Pisaquiri, parce que ces communautés nous l'ont demandé. Notre seul but a été d'encourager leurs initiatives et d'aller plus loin dans la prise de conscience de leur situation.

« A partir de là, les communautés elles-mêmes se sont mises en chemin pour envisager une amélioration de leur niveau de vie. Et nous avons répondu à leurs demandes, en particulier dans le domaine technique. Mais tout ce cheminement n'a pu se faire que par une relation de confiance qui s'est établie au fil du temps. Je dirais même grâce au partage que nous avons pu vivre ensemble : nous avons appris d'eux, ils ont appris de nous. En somme, nous avons réalisé un *ayni*.

« Avant de mesurer l'ampleur des réalisations, c'est le climat dans lequel elles ont été possibles qu'il est important de noter. L'enthousiasme nouveau des communautaires, la formidable espérance de Pedro Condori laissent à penser qu'ils sont encore en mesure de faire face à leurs difficultés. C'est dans cette confiance que je place tous mes espoirs... »

Quant à moi, l'auteur, je rajoute seulement aux différents témoignages précédents, ces quelques vers qui souvent m'accompagnent lorsque je parcours le *campo* :
« Ce sont des gens sans importance
Avec des gestes quotidiens
Qui font renaître l'espérance
Et le bonheur entre leurs mains
Ce sont des gens sans artifices
Qui vous sourient quand ils sont bien

Et vont cacher leurs cicatrices
Parmi les fleurs de leur jardin...
Ce sont des gens sans importance
Et qui parfois ne disent rien
Mais qui sont là par leur silence
Quand ils sont loin.[1] »

Merci Pedro, Marcelino, Segundina, Estevan et les autres, pour cette immense richesse que vous m'avez permis de partager à vos côtés.

---

1. Yves Duteil.

Appendice

Quelques éléments d'information sur la région où se situe la communauté de Pisaquiri

Le canton de Tinguipaya fait partie de la province Frias du département de Potosí, en Bolivie. Il comprend 7 *ayllus*. Dans l'*ayllu* Ckaña, on compte 13 organisations paysannes ; l'une d'elles est la communauté de Pisaquiri, peuplée de 90 familles, soit 470 habitants.

La langue utilisée est le quechua en priorité. 37 % de cette population est bilingue (espagnol-quetchua), mais concerne à 95 % les hommes.

L'analphabétisme affecte plus de 93 % de la population ; toutes les femmes sont analphabètes. Le niveau scolaire moyen dans les écoles qui fonctionnent, ne dépasse pas le quatrième niveau élémentaire (CM1), avec une apathie marquée de la part des familles et des élèves.

L'espérance de vie en zone rurale de Bolivie est de 46 ans. On constate que les chiffres s'aggravent dans les zones de pure langue native. Dans le canton de Tinguipaya, l'espérance de vie n'atteint pas 35 ans. Quatre enfants sur dix, dont les parents parlent uniquement le quechua, meurent avant d'atteindre l'âge de cinq ans. Le niveau d'indigence de cette population demeure nettement plus élevé qu'ailleurs.

Selon la dernière enquête nationale sur la démographie et la santé, les taux de mortalité infantile varient entre 112 et 168 pour mille dans les zones rurales. Cependant, la région de Tinguipaya est encore plus critique. 35 % des enfants de cette zone meurent avant l'âge de deux ans. 71 % des décès se produisent avant l'âge de 15 ans.

D'après les sources de l'UNICEF et l'Organisation Mondiale de la Santé, plus de 50 000 enfants de moins de cinq ans meurent chaque année dans le pays. Ce chiffre classe la Bolivie parmi les pays du monde de plus grande mortalité infantile. La cause véritable des décès est la malnutrition, qui entraîne la mort au moindre affaiblissement de l'enfant. Autre facteur : l'ingestion d'eau contaminée, cause des gastro-entérites et diarrhées fatales.

Malgré les efforts récents de campagnes de vaccinations et l'installation de postes sanitaires dans les zones du *campo*, les services restent énormément déficitaires. Dans l'Altiplano, on enregistre un seul médecin pour 40 000 personnes. Dans tout le canton de Tinguipaya, les trois seuls infirmiers disposent d'un poste sanitaire vide, sans instruments, matériel, ni pharmacie complète. Leur salaire est si bas qu'ils le compensent par une hausse des prix des quelques médicaments qu'ils possèdent, déjà chers. Même avec la meilleure volonté, les malades ne peuvent se soigner, ne pouvant payer les médicaments.

De la même manière que pour l'éducation, la population à l'époque pré-coloniale était encore moins équipée au niveau sanitaire que de nos jours. Cependant, l'utilisation des pratiques curatives traditionnelles les aidait à se protéger au moins des maladies les plus bénignes. Aujourd'hui, ces pratiques se perdent avec la disparition de la culture autochtone. Sans dire que les taux de mortalité étaient plus favorables à l'époque, on peut tout de même affirmer que les techniques utilisées pour les accouchements par exemple limitaient les dangers d'infection. Des traitements prénataux favorisaient le bon déroulement de l'accouchement. Aujourd'hui, sur le canton de Tinguipaya, le taux de fertilité varie de six à huit enfants. Sur ce nombre, seulement deux à trois enfants survivent. On comprend alors la nécessité de donner naissance à une nombreuse progéniture. Dans le *campo*, la venue d'un enfant est toujours reçue comme une bénédiction, surtout s'il s'agit d'un garçon.

D'une certaine manière, la mortalité infantile agit comme limitation naturelle des naissances. Les ressources seraient bien insuffisantes pour faire vivre une population croissante et la question de la répartition des terres à l'héritage fragmente de plus en plus les terrains. Ainsi, l'indice de renouvellement de la population se maintient-il.

Le manque d'hygiène et de commodités est un facteur aggravant à la mortalité. Les conditions de logement dans les zones rurales sont pitoyables. 70 % des habitations du *campo* se réduisent à une seule pièce. Dans la communauté de Pisaquiri, c'est la règle générale pour toutes les familles. Faute de ressources pour améliorer l'isolation de son logement, on se protège contre le froid avec la chaleur humaine et la chaleur produite par la cuisson des aliments. Il n'est pas rare non plus de voir les animaux cohabiter. Durant la journée, la famille vit à l'extérieur, la température devenant bien plus agréable.

D'autre part, dans la majeure partie du secteur rural, les services de base sont pratiquement inexistants. Tout le canton de Tinguipaya est dépourvu d'eau potable, d'électricité, d'égouts, de lieux d'aisance. L'approvisionnement en eau s'effectue par des trous d'infiltration ou filets d'eau courante, où s'abreuvent en même temps les animaux.

Le lavage des vêtements et la toilette personnelle varient avec l'abondance de l'eau. A Pisaquiri, l'eau est si rare qu'elle est réservée en priorité à la consommation. En saison sèche, se laver serait un gaspillage du bien précieux qui est l'eau. En saison des pluies, le manque d'habitude d'un entretien personnel fait que les communautaires se lavent très rarement. Les hommes font leur toilette lorsqu'ils se déplacent à la ville. Les vêtements sont nettoyés tous en même temps une à deux fois par an, en période humide. La vaisselle est lavée systématiquement juste avant le prochain repas. On profite du feu mis en route pour nettoyer les plats avec un peu d'eau chaude. Cette même eau est le plus souvent donnée aux animaux sous forme de bouillon. L'économie d'eau est devenue une habitude.

De plus les périodes de sécheresse qu'a vécu le pays aggravent encore la situation. A chaque sécheresse, la qualité de l'eau se dégrade encore plus. Les maladies augmentent. Dernièrement, le nombre de cas de gastro-entérites a doublé. Les cas de fièvre typhoïde et paratyphoïde atteignent des proportions alarmantes. La gale, provoquée par le manque d'eau et d'hygiène se répand partout.

La dénutrition se renforce et se transforme en famine. En temps normal, la malnutrition dont souffre la population de l'altiplano atteint un indice de déficit en calories de 17 % et en protéines animales de 48 %. Dans les conditions de sécheresse, la malnutrition atteint un niveau si préoccupant qu'elle laisse des lésions irréversibles, aussi bien physiques que mentales, en particulier auprès de la population la plus vulnérable : enfants, vieillards, femmes enceintes ou allaitantes.

Manque d'hygiène et manque d'eau potable sont les causes principales des diarrhées des enfants. Plus de la moitié des maladies et décès infantiles sont dûs aux microbes ingérés par l'intermédiaire des mains, de la nourriture et de l'eau sales. Maladies qui pourraient souvent être évitées par une éducation aux familles. Des gestes simples, des habitudes de vie élémentaires, mais qui demandent une forte volonté gouvernementale pour être mis en route. Combien d'enfants éviteraient de mourir de déshydratation suite à une diarrhée, si leurs parents savaient comment les réhydrater... Il n'est pas faux de dire que par son inaction et son désintérêt, l'État contribue à la pauvreté et à la disparition de ces populations.

Table des matières

Préface 7

Avant-propos 9

I -   L'assemblée communautaire, berceau des décisions 17
II - Faire honneur à l'honneur 31
III - Le Pont de l'Union 49
IV - La réciprocité 65
V -   Fêter pour recréer l'harmonie 73
VI - « La tierra no da asi no mas » 83
VII - Derrière le rideau du yatiri 95
VIII - Un mauvais présage 105
IX - Pachamama nous abandonne 115
X -   Les Incas ont construit. Les Espagnols ont détruit 129
XI - La désillusion des migrants 147
XII - Se lever pour faire valoir ses droits 165
XIII - La sécheresse n'est pas une fatalité 183
XIV - L'assemblée du dernier espoir 197

Epilogue 207

Appendice 213

648404 - Avril 2016
Achevé d'imprimer par